Eisenbahnreformen in Europa –
Eine Standortbestimmung

Eisenbahnreformen in Europa – Eine Standortbestimmung
Herausgegeben von Community of European Railway
and Infrastructure Companies – CER
Avenue des Arts 53
B-1000 Bruxelles
www.cer.be

1. Auflage 2005,
zusammengestellt durch Edward Calthrop und Johannes Ludewig

Originaltitel: Reforming Europe's Railways – An assessment of progress.
Aus dem Englischen übersetzt von Birgit Siemens, Anja Ruchatz,
Dr.-Ing. Horst Safarovic

Copyright für die Karten: Reed Business Information

© 2005 bei Eurailpress Tetzlaff-Hestra GmbH & Co. KG,
Nordkanalstraße 36, D-20097 Hamburg
Tel.: + 49 (0) 40 237 14 – 03; Fax: + 49 (0) 40 237 14 – 236
E-mail: info@eurailpress com, Internet: www.eurailpress.com

Vertrieb und Buchservice: Riccardo di Stefano

Layout und Produktion: Axel Pfeiffer

Druck: Druckhaus Darmstadt GmbH

Printed in Germany (European Union)

ISBN 3-7771-0336-5

Eisenbahnreformen in Europa – Eine Standortbestimmung

CER

COMMUNITY OF EUROPEAN RAILWAY AND INFRASTRUCTURE COMPANIES

COMMUNAUTÉ EUROPÉENNE DU RAIL ET DES COMPAGNIES D'INFRASTRUCTURE

GEMEINSCHAFT DER EUROPÄISCHEN BAHNEN UND INFRASTRUKTURGESELLSCHAFTEN

Vorwort 9

Die Autoren 11

1. Einleitung

1.1 Warum wurden Reformen notwendig? 15

1.2 Wie sollen die Reformen aussehen? 17

1.3 Hatten die Reformen in Europa Erfolg? 23

1.4 Schlussfolgerungen 23

2. Außerhalb Europas: Die Vereinigten Staaten, Japan und Lateinamerika

2.1 Einführung und Übersicht 26

2.2 Reform der Bahnen in den USA und Kanada 26

2.3 Privatisierung der japanischen Eisenbahn 33

2.4 Bahn-Konzessionen in Lateinamerika 36

3. Schweden

3.1 Einleitung und Übersicht 43

3.2 Die Geschichte der Reformen 45

3.3 Der heutige Rahmen 49

3.4 Wettbewerb im Schienenverkehrsmarkt 52

3.5 Die Schnittstelle zwischen Infrastruktur und Bahnunternehmen 55

3.6 Flankierende staatliche Maßnahmen der Reform 56

3.7 Beurteilung der Eisenbahnreformen 57

CER

4. Großbritannien

4.1 Einleitung 63

4.2 Überblick über die ursprüngliche Struktur 66

4.3 Darauf folgende Entwicklungen...................................... 70

4.4 Einschätzung 78

5. Deutschland

5.1 Einleitung 91

5.2 Reformen des Eisenbahnsektors in Deutschland.............. 92

5.3 Rechtliche Auswirkungen der Reformen 99

5.4 Wettbewerb auf den deutschen Schienenverkehrsmärkten 100

5.5 „Schnittstelle" zwischen Infrastruktur und Verkehr 102

5.6 Staatliche Maßnahmen zur Begleitung der Reformen...................... 103

5.7 Bewertung der Reform im deutschen Schienenverkehr 104

5.8 Ausblick... 104

6. Frankreich

6.1 Einleitung 107

6.2 Die institutionellen Reformen.. 110

6.3 Das Ergebnis der Reformen.. 114

6.4 Schlussfolgerungen – was bleibt noch zu tun? 122

7. Italien

7.1 Die italienischen Bahnen in den 90er Jahren 125

7.2 Die Reformen 128

7.3 Weitere Schritte und Unzulänglichkeiten... 134

8. Niederlande

8.1 Die Eisenbahnreform 1995 143

8.2 Die Eisenbahnreform 2000 148

8.3 Die Eisenbahnreform 2005 – Konzessionen für NS und ProRail 153

8.4 Beurteilung der Reformen.. 157

9. Schweiz

9.1 Einleitung 161

9.2 Hohe Kontinuität bei Verkehrspolitik und Management.................. 163

9.3 Die SBB im Herzen des schweizerischen Eisenbahnsystems 166

9.4 Die BLS Lötschbergbahn AG 169

9.5 Stand der Liberalisierung in der Schweiz 169

9.6 Weitere Schritte: Bahnreform 2.. 170

10. Polen

10.1 Die sich ändernden Anforderungen an den Bahntransport.............. 173

10.2 Restrukturierung des Staatsbetriebes PKP 176

10.3 Änderungen im Umfeld der Vorschriften... 179

10.4 Der heutige Bahntransportmarkt.. 181

10.5 Abschätzung der Notwendigkeit weiterer Reformen 183

11. Estland

11.1 Einleitung und kurzer geschichtlicher Abriss 187

11.2 Die erste Reformphase 1992-1995 188

11.3 Die zweite Reformphase 1996-2000 189

11.4 Die dritte Reformphase 2000 bis heute 193

12. Tschechische Republik

12.1 Einführung 203

12.2 Rechtliche Auswirkungen der Überführung 205

12.3 Wettbewerb auf dem Eisenbahnmarkt 211

12.4 Eingriffe des Staates während der Überleitung 212

12.5 Bewertung der Umformung der Eisenbahn 213

Vorwort

Der europäische Bahnverkehr war im letzten Jahrzehnt Gegenstand weitreichender Reformen. Einige Länder haben den Reformprozess schon vor mehr als 10 Jahren begonnen – Schweden sogar vor nahezu 20 Jahren –, wogegen andere erst am Anfang stehen. Dies hat zu unterschiedlichen Grundmodellen von Eisenbahnorganisationen geführt. Es gibt unterschiedliche Ansichten darüber, welche Modelle funktionieren und was zusätzlich zu unternehmen ist, um den Bahntransport so zu beleben, dass er effektiv mit den anderen Verkehrsmitteln konkurrieren kann.

Während unserer Arbeit in Brüssel treffen wir regelmäßig nationale Bahn-Experten. Unserer Meinung nach haben aber nur wenige einen umfassenden Überblick über die Entwicklungen im gesamten Europa. Das schnelle Tempo der Reformen und die Tatsache, dass Informationsmaterial oft nur in der betroffenen Landessprache erscheint, macht es dem nicht Sprachgewandten schwer, auf dem neuesten Stand zu bleiben.

Mit diesem Buch versuchen wir eine Brücke zu schlagen, indem wir bedeutende nationale Experten eingeladen haben, einen kurzen Überblick über die Reformen in ihrem Land zu geben. Insbesondere haben wir sie danach gefragt, welche Maßnahmen Wirkung zeigten, und – vielleicht noch interessanter – welche keine Wirkung hatten. Wir haben die Ehre, die Arbeiten von 9 Experten aus dem akademischen Bereich, einem ehemaligen Transportminister, 3 höheren Verwaltungsfachleuten und, für die Schweiz, so oft die Ausnahme in Europa, dem Vorstandsvorsitzenden der SBB zu veröffentlichen. Durch die Unterschiede in ihren Erfahrungen und den Kulturen ist es unvermeidlich, dass sich die Kapitel in ihrer Gewichtung, im Denkansatz und den Schlussfolgerungen unterscheiden. Diese Vielfalt scheint die verschiedenen Wege, in denen die Mitgliedstaaten ihren Bahnverkehr organisiert haben, nur zu bestätigen.

Wir freuen uns, auch ein Kapitel über die Reformen außerhalb Europas hinzufügen zu können. Die Gefahr, die besteht, wenn man sich nur auf Europa konzentriert, sollte allen klar sein – der möglicherweise größte Erfolg in der jüngeren Vergangenheit bei der Verlagerung von Verkehr von der Straße auf die Schiene wurde in Amerika erzielt – insbesondere in Südamerika. Darüber hinaus wurden diese Erfolge durch vollkommen andere Reformmodelle erzielt als die, die in großen Teilen Europas entwickelt wurden.

Dieses Buch ist auch von Bedeutung für die politische Diskussion in Europa. Noch vor dem 1. Januar 2006 muss die Europäische Kommission dem Ministerrat und dem Europäischen Parlament über die Auswirkungen des so genannten ,Ersten EU-Eisenbahn-Paketes' berichten. Unserer Meinung nach – und auch nach der Meinung, die in vielen der folgenden Beiträge zum Ausdruck kommt – wurde ein großer Fortschritt dadurch erreicht, dass Wettbewerb im europäischen Schienen-Güterverkehr eingeführt wurde. Dieser Markt wird ab dem 1. Januar 2007 vollkommen geöffnet sein. Viel weniger Fortschritt wurde allerdings bei der Einführung verursachergerechter Preise über die verschiedenen Verkehrsarten hinweg, oder bei der angemessenen Finanzierung eines modernen europäischen Eisenbahnnetzes erzielt. Wichtige Verbesserungen zur LKW-Maut in Europa (Eurovignette Direktive) wurden erst 2003 eingebracht – und sind bisher nicht beschlossen worden. Es ist außerdem sicher ungewöhnlich, dass wir, weniger als 1 ½ Jahre vor der Öffnung des Schienen-Güterverkehrsmarktes, immer noch keine klare Vorstellung über das für den Schienen-Güterverkehr notwendige Schienennetz haben. Dieses wäre sicherlich die wichtigste Voraussetzung für eine erfolgreiche Entwicklung des Schienen-Güterverkehrs in Europa. Die Finanzierung eines solchen transeuropäischen Transportnetzes ist weiterhin offen.

Trotz dieser Probleme schauen wir zuversichtlich in die Zukunft der europäischen Bahnindustrie. Es wird noch einige Zeit dauern – aber die Dringlichkeit, einerseits die Kunden zu bedienen und andererseits den Einfluss der Regierungen auf den internen Managementprozess der Bahnunternehmen zu verringern, wird zu besseren Produkten und zu niedrigeren Kosten führen. Die Erweiterung Europas schafft neue Chancen für die Bahn, insbesondere für den Güterverkehr, da der Handel durch die veränderte Arbeitsteilung in Europa wächst. Unter dem Einfluss des starken wirtschaftlichen Wachstums in Russland, der Türkei und China und der vollen Liberalisierung des EU-Güterverkehrsmarktes in weniger als 18 Monaten, ist es spannend, diesen Veränderungsprozess des europäischen Eisenbahnmarktes zu begleiten. Ergänzt durch eine ausreichende Infrastruktur und mit angemessenen Preisen für alle Verkehrsträger, wird die Bahn eine zentrale Rolle im europäischen Verkehrsmarkt spielen.

Dr. Edward Calthrop
CER Economic Advisor

Dr. Johannes Ludewig
CER Executive Director

Die Autoren

Einleitung – Edward Calthrop

Dr. Edward Calthrop schloss sein Wirtschaftsstudium an der Katholischen Universität Löwen 2001 mit einem Doktortitel ab und übernahm danach eine Stelle als Junior Research Fellow am Jesus College in Oxford. Gleichzeitig war er als Berater für die Europäische Kommission und die OECD für Verkehrs- und Transport-Modellierung tätig. Seit 2004 arbeitet er bei CER in den Bereichen Schieneninfrastruktur und Finanzangelegenheiten.

Außerhalb Europas – Lou Thompson

Lou Thompson hat Hochschulabschlüsse des MIT und der Harvard Universität. Er hat als Ingenieur und als Wirtschaftsberater gearbeitet. Er hatte führende Positionen in der Verwaltung der U.S. Bundesbehörde für Eisenbahnwesen inne, und war dort stellvertretender Verwaltungsleiter für das Erneuerungsprojekt des Northeast Corridor und für Unterstützungs- und Strategieentwicklungsprogramme für die Bahn. Von 1986 bis 2003 war er Berater für Eisenbahnfragen für die Weltbank, und beriet diese bei der Kreditvergabe für Eisenbahnen. Er ist nun ein unabhängiger Berater für Wirtschaftlichkeit der Eisenbahnen und strategische Fragen.

Schweden – Gunnar Alexandersson und Staffan Hultén

Gunnar Alexandersson ist Doktorand an der Stockholm School of Economics. Er promoviert über die Reform der Vorschriften bei den schwedischen Bussen und Bahnen. Seine Forschung konzentriert sich auf die treibenden Faktoren hinter den Reformen, aber auch auf den Effekt der Reformen auf die Marktstruktur und das Verhalten der Unternehmen und ihren Einfluss auf das Einleiten neuer Reformen. Ein verwandter Bereich der Forschung befasst sich mit der zunehmenden Anwendung wettbewerblicher Ausschreibungen in der Transportindustrie.

Staffan Hultén ist außerordentlicher Professor an der Stockholm School of Economics and Gastprofessor at Ecole Centrale Paris. Er hat eine große Anzahl von Forschungsberichten in Buchform und in Journalen über Innovationen, Vorschriftswesen und Standardisierung in verschiedenen Industriezweigen geschrieben. Sein besonderes Interesse gilt den technologischen und regulatorischen Veränderungen in der Eisenbahnindustrie. Im Jahr 1993 war er Mitherausgeber des Buches „High Speed Trains. Fast Tracks to the Future" (Hochgeschwindigkeitszüge der Schnelle Weg in die Zukunft). In Kürze wird sein neues Buch, das er zusammen mit Gunnar Alexanderson geschrieben hat, erscheinen: „Dismantling a Monopoly. The Deregulation of the Swedish Railways" (Zerschlagung eines Monopols. Die Deregulierung der schwedischen Eisenbahn).

11

CER

Großbritannien – Chris Nash, Andrew Smith und Bryan Matthews

Professor Chris Nash (BA (Econ), PhD, FCILT) ist Professor der Transport Economics (Transportwirtschaftskunde) am Institute for Transport Studies (Institut für Transport) an der Universität von Leeds (ITS), die eine der führenden Forschungseinrichtungen für Transport in Großbritannien ist und für ihre Forschungstätigkeiten mit sehr gut (5*) bewertet wurde. Professor Nash leitet die Forschung in den Bereichen Wirtschaftlichkeit des Bahntransportes und Kosten der Transportinfrastruktur, in diesen Bereichen hat er viele Projekte sowohl für die britische Regierung als auch für die Europäische Kommission geleitet. Er arbeitete als Koordinator für die Projekte PETS, CAPRI, UNITE und IMPRINT-EUROPE, in denen versucht wurde, die Theorie der sozialen Grenzkosten für den Transport unter Einschluss der Quantifizierung und Bewertung der externen Effekte des Transportwesens weiterzuentwickeln und einzuführen. Er wird in Zukunft ein weiteres europäisches Projekt in diesem Bereich führen: GRACE. Er hat als Fachberater an vielen Arbeitsgruppen teilgenommen, darunter an der Arbeitsgruppe auf höchster Ebene, die sich mit den Kosten der Transportinfrastruktur der EU befasste, der Eisenbahnarbeitsgruppe der ECMT und dem Sonderausschuss des britischen Parlamentes über Transport in der EU. Er ist Gründungsmitglied der Rail Research UK (Eisenbahnforschung UK), des Eisenbahnforschungszentrums der britischen Universitäten. Er hat mehr als 100 Bücher, Beiträge in Büchern und Artikel in Journalen veröffentlicht.

Dr. Andrew Smith ist Wirtschaftswissenschaftler mit einer mehr als 10-jährigen Erfahrung in angewandter Wirtschaftsforschung. Andrew wurde zum Dozenten in Transportwirtschaftslehre am Institut für Transport der Universität Leeds ernannt, nachdem er seine Promotion am Judge Institute of Management der Universität Cambridge abgeschlossen hatte. Andrews Doktorarbeit befasste sich, basierend auf Benchmarking-Methoden, mit der Bewertung der Erfahrungen bei der Privatisierung der britischen Bahn und er forscht nun auf dem Gebiet der Untersuchung der Wirtschaftlichkeit des Bahntransportes. Vorher hat Andrew vier Jahre in der Finanzabteilung der BBC und fünf Jahre in der Unternehmensberatung gearbeitet.

Bryan Matthews ist wissenschaftlicher Mitarbeiter am Institute for Transport Studies (Institut für Transport) der Universität Leeds. Er verfügt über eine 10-jährige Erfahrung in der Forschung über das Transportwesen, die er als Unternehmensberater und an der Universität gesammelt hat. In den letzten fünf Jahren hat er an vielen EU-finanzierten Projekten und an Projekten für CER, ECMT und für die britische Regierung gearbeitet. Seine Forschung im Feld der Transportwirtschaftlichkeit, insbesondere der Bahn, konzentrierte sich auf Kostenermittlung und Preisfindung im Bahnverkehr, Eisenbahnregulierung, Finanzierung des öffentlichen Verkehrs, Regulierung des Bustransportes und Fragen des Zugangs für Behinderte.

Deutschland – Christian Kirchner

Dr. jur. Dr. rer. pol. Christian Kirchner, LL.M. (Harvard) ist Professor für deutsches, europäisches und internationales Handelsrecht und neue Volkswirtschaft an der Humboldt Universität Berlin. Er hat auch am MIT und in Harvard studiert und bekleidete akademische Stellen an den Universitäten Hannover und Heidelberg. In seiner Forschung interessiert sich Professor Kirchner besonders für Wettbewerbsrecht, Wirtschaftsrecht, Recht und Wirtschaft und europäisches Recht. In den Jahren 2002 und 2004 war er Co-Autor einer IBM-Studie mit dem Ziel, einen Index für die Liberalisierung der Europäischen Eisenbahnen aufzustellen (der LIB-Index). Diese Studie ist auf der Webseite der europäischen Kommission veröffentlicht.

Frankreich – Claude Gressier

Claude Gressier ist gelernter Bauingenieur und Präsident der Wirtschaftsabteilung des französischen Ministeriums 'Conseil Général des Ponts et Chaussées'. Er arbeitet seit mehr als 30 Jahren im französischen Transportministerium, in dieser Zeit hat er mehrere Jahre lang die SNCF betreut. Claude Gressier hat an der Ecole Nationale Supérieure des Ponts et Chaussées und am Institut d'Etudes Politiques de Paris studiert.

Italien – Mario Sebastiani

Professor Mario Sebastiani ist ordentlicher Professor der Wirtschaftspolitik an der Universität Rom „Tor Vergata" und Direktor des Master Programms für Antitrust und Regulierung des Marktes der öffentlichen Einrichtungen. Er war der Hauptwirtschaftsberater des Transportministers (1995-2000) und Mitglied des Ferrovie dello Stato Vorstands (1997-2004).

Niederlande – Didier van de Velde

Didier van de Velde ist Projektleiter bei NEA Transport research and training (Rijswijk, Niederlande). Er ist für die internationalen Forschungsarbeiten und Beratungstätigkeiten im Bereich Passagierverkehr zuständig. Er forscht auch am Institut für öffentlichen Verkehr an der Technischen Universität Delft in der Faculty of Technology, Policy and Management (Delft, Niederlande). In seiner Beratungstätigkeit und seiner Forschung konzentriert er sich auf die institutionellen Belange des öffentlichen Verkehrs.

CER

Schweiz – Benedikt Weibel

Dr. Benedikt Weibel ist seit 1993 Hauptgeschäftsführer der Schweizerischen Bundesbahnen SBB und seit 2003 Präsident der International Union of Railways (UIC). Zusätzlich hat er einen Sitz im Verwaltungsrat der SNCF. Er hat im Jahr 1978 bei SBB angefangen, nachdem er mehrere Jahre als Assistent am Institut für Betriebsökonomie der Universität Bern gearbeitet hat.

Polen – Juliusz Engelhardt

Zurzeit ist Professor Juliusz Engelhardt Leiter des Bereiches ‚Wirtschaftskunde der Unternehmen' an der Universität Szczecin. Er arbeitete als Sachverständiger für die Kommission des Parlamentes und des technischen Wirtschaftsrates unter dem Generaldirektor der polnischen Eisenbahn und als Sachverständiger für den Generaldirektor der PKP. Zwischen 1994 und 1996 war er Stellvertreter des Generaldirektors der PKP. Er war Mitglied der Abteilung für die Organisation und die Leitung des Transport Gremiums der polnischen Wissenschaftsakademie, und auch Sachverständiger für internationale Projekte und für Durchführbarkeitsstudien für den Bahnverkehr. Prof. Juliusz Engelhardt ist Autor und Co-Autor von mehr als 200 Veröffentlichungen (Forschungsberichte, Berichte, Expertisen, wissenschaftliche Veröffentlichungen und Seminare).

Estland – Raivo Vare

Raivo Vare war von 1996 bis 1999 Minister für Transport und Kommunikation in Estland. Davor war er Staatsminister, Geschäftsführer der Bank von Tallin und Direktor von Pakterminal, dem größten Einzelkunden der Estländischen Eisenbahn. Als Transportminister war er verantwortlich für die Gestaltung und Durchführung der Reformen der Eisenbahn. Vor kurzem hat er die Stelle des Direktor für Entwicklung für die Estländische Eisenbahn angenommen.

Tschechien – Jaroslav Soušek

Seit 1999 ist Jaroslav Soušek Leiter der Eisenbahnabteilung des tschechischen Transportministeriums. Er hat an wesentlicher Stelle an der Vorbereitung und der Einführung der Bahnreform in der Tschechischen Republik mitgewirkt, insbesondere am Bahngesetz. Sein Team hat mehr als 8 Bücher über das tschechische Bahngesetz veröffentlicht.

Herr Soušek ist Jurist, er hat seinen Abschluss an der Karls-Universität erworben. Im Jahr 1965 hat er sein Studium an der Eisenbahnschule in Česká Třebová abgeschlossen. Er hat auch für die frühere tschechoslowakische Bahn gearbeitet, dort sammelte er Erfahrungen als Bahn-Dispatcher und als Bahnhofsvorsteher.

1. Einleitung

Dr. Edward Calthrop[1]

Dieses Buch besteht 10 Kapiteln zu den Bahnreformen in Europa, ergänzt um ein Kapitel über die Reformen außerhalb Europas. Als Einführung ist eine Diskussion der Kernaussagen dieser Kapitel nützlich. Eine derartige Zusammenfassung wird in dieser Einleitung versucht: Überlegungen, warum die Reformen notwendig wurden, welche Reformen umgesetzt wurden und schließlich Belege dafür, ob die europäischen Eisenbahnreformen erfolgreich waren oder nicht.

1.1 Warum wurden Reformen notwendig?

Traditionell hatten die meisten Eisenbahnunternehmen in der Nachkriegszeit weltweit eine integrierte, öffentlich-monopolistische Organisationsstruktur. Angesichts der hohen Fixkosten im Zusammenhang mit der Bereitstellung der Infrastruktur und der Wichtigkeit von bezahlbaren Transportleistungen für Gruppen mit niedrigem Einkommen boten sich nationale Bahndienstleistungen als ein Monopol der öffentlichen Hand förmlich an. In den letzten zwanzig Jahren wurden diese Prämissen jedoch grundlegend in Frage gestellt.

In den nachfolgenden Kapiteln wird deutlich, dass die Notwendigkeit von Reformen in vielen Ländern verursacht wurde durch die Unfähigkeit, mit den Entwicklungen anderer Verkehrsmittel (Autos, Lkws und Fluglinien) Schritt zu halten. Letztlich endeten die meisten Bahnunternehmen in finanziellen Schwierigkeiten. Gleichzeitig gab es politische Unterstützung für die Förderung umweltfreundlicher Alternativen zum Privatverkehr. Derlei Überlegungen veranlassten viele Länder, ihren Eisenbahnsektor zu reformieren. Daneben hat in den letzten Jahren auch die Gesetzgebung der Europäischen Union quer durch die Mitgliedstaaten Reformen stimuliert. Auf der Ebene der EU wurden erst kürzlich zwei Gesetzespakete für den Eisenbahnbereich verabschiedet.[2]

In Westeuropa begannen die Marktanteile der meisten Eisenbahnen in den 1950ern zu fallen. Dies spiegelte den grundlegenden Wandel in der Wirtschaft wider, weg von der traditionellen Schwerindustrie – für die die Bahn gut geeignet war –, hin zu Dienstleistungen und Wiederverkaufswirtschaft in Kombination mit zunehmendem Besitz von privaten Pkws und Straßenbau. Im Gegensatz dazu verlief der Niedergang des Eisenbahnwesens in Osteuropa sehr viel abrup-

---

[1] Ich möchte mehreren Mitgliedern des CER Teams für die Kommentare zu diesem Text danken, allen voran Johannes Ludewig und Collin Hall. Darüber hinaus erhielt ich nützliche Anmerkungen von Lou Thompson, Chris Nash und einigen anderen CER Mitgliedern. Dennoch spiegelt dieses Kapitel einzig meine eigene Meinung wider und kann und darf nicht stellvertretend für die Meinung von CER gewertet werden.

[2] Die geltende EU Eisenbahngesetzgebung wurde im „European Railway Legislation Handbook" zusammenfasst, von CER herausgegeben und von Eurailpress 2004 veröffentlicht.

ter und heftiger, konzentriert auf die Zeit der intensiven wirtschaftlichen Reformen der frühen 1990er Jahre. Dabei hat sich hier die Situation in den letzten Jahren wieder etwas stabilisierte und bis zum heutigen Tag ist der Marktanteil im Schienen-Güterverkehr wesentlich höher als in Westeuropa.

Mehrere Autoren erörtern die Gründe für das vergleichsweise schlechte Abschneiden des Bahnsektors und unterstreichen dabei die Rolle der Politik. Dabei springen 2 Punkte ins Auge. Erstens standen Eisenbahnen traditionell unter dem Einfluss eines Regierungsministeriums, d. h. die Geschäftsleitung hatte so gut wie keinen Anreiz, sich am Marktbedarf auszurichten. Um die Sache noch schlimmer zu machen, hatte die Geschäftsleitung oft mit kollidierenden Anreizen unterschiedlicher Regierungsministerien zu kämpfen: Verkehrsminister, Finanzminister, Wirtschaftsminister, Minister für Arbeit, Minister für Regionalentwicklung, ja sogar Verteidigungsminister verfolgten im Bahnbereich unterschiedliche Interessen, ganz zu schweigen von den Kommunalpolitikern einschließlich der Bürgermeister, für die die Förderung der lokalen Interessen Vorrang hatte vor nationalen Interessen.

Zweitens waren Politiker in vielen Fällen versucht, den Eisenbahnverkehr auszubauen, ohne dafür bezahlen zu wollen. Da die Eisenbahnen – ohnehin mit zu geringen Finanzmitteln ausgestattet – jedoch nicht in der Lage waren, politisch gewollte Verkehrsangebote zu ändern, blieb ihnen keine andere Wahl, als immer mehr Schulden zu machen. Im Allgemeinen kann das eine Regierung, insbesondere das Finanzministerium, nur für eine gewisse Zeit ignorieren. Genau das war wahrscheinlich der auslösende Faktor für die Eisenbahnreformen in der ganzen Welt in den letzten Jahrzehnten.

Regierungen sind auch heute noch wichtige strategische Akteure im Eisenbahnmarkt. Ihre strategischen Ziele müssen jedoch klar, konsequent und angemessen finanziert sein. Wie im Kapitel Schweiz erläutert, ist es vermutlich kein Zufall, dass viele die Schweizerischen Bundesbahnen SBB für das beste Bahnunternehmen in Europa halten, nicht zuletzt, weil es den Vorteil hatte, in einem außergewöhnlich beständigen politischen Umfeld tätig zu sein. In den vergangenen 30 Jahren wurde die schweizerische Verkehrspolitik von nur vier Verkehrsministern bestimmt, und die SBB hatte in dieser Zeit die gleiche Zahl von Vorstandsvorsitzenden.

Das ist ein deutlicher Widerspruch zum Rest Europas. Die Kapitel in diesem Buch sind Zeugnis der fast ununterbrochenen Reformprozesse in vielen Ländern. Zwar wäre oft ein schrittweiser Ansatz zur Erreichung eines klaren Ziels wünschenswert, doch in manchen Ländern versucht man mit den Reformen wohl eher, ein sich ständig veränderndes Ziel zu treffen: eine Reform führt zur nächsten ohne eine klar koordinierte Regierungsstrategie für den Verkehrssektor insgesamt.

1.2 Wie sollen die Reformen aussehen?

Die Reformen betreffen hauptsächlich die Umstrukturierung des Bahnsektors hin zu einer Öffnung zu mehr Wettbewerb. Auf der Ebene der EU wird es ab Januar 2007 eine vollständige Liberalisierung des Schienen-Güterverkehrs geben. Zwei Standardmodelle kristallisieren sich dabei heraus: integrierte Struktur und die Trennung von Netz und Betrieb. Dies vorausgeschickt ist es in der Praxis verblüffend, wie gleichwohl unterschiedlich die Unternehmen im Bahnsektor heute europaweit organisiert sind. Verantwortlichkeiten und Anreize für Infrastrukturbetreiber, Bahnunternehmen, Regulierungsbehörden und Ministerien unterscheiden sich von einem Mitgliedstaat zum anderen beträchtlich.

Eine Reform der Eisenbahnstrukturen hin zu mehr Wettbewerb

Abbildung 1 zeigt die integrierte Struktur und die getrennten Strukturen. Links der Fall der vollständig getrennten Strukturen: dem Infrastrukturbetreiber (IM) ist es untersagt, direkt Transportleistungen anzubieten. Der Infrastrukturbetreiber handelt mit den einzelnen Bahnunternehmen (RU) getrennte Verträge aus. Befürworter dieses Modells argumentieren, dass man mit Hilfe dieser Struktur ganz einfach die Nichtdiskriminierung in der Behandlung der verschiedenen Bahnunternehmen (RU) durch die Infrastrukturanbieter (IM) erreicht. Zu den in

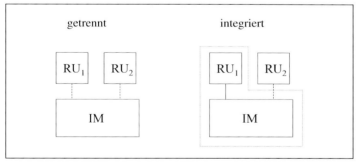

Abbildung 1

diesem Buch vertreten Beispielen zählen Schweden, Großbritannien und die Niederlande. Es gibt jedoch viele Spielarten dieser Grundstruktur, insbesondere in Bezug auf die Besitzverhältnisse. In Großbritannien sind sowohl im Güterverkehrs- als auch im Personenverkehrsmarkt nur private Bahnunternehmen tätig. In allen anderen Ländern gibt es mindestens ein staatliches Güterverkehrs- bzw. Personenverkehrsunternehmen. Wettbewerb entsteht entweder durch andere private Unternehmen, was gerade im Güterverkehr häufig der Fall ist, oder durch andere öffentliche Unternehmen. Kritiker verweisen gerne darauf, dass die Regierung weiterhin das gemeinsame Bindeglied zwischen staatlichem Infrastrukturbetreiber und staatlichen Bahnunternehmen darstellt. Die Europäische Kommission äußert sich nicht zu den Besitzverhältnissen.[3]

Die wichtigste alternative Organisationsstruktur, also das integrierte Unternehmen, ist auf der rechten Seite in Abbildung 1 zu sehen. Das Bahnunternehmen und der Infrastrukturbetreiber sind rechtlich getrennte Gesellschaften, die unter dem Dach einer gemeinsamen Holding (dargestellt durch die gestrichelte Linie um Bahnunternehmen [RU] und Infrastrukturbetreiber [IM]) zusammenarbeiten. Andere Bahnunternehmen können über Standardverträge mit der Infrastruktursparte des integrierten Unternehmens konkurrieren. Als Basis hierfür gilt der diskriminierungsfreie Zugang, der von einer Regulierungsstelle und/oder einer Wettbewerbsbehörde überwacht wird. Das EU-Recht erfordert hierbei eine getrennte Bilanzierung, d. h. die Geldmittelflüsse zwischen Bahnunternehmen und Infrastrukturbetreiber innerhalb des integrierten Unternehmens müssen aus den Jahresabschlüssen klar hervorgehen. Befürworter dieser Struktur argumentieren, dass mit nur einer Führungsstruktur im Unternehmen oder auf Ebene der Holding eine stärkere Koordinierung zwischen Infrastrukturbetreiber und Bahnunternehmen erreicht wird als durch Verträge, besonders wenn „etwas Unvorhergesehenes" passiert, und dass so die langfristige Entwicklung des Bahnsystems als Ganzes gesichert wird. Dadurch werden auch Kosten eingespart.[4] Zudem kann der Vorstandsvorsitzende eines integrierten Unternehmens sicherstellen, dass der Infrastrukturbetreiber den Kunden seine Dienste unter kommerziellem Druck anbieten muss und nicht als bürokratische Instanz unter dem direkten Einfluss des Finanzministers weiter besteht. Deshalb ist hier in Abbildung 1 die Verbindung zwischen Bahnunternehmen (RU) und Infrastrukturbetreiber (IM) als durchgezogene Linie dargestellt, im Gegensatz zur gestrichelten Linie für den Vertrag im Fall der getrennten Strukturen. Die Form der integrierten Struktur wird in den Kapiteln Deutschland, Italien, Schweiz, Polen und Estland diskutiert. Genau wie im Fall der getrennten Strukturen gibt es in Europa viele Unterschiede bei den integrierten Modellen. In Estland ist das integrierte Unternehmen z.B. mehrheitlich in Privatbesitz, wohingegen in anderen Fällen die Regierung einziger Anteilseigner ist. In der Schweiz gibt es zwei getrennte integrierte staatliche Unternehmen, wobei die jeweiligen Bahnbetreiberfirmen, wie in Abbildung 2 dargestellt, auf ihrem eigenen und dem Netz des Wettbewerbers miteinander konkurrieren.[5] In Polen wird eine Privatisierung der Güter-

---

[3] Artikel 295 des Vertrags von Rom besagt: „Dieser Vertrag lässt die Eigentumsordnung in den verschiedenen Mitgliedsstaaten unberührt."

[4] Ivaldi und McCollough (2002) schätzen die Kostenunterschiede für das integrierte und das getrennte System für Class I Rail Road in den Vereinigten Staaten. Ihr Ergebnis erbringt ceteris paribus, dass die integrierte Struktur Kosteneinsparungen von 27% bringt. Verglichen mit einem völlig fragmentierten System, bei dem es für jede Funktion einen anderen Akteur gibt, liegen die Kosteneinsparungen bei rund 51 %.

[5] In diesem Sinne könnte man die Schweiz als „Mini-USA" bezeichnen, wo integrierte Güterverkehrsunternehmen gegenseitige Zugangsvereinbarungen abschließen können.

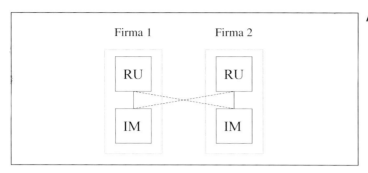

Abbildung 2

verkehrsparte des integrierten Unternehmens ins Auge gefasst, in Deutschland hingegen strebt die Bahn in naher Zukunft einen Börsengang (IPO) für das gesamte integrierte Unternehmen an.

Das in Frankreich entwickelte Organisationsmodell liegt irgendwo zwischen den beiden oben dargelegten Extremen von vollständiger Trennung und vollständiger Integration. Auf operativer Ebene bleibt das Eisenbahnsystem integriert: das Bahnunternehmen sorgt für den Unterhalt des Netzes sowie organisiert und betreibt gleichzeitig den Zugverkehr auf dem Netz. Unterhalt und Administration sind jedoch Funktionen, die vertraglich von einem völlig getrennten Infrastrukturbetreiber (IM), dem Eigner der Infrastruktur mit Verantwortung für den Ausbau des Netzes, übernommen werden. Dieses Modell wird in den Kapiteln Frankreich und Tschechische Republik besprochen. Eine ähnliche Struktur findet sich auch in Slowenien und Finnland.

Tabelle 1 gibt eine Zusammenfassung der heutigen Situation in Europa, mit der Marktstruktur auf der vertikalen Achse und den Besitzverhältnissen auf der horizontalen Achse wider. Wie bereits erwähnt, fördert die Europäische Kommission aktiv den Übergang von oben (integriert) nach unten (getrennt), ohne sich zu den Besitzverhältnissen zu äußern. In mindestens zwei der Mitgliedstaaten, Großbritannien und Estland, fanden sich Privatinvestoren für die Bahnunternehmen. Einige andere Länder ziehen dies momentan in Betracht (d. h. Verschiebung von rechts nach links). Das trifft z. B. auf die staatlichen Güterverkehrsunternehmen in Polen und der Slowakei zu. Eine vereinfachte Zusammenfassung, wie z. B. in Tabelle 1, mag zwar nützlich sein, doch die Anzahl von Fußnoten zeigt, dass die Positionen weder unkompliziert noch statisch sind.

Es fällt auf, dass außerhalb Europas die meisten Eisenbahnen integriert sind, einige davon sowohl integriert als auch in Privatbesitz, siehe rechtes oberes Kästchen in Tabelle 1. Kapitel 2 rekapituliert kurz die Reformen der Güterverkehrsmärkte in den Vereinigten Staaten von Amerika und Lateinamerika sowie den

Tabelle 1: Eisenbahnreformen – Europa und darüber hinaus

Struktur	Besitzverhältnisse	
	ÖFFENTLICH	PRIVAT
INTEGRIERT	AT, BE, CH[6], CRO, DE[7], GR, IRL, IT, LUX, LV, LT, HU[8], PL[9].	EST[10]; USA (Güter); JAPAN (Personen); LATEINAMERIKA (Güter)
TEILWEISE GETRENNT	FR, CZ, FIN, SL.	
VOLLSTÄNDIG GETRENNT	BUL, DK, NO, NL[11], PT, ROM[12], SP, SK[14], SWE[15].	UK[13]

Personenverkehrsmarkt in Japan. Das wahrscheinlich beste Beispiel für die Wiedergewinnung von Marktanteilen im Schienengüterverkehr ist Mexiko, wo dies vor einigen Jahren gelang, obwohl auch die Erfahrungen in den Vereinigten Staaten von Amerika 1980-2000 vielversprechend aussehen.

Die Debatte über Integration oder Trennung ist heute in Europa noch recht lebhaft und spiegelt sich auch in den Kapiteln dieses Buchs wider. Unabhängig davon, was man für besser hält, ist klar, dass Wettbewerb im Eisenbahnsektor, ob nun mit integrierten oder getrennten Strukturen, eine reibungslos funktionierende Schnittstelle zwischen Bahnbetrieb und Infrastruktur voraussetzt. Eines der praktischen Probleme bei der Aufspaltung eines ehemals integrierten Unternehmens besteht darin, dafür zu sorgen, dass diese Schnittstelle weiterhin gut funktioniert. Wie in den Kapiteln über Großbritannien, Frankreich und die Niederlande erläutert, brauchen die beteiligten Parteien hierfür Zeit – und machen dabei Fehler –, um eine mehr oder weniger effektiv funktionierende Schnittstellen-Beziehung zu realisieren. Interessanterweise sagt Benedikt Wei-

---

[6] Die Schweiz hat zwei integrierte Unternehmen SBB und BLS.

[7] Die Deutsche Bahn arbeitet aktiv auf einen Börsengang (IPO) für das gesamte integrierte Unternehmen hin.

[8] In Ungarn gibt es zwei vertikal integrierte Unternehmen, GySEV und MAV, plus ein separates Organ für die Zuweisung der Fahrwege, VPE.

[9] Es gab Regierungspläne für eine Privatisierung von PKP Cargo – siehe Kapitel Polen. Die Regierung ist 100% Eigentümerin der PKP Holding, gleichzeitig aber auch direkte Anteilseignerin des Infrastrukturunternehmens unter der Holding.

[10] 66% der Anteile der EVR befinden sich in privater Hand. Die restlichen sind im Besitz der estnischen Regierung.

[11] Der Güterverkehrsteil von NS wurde 2003 an Railion verkauft. Da Railion indirekt im Besitz der deutschen Regierung ist, sind streng genommen die großen Marktakteure sowohl im Personen- als auch im Güterverkehr staatlich. Das Gleiche gilt für Dänemark.

[12] In Rumänien gibt es drei getrennte staatliche Bahngesellschaften, wobei eine mit einer Holding vergleichbare Sonderabteilung im Verkehrsministerium eine starke Koordinierungsrolle hat.

[13] Der slowakische Güterverkehrsbetreiber SZZK Cargo bereitet sich auf das Engagement durch einen neuen Privatinvestor vor.

[14] Der staatliche Personenverkehrsbetreiber SJ betreibt den Fernstreckenmarkt ohne Konkurrenz, wohingegen es für eine Vielzahl der Regionalmärkte Ausschreibungen gibt.

[15] Alle Bahnunternehmen in Großbritannien sind privat. Der Infrastrukturbetrieb war in privater Hand, ging aber 2000 Konkurs. Danach bekam das Unternehmen einen „keine Dividende"-Status – siehe Kapitel Großbritannien.

bel, Vorsitzender der Geschäftsleitung der Schweizerischen Bundesbahnen SBB über die Schweiz, dass die neuen beträchtlichen Verbesserungen der Verbindungen – durch die die Anzahl der Personenverkehrszüge in einem der schon jetzt am stärksten genutzten Netze Europas um weitere 12 % zunahm – in einer getrennten Struktur völlig unmöglich gewesen wären, da diese ein sehr hohes Maß an Koordinierung zwischen Bahnbetrieb und Infrastrukturnutzung voraussetzen.

Die Arbeitskräfteproduktivität

Die Reformen in allen Ländern gingen mit einem Programm zum Arbeitskräfteabbau einher. Abbildung 3 zeigt eine einfache Messmethode für die Produktivität der Arbeitskräfte (Verkehrseinheiten geteilt durch Mitarbeiterzahl), die aus den UIC Daten stammt. Durch Outsourcing wird das Bild zwar etwas kompliziert, doch Abbildung 3 bestätigt im Grunde das Ergebnis einer steigenden Produktivität der Arbeitskräfte. In den neuen Mitgliedstaaten verlief der Arbeitskräfteabbau weitgehend proportional zum Abbau der Verkehrseinheiten, wodurch die Arbeitskräfteproduktivität konstant blieb. Dies ist eine sehr gute Leistung angesichts der drastisch gesunkenen Nachfrage.

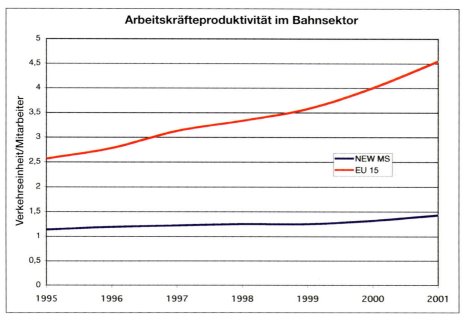

Abbildung 3

Altlasten

Beim Lesen der nachfolgenden Kapitel kann man sehr gut sehen, wie die verschiedenen Regierungen das Problem der historischen Schulden in Angriff genommen haben. In den Kapiteln werden mehrere unterschiedliche Ansätze dargestellt. Erstens ermöglichte die Aufspaltung in manchen Fällen den Bahnunternehmen, ihr neues Leben ohne historische Schulden zu beginnen, z.b. in Großbritannien. Zweitens richteten manche Länder separate Stellen zur Finanzierung der neuen Infrastruktur ein, wie z. B. in Italien. Drittens übernahm in manchen Ländern – und hier vor allem in Deutschland – die Regierung einen großen Teil der historischen Schulden (zugegebenermaßen gleichzeitig mit der Übernahme einer Reihe der Vermögenswerte). In anderen Fällen verblieben die historischen Schulden bei der Holding, d. h. sie hatten wenig direkten Einfluss auf die Betriebsgesellschaften, mit dem Ziel der Privatisierung eines Teils der Gruppe, um die Schulden zurückzubezahlen; so z. B. in Polen. Schließlich wurden in manchen Fällen die Schulden einfach verschoben. In Frankreich wurden die historischen Schulden im Zusammenhang mit der Infrastruktur dem Infrastrukturbetreiber (IM) zugeordnet, wohingegen alle sonstigen Schulden beim Bahnunternehmen (RU) verblieben. Der NERA-Bericht (NERA, 2004) zeigt die unterschiedlichen Verschuldungsgrade der Eisenbahnen in der EU heute: die Finanzbelastung verschlingt dabei 1 % - 20 % der Betriebskosten im Europa der 15. Hohe historische Schulden können also offensichtlich die Möglichkeiten eines Unternehmens zur Modernisierung und zur Finanzierung der nötigen Umstrukturierungen begrenzen.

Die Beziehung zwischen Staat und Management

Schritte hin zu einer Liberalisierung des Eisenbahnmarktes seitens der Mitgliedstaaten oder in den letzten Jahren auch seitens der Europäischen Union sind letztendlich darauf gerichtet, die Fähigkeit der Bahnunternehmen den sich verändernden Markterfordernissen anzupassen, sie zu verbessern. Im Zuge der Reform der meisten staatlichen Eisenbahnunternehmen in Europa bestand allgemein die Tendenz, der Geschäftsführung größere unternehmerische Freiheit zuzugestehen. In vielen Fällen bestand der erste Schritt in diese Richtung in einer Umstrukturierung des staatlichen Unternehmens in „Geschäftsbereiche". In einigen Kapiteln bedauern die Autoren, dass dies nicht genügend Anreiz für die Bahnunternehmen bot. Ein weiterer Schritt war die gesellschaftsrechtliche Verselbständigung des staatlichen Unternehmens, d.h. das Unternehmen wird nach Handelsrecht organisiert, wobei der Staat nur noch die Rolle des Aktionärs innehat. Für das tägliche Geschäftsleben bedeutet dies, dass der Vorstandsvorsitzende die Kontrolle über alle Termine und das Tagesgeschäft ausübt. In einigen

Fällen, z. B. in Großbritannien und in Estland, gab es eine klare Zäsur: Privatisierung der getrennten Teile des ehemals staatlichen Unternehmens bzw. Privatisierung des gesamten Unternehmens in einem Schritt.

1.3 Hatten die Reformen in Europa Erfolg?

Es gibt überraschend wenig Studien zu den Auswirkungen der Reformen auf die Effizienz des europäischen Eisenbahnsektors. Eine Ausnahme ist die Studie von Friebel et al. (2003). Auf Basis von Daten für die Jahre 1980-2003 kommt diese Studie zu dem Schluss, dass:

- die Reformen sich positiv auf die Produktivität auswirkten, mit einer Steigerung der zugrunde liegenden Entwicklung des Produktivitätszuwachses um ca. 0,5 % pro Jahr,
- schrittweise Reformen wirksamer sind als Reformpakete,
- es keine klare Meinung zum „besten" Modell gibt (integriert oder getrennt).

Rivera (2004) nutzt europäische Daten, um den Einfluss von Integration bzw. Trennung und von offenem Zugang zum Netz auf die Produktionseffizienz zu untersuchen. Er folgert, dass die Trennung von Infrastruktur und Bahnbetrieb die technische Effizienz verringert, wohingegen offener Zugang sie steigert. Er betont jedoch, dass der Datensatz unvollständig ist und daher die Ergebnisse vorsichtig bewertet werden müssen.

Die Europäische Kommission gab bei der Beratungsfirma Nera eine Untersuchung zur Entwicklung der Finanzierung der Eisenbahnen in der EU in Auftrag (NERA, 2004). Unter Hinzuziehung von Daten aus dem Zeitraum 1995-2001 lautet der Befund:

- 20% weniger Mitarbeiter
- 11% Senkung der Betriebskosten pro Einheit
- 16% Anstieg des Verhältnisses Einnahmen zu Betriebskosten

Die Studie kommt zu dem Schluss, dass die Finanzierung vieler der 15 Eisenbahnen innerhalb der EU in diesem Zeitraum besser wurde, mit klarer umrissener öffentlicher Unterstützung. Die Einnahmen stiegen und die Kosten sanken. Bei einigen der Bahnen besteht jedoch das Problem hoher Betriebsverluste.

1.4 Schlussfolgerungen

Der Eisenbahnmarkt in Europa durchlebt einen Prozess weitreichender Reformen, ausgelöst zu Beginn durch einige Mitgliedstaaten, jetzt zunehmend beeinflusst durch die EU-Gesetzgebung. Klar ist, dass es kein „Standardmodell" gibt, das jedes reformwillige Land einfach übernehmen könnte. Im Gegenteil, es ist augenfällig, dass die meisten Länder unterschiedliche Ansätze wählen. Selbst in den beiden großen Lagern für „integrierte" und für „getrennte" Bahnstrukturen bilden sich verschiedene institutionelle Strukturen heraus.

Interessant ist ein Vergleich der verschiedenen Schlussfolgerungen, die die Autoren aus den Reformen in ihren Ländern ziehen. Fast alle Autoren meinen, die Reformen hätten zu einer Verbesserung geführt. Entlang des Weges seien aber Fehler gemacht worden und weitere Verbesserungen seien möglich. Ein wichtiger Aspekt war dabei immer die Interdependenz des Eisenbahnwesens als Ganzes.

Reformen gelten als notwendige, aber nicht hinreichende Bedingung für einen Zuwachs des Marktanteils der Schiene. Mehrere Autoren argumentieren, die organisatorischen Reformen im Eisenbahnbereich seien nicht im Rahmen einer integrierten Verkehrspolitik erfolgt, insbesondere was die Preispolitik für die verschiedenen Verkehrsträger zur Nutzung ihrer jeweiligen Infrastruktur angeht. Es wurde einfach angenommen, die Bahnreformen an sich würden ausreichen, den Marktanteil zu steigern. Deshalb haben sich die Erwartungen an die Reformen, zumindest was die Verbesserung des modal Splits zugusten der Schiene angeht, häufig nicht bewahrheitet. Gleichwohl, in vielen Fällen brachten die Reformen jedoch klare Vorteile mit sich und stellen einen wichtigen Schritt nach vorn hin zu einer ausgewogeneren Nutzung der Verkehrsmittel in Europa dar.

Literaturangaben

Ivaldi, M. and G.McCullough, 2002, Subadditivity tests for network separation, mimeo Toulouse and Northwestern University.

Friebel, G., M.Ivaldi and C.Vibes, 2005, Railway (de)regulation: a european efficiency comparison, forthcoming in Economica.

NERA, 2004, Study of the Financing of and Public Budget Contribution to Railways, Report to the European Commission DG TREN.

Rivera, C., 2004, Measuring the Productivity and Efficiency of Railways (an international comparison), PhD Thesis, University of Leeds.

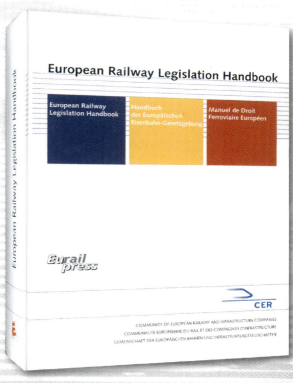

2 Außerhalb Europas: Die Vereinigten Staaten, Japan und Lateinamerika

Lou Thompson
Thompson, Galenson and Associates

2.1 Einführung und Übersicht

Die Reform des Eisenbahnwesens ist seit den 50er Jahren eine fortlaufende, weltweite Erfahrung gewesen. Die ökonomische Entwicklung und die stärkere Konkurrenz zwischen den Verkehrsträgern hat die Eisenbahnen überall beeinflusst, insbesondere in den USA, Lateinamerika und in Japan. Obwohl diese Bahnen unterschiedliche Ansätze zur Restrukturierung gewählt haben, liefern sie brauchbare Ideen für die Reformbemühungen in anderen Ländern.

2.2 Reform der Bahnen in den USA und Kanada

Der Bau der Eisenbahnen begann in den USA im Jahre 1825 und wurde bis zum Ende des Jahrhunderts kräftig fortgesetzt. Von Anfang an wurde die Bahn privat betrieben, mit nur sehr kleiner direkter Unterstützung durch die Regierung.[1] Das Fehlen der Konkurrenz durch andere Verkehrsträger, Überkapazität durch Finanzspekulationen und der „laissez faire"-Kapitalismus, der im späten 19. Jahrhundert vorherrschte, führten zu einer skeptischen Einstellung und zu einer abneigenden Haltung gegenüber der Bahn mit der Folge, dass es zu umfangreichen und restriktiven Tarif- und Dienstleistungsregulierungen kam.

Das Bahnsystem hatte seinen Höhepunkt in den 20er Jahren und fing dann als Reaktion auf die steigende Konkurrenz durch LKW, Binnenschiffe und private Kraftfahrzeuge an, sich zu verkleinern. Die Kräfte, die diese Veränderung einläuteten, wurden für einige Zeit durch die Rationierungen und die Beschränkungen durch den zweiten Weltkrieg eingefroren. Während dieser Zeit stabilisierte sich die Rolle der Eisenbahnen im Fracht- und Passagierverkehr und steigerte sich sogar. Mit Anfang der 50er Jahre kamen die Veränderungen aber mit aller Macht zurück: schneller Bau von Fernstraßen, insbesondere das Interstate Highway System (Autobahnen über Bundesstaatengrenzen hinweg), welches 1956 begonnen wurde; Steigen der Anzahl von privaten PKW und dramatische Verbesserungen in der Wirtschaftlichkeit des Luftverkehrs durch die Einführung der Boing 707 und den Nachfolgern, beginnen in der Mitte der 50er Jahre.

Das Dilemma war gewaltig. Die Bahnen verloren zusehends Frachtaufkommen an LKW und Binnenschiffe, die beide durch die Regierung stark subventioniert

---

[1] Unterstützung durch die Regierung in Form von großen Landabtretungen am Ende des 19. Jahrhunderts war entscheidend für die Ausweitung des Bahnnetzes an die Pazifische Küste.

wurden[2], und den Personenverkehr an PKW und Flugzeuge (beide auch stark subventioniert, wenn auch nicht so hoch wie Fracht). Gleichzeitig zwang die Behörde (the Interstate Commerce Commission – ICC), immer noch tief verwurzelt in Ansichten und Gesetzgebung aus alter Zeit, der Bahn Tarife auf, um LKW und Binnenschiffe zu schützen, beschränkte die Möglichkeit für die Bahn, den Transportunternehmern günstige Tarife anzubieten und verbot der Bahn, unrentable Strecken und Passagierzüge stillzulegen.

Zwischen 1950 und 1970 verhinderten fest verwurzelte politische Empfindungen und spezielle Interessen einen Wandel in der Politik im Bahnwesen, während die wirtschaftlichen Kräfte schnell die Marktposition und die Finanzkraft der Bahn untergruben. 1970 waren viele Eisenbahnen nahe am Bankrott, und das gesamte System war geschwächt. Experten schätzen, dass der Frachtverkehr etwa US$ 470 Millionen im Jahr durch den defizitären Passagierverkehr verlor – und damit etwa die Hälfte der durch den Frachtverkehr gemachten Gewinne.[3] Zusätzlich ging die Qualität des Services im Passagier- und Frachtverkehr stark zurück und die Befürworter des Passagierverkehrs glaubten, dass die Betreiber der Bahnen für den Frachtverkehr die Managementverpflichtung oder die finanzielle Verpflichtung, die notwendig gewesen wäre um den Passagierverkehr wieder aufleben zu lassen, nicht übernehmen würden.

Die erste Reformantwort war die Gründung von Amtrak im Jahre 1971. Amtrak übernahm von den frachttransportierenden Bahnen etwa die Hälfte des vorherigen Intercity Dienstes[4] (der Rest wurde eingestellt), und erhielt das Recht, ein festgelegtes Netz von Passagierzügen auf den Schienen der frachttransportierenden Bahn einzusetzen. Dafür wurde eine Maut erhoben, die auf den durch den Betrieb der Passagierzüge zusätzlich auftretenden Kosten beruht. Obwohl Amtrak kommerziell betrieben wird, erhält sie eine staatliche Subvention von etwa einer Milliarde US$ pro Jahr als Betriebsunterstützung und zusätzlich kleinere Beträge in den Staaten, in denen Nahverkehr durch Amtrak auf Antrag des jeweiligen Staates betrieben wird. Amtrak besitzt die Infrastruktur und betreibt die Hochgeschwindigkeitszüge Metroliner (210 km/h) und Acela (250 km/h) zwischen Washington und Boston über New York City (the Northeast Corridor – NEC).

Das Amtrak Netz ist 40.000 km lang. Davon mietet Amtrak ca. 39.000 km von den Frachtbahnen und betreibt selbst ca. 1000 km im Nord-Ost-Korridor (NEC).

---

[2] Die Infrastruktur für LKW Transport wird subventioniert, da die Steuereinnahmen durch Kraftstoff und KFZ-Steuer die Kosten für den Straßenbau und die Instandsetzung, die von den LKW benötigt werden, nicht decken. Die Betreiber von Binnenschiffen werden sowohl durch den Ausbau und die Sanierung der Wasserstraßen subventioniert, als auch durch direkte Zuschüsse durch die Regierung zu den Betriebs und Wartungskosten.

[3] Siehe Thompson, 2003b mit einer detaillierten Diskussion über Amtrak.

[4] Lokale oder Vorort Passagierzüge werden durch den Bundesstaat oder durch lokale Organisationen betrieben, diese erhalten etwas finanzielle Unterstützung durch das US Verkehrsministerium US DOT (Federal Transit Administration), müssen aber die eingefahrenen Defizite ohne Staatssubventionen zahlen.

	% Passagiere	% Passagier-km
Langstrecke	16	49
Kurzstrecke	32	19
NEC	52	32

Tabelle 1:
Aufteilung des
Marktes von
Amtrak

Im NEC-Netz wird etwa die Hälfte aller Passagiere von Amtrak befördert, ausserdem benutzen auch 8 Nahverkehrsgesellschaften und 3 Fracht-Bahngesellschaften dieses Netz, bezahlen aber für die Benutzung (variable Kosten für die Nahverkehrsbetreiber, volle Kosten für die Frachtzüge). Heute wird der größte Teil des NEC-Netzes und des Fracht-Netzes mehr von den anderen Nutzern frequentiert als von Amtrak selbst.

Amtrak betreibt 15 Langstreckenzüge (Nachtzüge, Schlafwagen und Speisewagen bei Entfernungen >1200 Km), diese werden oft das „National System" genannt, 24 Kurzstreckenzüge (Tageszüge), die größtenteils in einem oder zwischen 2 Bundesstaaten verkehren und die Hochgeschwindigkeitszüge des NEC. Die Verteilung der Passagiere im Jahr 2003 zeigt Tabelle 1.

Insgesamt wurde Amtrak von der Bundesregierung mit nahezu US$30 Milliarden subventioniert, durch direkte finanzielle Unterstützung und durch Betriebsunterstützung. Obwohl es einen signifikanten Marktanteil in einigen der NEC-Strecken hat (insbesondere New York City nach Washington DC), ist ihr nationaler Marktanteil nur etwa 0.1 Prozent aller Passagier-km und weniger als 1 Prozent des öffentlichen Verkehrs. Die durch den Bundesstaat betriebenen Massentransportmittel und die Vorortzüge erreichen sogar etwas mehr Personen-km als Amtrak.

Amtrak hat sich nie gefestigt. Die Gegner kritisieren die hohen Kosten (3 mal so hoch wie Fluggesellschaften auf der Basis von Personen-km), wohingegen die Unterstützer mit dem Angebot und dem Service nicht zufrieden sind. Das führte zu einem Bahnsystem, welches viele Versprechungen gab, aber finanziell zu knapp ausgestattet ist und welches unter ständigem Druck steht, Restrukturierungsmaßnahmen durchzuführen. Eine unvorhersehbare Finanzausstattung machte es der Leitung von Amtrak unmöglich zu investieren. Die Personalkosten machen etwa 50 % von Amtraks Gesamtkosten aus. Da das Überleben von Amtrak aber auf der politischen Unterstützung durch die Bahngewerkschaften basiert, war es schwierig, die Personalkosten zu kontrollieren.

Die meisten Vorschläge für eine Neustrukturierung von Amtrak zielten auf die Verkleinerung des Langstreckennetzes. Im Jahr 2005 erreichte die jährliche Finanzkrise einen kritischen Punkt, da die NEC Acela Züge – die eine wesentliche Einkunftsquelle sind – durch technische Probleme für unbestimmte Zeit stillgelegt wurden. Zwei Lösungsansätze – verstärkte Subventionen mit nur kleinen Reformen (Intressensverbände der Arbeiter und der Fahrgäste) einerseits oder eine Verringerung der Bundessubvention mit einer starken Verlagerung der Verantwortung für die Planung und Finanzierung auf die Bundesstaaten für spezielle Strecken, bzw. mehrere zusammengefasste Strecken (Verwaltung, Konservative des Fiskus)[5] andererseits spiegelten die schon traditionellen Standpunkte wieder. Ein dritter Vorschlag des Aufsichtsrates von Amtrak stellt einen Abschied von alten Konzepten dar.[6] Fünf Geschäftslinien würden entstehen: Langstreckenzüge, Kurzstreckenzüge, Betrieb des NEC-Netzes, Infrastruktur des NEC und untergeordnete Betriebe (insbesondere Auftragsarbeiten für die Pendlerzüge außerhalb des NEC). Amtrak würde die Langstreckenzüge nur weiter betreiben, wenn genug Geldmittel zur Verfügung stehen, und würde Messmethoden bereitstellen, die angeben, welche Strecken stillgelegt werden sollten, wenn die Geldmittel nicht ausreichen. Die Kurzstreckenzüge würden auf Bundesstaats-Subventionen oder auf regionale Subventionen umgestellt, die Regierungen würden darin bestärkt, andere Transportunternehmen als Amtrak einzusetzen.[7] Die NEC Züge würden durch Amtrak betrieben, in der Erwartung, dass sie profitabel sind. Die NEC Infrastruktur würde von Amtrak betrieben und würde allen Betreibern (Amtrak, Vorortbetreiber und Frachtzügen) die Benutzung in Rechnung stellen. Die Gebühren wären kostendeckend. Die meisten Tochterunternehmen würden verlagert oder stillgelegt. Der Ausgang der Diskussion ist wegen der unterschiedlichen, festgefahrenen Interessen ungewiss.

Obwohl die finanzielle Entlastung im Passagierbereich sehr hilfreich ist, kann sie die Krise im Frachtgeschäft nicht lösen. Ein großer Teil des Bahnsystems im Nordosten ging in den 70er Jahren mit dem Zusammenbruch der Penn Central und 5 weiterer, kleinerer Frachtbahnen Bankrott. Zwei Bahngesellschaften im Mittleren Westen – die Milwaukee und Rock Island – gingen auch in den Bankrott, mit der Gefahr diese Schwäche in den Nordwesten weiterzutragen. Sogar die Gesellschaften, die nicht in den Bankrott gingen, litten unter der unausgeglichenen Finanzierung und den restriktiven Vorschriften. Es gab ein reales Risiko, wichtige Frachtbahnunternehmen zu verlieren.

Die erste Reaktion in den 70er Jahren war der Zusammenschluss und die Verstaatlichung der sechs bankrotten Bahngesellschaften aus dem Osten in eine neue Gesellschaft, Conrail. Es wurde eine unabhängige Agentur (the U.S. Railway Association – USRA) mit dem Ziel gegründet, einen Restrukturierungsplan für Conrail zu entwickeln[8] und den Erfolg bei der Planeinhaltung zu verfolgen.

---

[5] US DOT 2005
[6] Amtrak Board of Directors, 2005
[7] Eine Quelle von Finanzunterstützung durch den Bund an die Staaten ist vorgeschlagen.
[8] Die demokratische Mehrheit im Kongress traute dem republikanischen Präsidenten (Richard Nixon) nicht zu, die Restrukturierung innerhalb des Transportministeriums zu leiten und die Führung wollte eine durch den Kongress beeinflusste Vermittlungsstelle (wie das ICC) nicht akzeptieren. Daher einigte man sich auf eine neutrale, professionelle Vermittlungsstelle.

Obwohl sich Conrail von der Vernachlässigung der Investitionen erholte und anfing den Bahnverkehr im Nordosten wieder aufzubauen, kam es nicht in die Profitzone, nicht einmal nach einer Bundesinvestition von ca. US$ 8 Milliarden für einen Fonds für die Erneuerung und Planung. Das Management von Conrail hat daraus geschlossen, dass größere Veränderungen, insbesondere eine umfassende Deregulierung gebraucht werden, um der Firma das Überleben zu ermöglichen. Zur gleichen Zeit hatten die wichtigsten Speditionen und Wissenschaftler den Schluss gezogen, dass die Vorschriften für das US-Transportwesen einen Wandel brauchten. Als Ergebnis daraus wurden der Lufttransport, die Eisenbahnen und der LKW-Transport zwischen 1979 und 1982 dereguliert.

Die Deregulierung aus dem Jahr 1981, gemeinhin „Staggers Act" genannt, hat das Eingreifen der Regierung in die Frachttarife und die angebotenen Dienstleistungen drastisch reduziert.[9] Den Bahnbetrieben wurden die Tarife nahezu vollständig freigestellt mit der Beschränkung, ihre Marktmacht nicht zu missbrauchen.[10] Vertraglich festgelegte Tarife (vorher illegal) die Speditionen und die Bahnbetreiber ermächtigten, Tarife für mehrere Jahre, sowie Verpflichtungen zum Umfang des Warenverkehrs und Investitionen in Ausrüstung und Einrichtungen auszuhandeln, sind nun gebräuchlich. Fusionen von Bahngesellschaften werden immer noch streng kontrolliert. Obwohl den meisten Anträgen auf Zusammenschlüsse heute zugestimmt wird, ist die Zustimmung oft an Bedingungen über Benutzungsrechte am Schienennetz geknüpft[11], um sicherzustellen, dass der Wettbewerb in wichtigen Märkten weiter besteht.

Die Entwicklung zwischen 1980 und 2003 verlief positiv, siehe Tabelle 2. Überraschend erfolgte eine Senkung der Frachttarife um mehr als 60 Prozent, die größtenteils auf die Kostenreduktion durch eine dramatisch höhere Produktivität der Mitarbeiter und der Einrichtungen zurückzuführen ist. Die Produktivität der Mitarbeiter stieg um 400 Prozent, die der Waggons um 250 Prozent und die der Lokomotiven um 53 Prozent. Der Frachtverkehr auf der Bahn stieg um 69 Prozent und der Anteil der Bahn am gesamten Frachtverkehr stieg von 37 auf 42

---

9) Bei der Gründung von Amtrak wurde die Regulierung der Tarife für die angebotenen Dienstleitungen beendet. Sobald der Kongress die Defizite direkt zahlen musste reagierte er sehr viel empfindlicher auf die Effekte der nachteiligen Regulierung.

10) Bevor die Regulierungsbehörde (the Surface Transportation Board - STB) einen Tarif festlegen kann, muss sie nachweisen, dass die Bahn eine dominierende Marktposition hat (das ist schwierig), und dass die Bahn ohne Verluste operiert und dass der angezweifelte Tarif 180 Prozent der variablen Kosten überschreitet. Nur wenig Tarifanfechtungen haben Erfolg.

11) Benutzungsrechte heißt, dass eine kleinere Pächter-Bahngesellschaft das Recht erwirbt, die Gleise der Bahngesellschaft, die diese besitzt, gegen eine Gebühr benutzen zu können. Die meisten Befahrrechte werden frei ausgehandelt, oft auf gegenseitiger Basis. In einigen Fällen hat die Regulierungsbehörde die Bereitstellung der Befahrrechte zur Voraussetzung für eine Fusion gemacht, die ansonsten den freien Wettbewerb in einem Gebiet behindern könnte. Die Bundesbehörde für den Bahnbetrieb (The Federal Railroad Administration) hat abgeschätzt, dass als Ergebnis der Befahrrechte etwa 25 Prozent des US-Schienennetzes mehr als einen Betreiber haben. Die Befahrrechte können die Anzahl der Züge pro Tag und die Möglichkeit des Mieters Facht auf der Strecke aufzunehmen und auszuliefern begrenzen, die Anzahl der Tonnen-km, die national dem wahren Wettbewerb unterliegt, ist daher unbekannt.

Tabelle 2: US-Eisenbahnen der Klasse I

	1970	1980	1985	1990	1995	2000	2003	Prozent 2003/ 1980
Tonnen-km	1.114.108	1.342.835	1.281.499	1.510.895	1.907.946	2.142.146	2.267.050	168,8
Streckenkilometer	332.367	287.647	258.836	214.475	201.404	194.198	196.929	68,5
Mitarbeiter	566.278	458.332	301.879	216.424	188.215	168.360	154.652	33,7
Tonnen-km/Mitarbeiter (000)	1.346	2.005	2.905	4.778	6.937	8.707	10.032	500,3
Tonnen-km/Tonne Wagonkapazität (pro Tonne möglicher Zuladung der Wagons)	6.367	10.463	12.877	19.521	27.616	32.382	36.762	351,4
Tonnen-km/Ps Lokomotivenleistung	13.895	14.265	15.755	20.596	23.714	22.450	21.872	153,3
Durchschnittliche Einnahmen/ Tonnen-km (jetziger $)	$0,014	$0,031	$0,031	$0,027	$0,025	$0,023	$0,024	76,8
Durchschnittliche Einnahmen/ Tonnen-km ($ von 2000)	$0,052	$0,057	$0,045	$0,034	$0,027	$0,023	$0,022	39,1
Unfallrate (pro Million km)	599	710	356	294	228	256	250	35,2
Eigenkapitalrendite	1,0	6,0	6,8	8,2	7,9	8,0	6,7	
Marktanteil (% der Tonnen km auf dem Lande)	40,8	37,3	37,2	37,7	40,6	41,0	42,0	

Quelle: STB Statistiken der Eisenbahnen der Klasse I, verschiedene Jahre
Association of American Railroads, Handbook of Railroad Facts, various years
Bureau of Transportation Statistics, National Transportation Statistics, 2004, Table 2-39

Prozent und hat sich auf diesem Stand stabilisiert. Die Unfallrate fiel um zwei Drittel. Die Bahnbetriebe sind nun wieder profitabel, obwohl sie den anderen Industriezweigen noch hinterherhinken. Die Deregulierung und ein vom Bund finanziertes Freistellungsprogramm für Mitarbeiter machte Conrail wieder profitabel. 1987 wurde Conrail für US$1.9 Miliarden verkauft, weit unter den Kosten für die Restrukturierung in Höhe von US$8 Millliarden.[12]

Die frachtbefördernden Bahngesellschaften in den USA müssen sich weiterhin den Herausforderungen stellen. Das Verkehrswachstum seit der Deregulierung fällt zusammen mit einer Verkleinerung des Netzes, so dass die Verkehrsdichte um 150 Prozent zugenommen hat. Ein weiteres Verkehrswachstum wird zu Verstopfungen führen, die nach dem heutigen Stand durch Einnahmen nicht beseitigt werden können, insbesondere wenn die LKW Konkurrenz weiterhin nicht ausreichende[13] Mautgebühren bezahlt. Die Einsparungen durch Fusionen sind ausgereizt, (es sind nur 4 wichtige Bahngesellschaften übrig geblieben), und die letzten Fusionen (Union Pacific/Southern Pacific sowie die Übernahme von Conrail durch Norfolk Southern und CSX) haben zu Störungen im Betrieb geführt, die noch nicht vollständig behoben sind. Viele Transportunternehmer sind der Meinung, dass die Fusionen die Marktmacht der Bahnen vergrößert haben

---

12) Beshers, 1989, Seite iv.
13) Eine Anzahl von Studien zu den Benutzergebühren hat wiederholt gezeigt, dass schwere LKW durch die verschiedenen Steuern (Kraftstoff, Reifen, Schmierstoffe, Lizenzen) etwa die Hälfte der Kosten decken, die sie durch die Kosten an Straßenbau und Instandhaltung verursachen.

und fordern entweder konkurrenzfähigere Streckenbenutzungsgebühren oder den offenen Zugang zur Infrastruktur.

Eine ähnliche Entwicklung fand in Kanada mit der Privatisierung der Canadian National Railroad (CN) im Jahr 1996 statt. Kanada hatte zwei Bahnunternehmen für die Frachtbeförderung, die Canadian National (ein staatseigenes Unternehmen) und die private Canadian Pacific (CP). Die CN war ein staatseigenes Unternehmen, zum Teil, weil es die weniger profitablen, entfernten Gegenden Kanadas bedienen musste, zum Teil als wettbewerbliche Alternativen für die CP. Die CN hinkte der CP in Bezug auf Verkehrswachstum und Produktivität immer etwas hinterher. Im Jahr 1996 verkaufte die kanadische Regierung ihre Anteile an der CN in einer öffentlichen Ausschreibung. Seit der Privatisierung hat CN die CP in Bezug auf Rentabilität und Produktivität überholt, und wird als eine der am besten geführten Eisenbahnen in Nord Amerika angesehen.

Im Jahr 1979 wurde VIA (eine kanadische Amtrak) gegründet, um die Frachtunternehmen von der Verantwortung und den Defiziten des Passagierverkehrs freizustellen. VIA benutzt das Schienensystem von CN und CP, ähnlich wie Amtrak in den USA. Im Jahr 1989 hat die Regierung das VIA System auf nahezu die Hälfte zurückgeschnitten, seit dem wächst der Verkehr langsam an.

Obwohl die Reformen in den USA und in Kanada einen gewaltigen Umfang hatten, war der Ansatz recht einfach (zumindest rückblickend):

- Beseitigen der Quersubventionen durch die Zahlung der Fahrgastsubventionen direkt an Amtrak, VIA und die Betreiber der Pendlerzüge.
- Verstärkung des Wettbewerbs und Verbesserung der Dienstleistung durch die Deregulierung des gesamten Transportbereiches. Disziplinieren des Frachtmarktes durch Wettbewerb zwischen den verschiedenen Verkehrsträgern, Wettbewerb zwischen parallelen Strecken, die durch integrierte Bahntransportunternehmen betrieben werden, oder durch Schaffen von Befahrrechten für verschiedene Betreiber auf der gleichen Strecke. Wettbewerb im Markt wurde dem Wettbewerb um den Markt vorgezogen.
- Die Speditionen und die Infrastruktur bleiben in privater Hand um die Bahn und die LKW auf der gleichen Wettbewerbsbasis zu belassen.
- Anwenden eines pragmatischen und gemischten Ansatzes, sowohl für den Besitz als auch für die Struktur. Die Bahngesellschaften werden privat betrieben, mit nur geringer öffentlicher Einmischung. Obwohl Amtrak und VIA als Kapitalgesellschaften betrieben werden, sind sie im öffentlichen Besitz und werden öffentlich gefördert. Der größte Wettbewerb im Frachtgeschäft ist der zwischen den verschiedenen Verkehrsträgern, der Wettbewerb zwischen den Bahnbetreiben und der Wettbewerb um Befahrrechte ist aber auch wichtig.

2.3 Privatisierung der japanischen Eisenbahn

Die größte Reform der Eisenbahn seit dem zweiten Weltkrieg (finanziell betrachtet) fand in Japan mit der Auflösung und teilweisen Privatisierung der alten Japanischen Eisenbahn (JNR) statt. Die ersten Eisenbahnen entstanden im Jahr 1872 (JNR) als private Bahnen, wurden aber 1905 verstaatlicht und blieben so bis zum Ende des Zweiten Weltkrieges. JNR wurde 1949 in eine Gesellschaft umgewandelt, deren Geschäftsanteile im Staatseigentum blieben.

Die Gesellschaft verfiel aus bekannten Gründen:

• Die japanische Wirtschaft erholte sich vom Zweiten Weltkrieg und der Wohlstand nahm zu. Der Straßenbau florierte, das führte zum Verlust von Marktanteilen für die Bahn; von zwei Dritteln der Passagier-km im Jahr 1965 auf ein Drittel heute und von einem Drittel der Fracht Tonnen-km auf weniger als vier Prozent heute.

• Am Ende des Krieges wurde JNR gezwungen, 250.000 Kriegsveteranen einzustellen und wurde dadurch politisch radikalisiert. Mit dem Altern dieser Mitarbeiter stellten diese eine finanzielle Belastung und ein Bollwerk gegen Veränderungen dar.

• Obwohl JNR nun eine Gesellschaft war, wurden die Tarife von Politikern strikt kontrolliert, es gab keine Anstrengungen die Zahl der Mitarbeiter zu beschränken, und viel Kapital wurde in politische Projekte investiert.

Es gab zwischen 1964 und 1979 mindestens sechs Versuche JNR zu reformieren, einige von innen heraus bei JNR und einige durch die Regierung, aber der politische Wille, Veränderungen durchzusetzen, fehlte. Die Leitung der Bahn widersetzte sich den Veränderungen und die Regierung war nicht stark genug diese durchzusetzen, auch wenn andere öffentliche Unternehmen eine Reform noch nötiger hatten als JNR. Letztendlich machten die gewaltigen Verluste von JNR (ungefähr US$ 15 Milliarden/Jahr) und die Verbindlichkeiten (etwa US$ 250 Milliarden) eine Reform unumgänglich.

Die Regierung bildete im Jahr 1981 die zweite Ad Hoc Kommission zur Verwaltungsreform, um Lösungen für die mittlerweile zu aufgeblähten Staatsbetriebe zu finden, an erster Stelle stand JNR. Die Kommission setzte im Jahr 1983 eine JNR Reform Kommission ein. Die Empfehlungen dieser Kommission aus dem Jahr 1985 wurden im Jahr 1986 umgesetzt, und die Privatisierung der JNR begann 1987.

Neun Unternehmen wurden gegründet: Sechs Personenbeförderungsunternehmen[14], jedes davon besitzt und betreibt Züge und die damit verbundene Infrastruktur; ein Frachtbeförderungsunternehmen, das die freien Schienenkapa-

14) Drei von diesen, JR East, JR West, und JR Central sind auf der Hauptinsel Honshu und die andern drei sind auf den Inseln Kyushu, Shikoku und Hokkaido.

zitäten der Personenbeförderungsunternehmen nutzt und für die Schienenbenutzung eine geringe Miete bezahlt[15] (ein Spiegelbild von Amtrak); die ‚Shinkansen Holding Company', die die Infrastruktur für den Hochgeschwindigkeitszug besitzt und diese an die drei wichtigsten Betreiber vermietet[16]; und schließlich eine Abfindungsgesellschaft, die alle überzähligen Mitarbeiter aufnimmt. Vermögen und Verbindlichkeiten wurden nicht auf die operierenden Gesellschaften übertragen; daneben wurde ein „Erlös Stabilisierungsfond" mit einem fiktiven Bankguthaben von etwa US$ 12 Milliarden eingerichtet. Die daraus erzielten Gewinne werden zur Deckung der Defizite der drei Personenbeförderungsunternehmen auf der Hauptinsel verwendet.

Verbindlichkeiten von JNR in einer Höhe von US$ 337 Milliarden wurden verschoben: US$ 206 Milliarden übernahm die Abfindungsgesellschaft, und US$ 131 Milliarden gingen an die vier operativen Gesellschaften (Honshu JRs und JR Freight), die diese Verbindlichkeiten zurückzuzahlen hatten. Die drei Personenbeförderungsunternehmen auf der Hauptinsel übernahmen keine Verbindlichkeiten und wurden mit dem Einkommen aus dem Stabilisierungs-Fond ausgestattet.

Die Reformen erwiesen sich als erfolgreich, insbesondere unter der Berücksichtigung des Stillstandes der wirtschaftlichen Entwicklung in Japan in den späten 1990er Jahren. Private Investoren erwarben zunächst 87 Prozent des Anteilskapitals der East Japan Railway (62,5 Prozent im Oktober 1993 und weitere 25 Prozent im August 1999), der Rest wurde im Juni 2002 übernommen. 68 Prozent des Anteilkapitals der West Japan Railway gingen im Oktober 1996 an private Investoren, der Rest im Jahre 2004. 60 Prozent des Anteilskapitals der Central Japan Railway wurden im Oktober 1997 privatisiert; die Regierung hat ihre Absicht bekannt gegeben, den Rest im März 2006 zu verkaufen.

	1988	2003	Prozent (000,000 Personen km)
JR East	109.796	124.916	113,8
JR Central	45.085	48.468	107,5
JR West	48.227	52.142	108,1
Three Islands	14.480	15.634	108,0
Gesamt	217.588	241.160	110,8

	1988	2003	(000,000 Tonnen-km)
JR Freight	23,0	22,8	99,1

Tabelle 3: Trends im Bahnverkehr seit der Privatisierung der JNR

Quelle: http://toukei.mlit.go.jp/30/30b0excel.html Annual Reports: Jährliche Berichte der JR East, JR west und JR Mitte

---

[15] Die Shinkansen Strecken haben Normalspur (1435 mm) und die herkömmlichen Strecken haben Schmalspur (1067 mm).
[16] Die Holding Corporation wurde später aufgelöst und das verbundenen Anlagevermögen auf die drei auf Honshu tätigen Gesellschaften übertragen, dabei wurde das Vermögen so bewertet, dass die zukünftigen Gewinne der drei Unternehmen dagegen aufgerechnet werden.

Seit der Privatisierung arbeiten die drei JR auf Honshu profitabel. Wie Tabelle 3 zeigt, steigt die Beförderungsleistung der drei JR auf Honshu langsam an, während der Passagierverkehr der drei Unternehmen auf der Insel und JR Fracht stabil verlaufen. Die Arbeitsproduktivität für das gesamte System stieg zwischen 1985 und 1988 um 68 Prozent, und um weitere 25 Prozent zwischen 1988 und 1998. Die durchschnittliche Arbeitsproduktivität von etwa 2,8 Millionen Verkehrseinheiten pro Mitarbeiter für JR Central (JR East lag bei 2,0 Millionen und JR West bei 1,6 Millionen) war weltweit die höchste im Vergleich mit andern Bahngesellschaften mit überwiegendem Personenverkehr. Die Fahrpreise sind im Wesentlichen seit 1987 konstant geblieben.

Die alten Verbindlichkeiten sind zwar noch nicht getilgt. Die neuen Gesellschaften arbeiten jedoch mit Gewinnen, so dass der Staat von den eingehenden Steuerzahlungen profitiert. Zusätzlich besteht Übereinstimmung, dass die Qualität der neuen Unternehmen signifikant angestiegen ist und die Investitionen in die Infrastruktur und das rollende Material weiterhin wachsen.

Die Erfahrung der Japaner hat mehrere maßgebliche Besonderheiten:

- Wie bei Conrail wurde die Planung durch eine unabhängige Gruppe von Experten durchgeführt, die es fertig brachten, relativ frei von politischem Druck zu bleiben.
- Die Regierung vergrößerte (oder ersetzte) den Führungskader der JNR durch externe Fachleute, die sich für eine Privatisierung aussprachen.
- Die Trennung des Fracht- und Fahrgastverkehrs hat geholfen, die Märkte zu erkennen und besser zu bedienen. Die Aufteilung der Personenbeförderung in sechs unabhängige, integrierte Unternehmen (weniger als 2 Prozent der Fahrgäste steigen um) macht die Führung der Unternehmen und die Beziehungen zwischen Arbeitgeber und Arbeitnehmer praktikabler.
- Da der Frachtanteil auf den herkömmlichen Strecken nur bei etwa 12 Prozent liegt (der Shinkansen befördert keine Fracht), war es sinnvoll, dass der Frachtbetreiber nur als Mieter der Schienen auftritt und damit die Infrastruktur bei den beherrschenden Personenbeförderungsgesellschaften verblieb. Eine Konkurrenz Schiene gegen Schiene im Fracht und Passagiermarkt wurde ausgeschlossen.
- Die Privatisierung hat sich bewährt. Es ist allerdings nicht einzusehen, warum JR Fracht und die Bahnunternehmen auf der Hauptinsel nicht auch privatisiert wurden. Für die Bahnen auf der Hauptinsel bietet der Stabilisierungsfond durch dauerhafte Förderungsmittel einen hinreichenden Anreiz für private Investoren.
- Die Lösung, die Abfindungsgesellschaft zu gründen, hat sofort die alten und neuen Bahngesellschaften getrennt und gab den neuen Gesellschaften einen unbelasteten Start.

2.4 Bahn Konzessionen in Lateinamerika

Die meisten Eisenbahnen in Lateinamerika wurden ursprünglich von privaten Investoren gebaut und wurden unter verschiedenen Formen von Konzessionen betrieben. Nach dem Zweiten Weltkrieg wurden nahezu alle verstaatlicht. Mit wenigen Ausnahmen verfiel das Streckennetz und das rollende Material und die Fracht- und Passagierbeförderungsleistungen (oft auch die Verkehrsbewegungen) gingen steil bergab. Die Defizite waren hoch und stiegen weiter, und es gab wenig Hoffnung auf eine Erholung. Im Jahre 2000 gab es keine wichtigen, öffentlich betriebenen Frachtbahnen mehr in Lateinamerika, und viele öffentlich betriebene Pendlerzüge wurden an privat betriebene konzessionierte Betreiber abgegeben.

Tabelle 4: Leistungsindikatoren vor und nach der Konzessionierung		Letztes Jahr vor der Konzessionierung			Spätestes verfügbares Jahr			
	Strecken-netz	Jahr	Tausend Einheiten Mitarbeiter (000.000)	Tausend Einheiten km (000)	Jahr	Tausend Einheiten km (000.000)	Tausend Einheiten Mitarbeiter (000.000)	TU/Km (000)
Wichtigste Frachtkonzessionäre								
Argentinien								
Ferroespresso Pampeano	5.094	1992	633	0,25	2004	1.356	1,67	266
Nuevo Central Argentino	4.512	1993	946	0,25	2004	3.700	2,82	820
Ferrosur Roca	3.342	1993	472	0,25	2004	1.803	2,34	539
Buenos Aires al Pacifico	5.252	1994	2.066	0,25	2004	3.018	3,30	575
Ferrocarril Mesopotamico -- FMGU	2.739	1992	526	0,20	2004	844	2,49	308
Bolivien								
Empresa Ferroviaria Oriental	1.244	1995	528	0,44	2003	721	1,66	750
Empresa Ferroviaria Andina	2.261	1995	334	0,18	2004	557	2,11	278
Brasilien								
Ferrovia Centro-Atlântica S.A.	7.080	1994	6.867	0,53	2004	8.700	2,18	1.229
Ferrovia Novoeste S.A.	1.621	1995	1.608	0,66	2004	1.200	1,58	740
Companhia Ferroviária do Nordeste	4.534	1997	516	0,35	2004	790	0,40	174
MRS Logística S.A.	1.675	1995	20.163	2,15	2004	35.700	10,50	21.313
América Latina Logística	6.586	1996	6.940	1,04	2004	13.100	5,59	1.989
Ferrovia Tereza Cristina S.A.	164	1996	93	0,39	2004	200	0,95	1.220
Ferrovias Bandeirantes S.A.	4.236	1998	4.995	0,60	2004	9.400	4,42	2.219
Chile								
FEPASA	1.729	1994	1.265	0,55	2004	1.820	3,49	1.053
Ferronor	2.229	1997	185	0,84	2004	929	2,58	417
Ferrocarril Arica-La Paz	206	1996	35	0,23	2000	59	0,62	286
Mexiko								
TFM	4.262	1996	15.518	1,86	2003	17000 (gesch.)	4,27	3.989
Ferromex	8.461	1997	16.329	0,92	2004	32.384	5,36	3.827
Sureste	1.479	1997	6.808	0,77	2004	4.734	2,26	3.201
FCCM	1.869	1999	1.050	0,95	2004	1.040	2,25	556

Tabelle 4 Fortsetzung: Leistungsindikatoren vor und nach der Konzessionierung		Letztes Jahr vor der Konzessionierung			Spätestes verfügbares Jahr			
	Strecken- netz	Jahr	Tausend Einheiten Mitarbeiter (000.000)	Tausend Einheiten km (000)	Jahr	Tausend Einheiten km (000.000)	Tausend Einheiten Mitarbeiter (000.000)	TU/Km (000)

Passaggiertransport Konzessionen

Argentinen

Ferrovias	54	1993	228	0,25	2004	653	1,06	12.021
Transmet -- San Martin	56	1993	395	0,25	2004	735	1,12	13.123
Transmet -- Belgrano Sur	66	1993	228	0,25	2004	222	0,34	3.358
Transmet -- Roca	261	1994	1.519	0,25	2004	1.757	0,79	6.733
TBA -- Mitre	186	1994	590	0,25	2004	1.242	0,75	6.679
TBA -- Sarmiento	184	1994	907	0,25	2004	2.467	1,76	13.410
Metrovias -- Urquiza	32	1993	290	0,25	2004	489	1,11	15.286
Metrovias -- Subte (Metro)	47	1993	581	na	2004	1.047	0,51	22.285

Brasilien

Supervia	200	1996	3.058	0,53	2004	2.736	1,22	13.679
Rio Metro	35	1996	350	0,14	2004	487	0,32	13.919

Streckennetz   zum Vergleich

	Km of Line	Jahr	T-Km	P-Km	TE TU/ Employee	TE TU/Km
Frankreich	29.186	2002	50.036	73.227	0,69	4.223
Deutschland	35.755	2002	73.950	69.848	0,67	4.022
Italien	15.985	2002	23.060	45.956	0,67	4.318
U.S. Class I	157.515	2003	2.267.049	–	14,66	14.393
U.S. Amtrak	40.000	2004	–	8.950	0,45	na

Quelle: Abschätzung des Autors basierend auf: World Bank Railway database…
Internetseiten für die argentinischen und brasilianischen Aufsichtsbehörden,
Internetseiten der Unternehmen
Einheiten: Summe von Tonnen-km und Personen-km

Tabelle 4 zeigt die Beförderungsleistung der im Jahr 1990 konzessionierten Bahnen, insgesamt über 31 Bahnbetriebe in 5 Ländern. Die meisten Frachtkonzessionen waren exklusiv und integriert,[17] obwohl die mexikanische Regierung versuchte, Wettbewerb in einigen wichtigen Märkten zu schaffen, indem sie forderte, dass die beiden Konzessionshalter im Norden sich gegenseitig Befahrrechte einräumten. Zusätzlich schaffte die Regierung eine neutrale Betreibergesellschaft für die Bahnhöfe im Bezirk Mexiko City, so dass alle Frachtunterneh-

---

[17] Die „Konzession" bedeutet, der Besitzer der Anlagen behält sein Eigentumsrecht, überträgt aber die Rechte und das Risiko des Betriebes auf andere. „Exklusiv" heißt, der Konzessionär ist der einzige (oder mindestens der beherrschende) autorisierter Betreiber dieser Anlage. „Integriert" heißt, die Infrastruktur und der Betrieb sind unter einheitlicher Leitung.

men einen wettbewerbsfähigen Zugang zu den Spediteuren im Bezirk der Hauptstadt haben. Die mexikanische Regierung behielt einen Anteil von 25 Prozent an diesem Unternehmen für den Fall, dass sie eine Konzession für Pendlerverkehr vergeben wollte.

Die Vorortzüge und die Untergrundbahnen haben alle exklusive Konzessionen, wo sich aber die Vorortzüge und die Frachtzüge treffen, haben die Frachtzüge immer einen begrenzten Zugang zum Vorortnetz außerhalb der Spitzenbelastungen erhalten, um Zugang zu Häfen und anderen wichtigen Anlagen zu haben. Die Regierungen haben das integrierte Modell gewählt, da die Konzessionäre die einzigen oder die stark beherrschenden Betreiber auf ihrer Infrastruktur waren und da Wettbewerb auf den gleichen Gleisen nicht als Ziel angesehen wurde.

Einige Länder (Argentinien und Brasilien) verkauften nur Konzessionen. Mexiko baute erst die Unternehmen auf, die zusammen mit dem benötigten rollenden Material und den Konzessionen verkauft werden sollten: Anteile an diesen Unternehmen wurden dann meistbietend verkauft. Die Frachtkonzessionen hatten gemeinhin Laufzeiten von 10 bis 20 Jahren (auf 10 bis 20 Jahre laufende Verlängerungen wurden normalerweise erlaubt). Damit war es möglich, eine volle Amortisation der Investition zu erreichen. Die Konzessionen für den Passagierverkehr waren meist, zumindest für die erste Erteilung einer Konzession kürzer (5 bis 15 Jahre), da die Regierungen die Leistungsfähigkeit der Konzessionäre in kürzeren Zeitabständen beaufsichtigen wollten.

Konzessionen (oder Anteile an Unternehmen, die Konzessionen hielten) wurden durch versiegelte höchste Angebote (meistens), durch öffentliche Auktionen (Brasilien) oder durch direkte Verhandlungen (nur Guatemala) verkauft. Die meisten Länder hatten kein Minimalangebot, Brasiliens Verfassung jedoch verlangt veröffentlichte Minima und Mexiko hatte geheime Minima. Zwei brasilianische Konzessionen wurden für das Minimum verkauft, und eine mexikanische Konzession wurde zurückgezogen, weil die Angebote unter dem Minimum lagen. Eine Vorqualifikation wurde normalerweise verlangt, um nur verantwortungsbewusste Gebote zu erhalten. Die Gewinner wurden normalerweise durch die gebotene Geldsumme ermittelt[18]. Die Bewertung reichte von recht einfachen Maßstäben (größter Geldbetrag, wie in Mexiko und Bolivien) und komplexeren Bewertungen (Brasilien wollte eine Anzahlung und dann monatliche Zahlungen über die Vertragslaufzeit) bis zur Konzession für die Vorortzüge und Untergrundbahn von Rio de Janeiro, wo die Angebote aus einer Kombination von Abschlagzahlung, monatlichen Mietkosten, dem Inventar, der Verpflichtung zu Investitionen und der Übernahme von Werten eines Anlagen-

---

18) Argentinien benutzte ein gewichtetes Punktesystem aus finanziellen und anderen Qualifikationskriterien welches klares Bieten schwierig machte und es auch schwer machte, den Gewinner an seine Verpflichtungen zu erinnern.

Erneuerungs-Programms bestanden. Am kompliziertesten war die Vergabe der Konzessionen für die Vorortzüge und Untergrundbahnen in Buenos Aires, wo den Bietern die Dienstleistungsumfänge und maximalen Fahrpreise vorgeschrieben wurden. Zusätzlich wurden zur Unterstützung beim Betrieb monatliche Leistungen angeboten, und ein von der Regierung bestimmtes Investitionsprogramm musste durchgeführt werden. Für die Konzessionsgebühr war das Verhältnis zwischen den gewährten monatlichen Betriebssubventionen und dem Wert des investierten Kapitals maßgebend. Die Konzessionäre übernahmen das volle kommerzielle Risiko (Nachfrage und Betriebskosten) unter den Bedingungen der erlaubten Höchstpreise und der beschriebenen Dienstleistungen.

Die lateinamerikanischen Regierungen profitierten erheblich durch den Verkauf der Konzessionen. Ferrocarriles Argentinos machte Verluste in Höhe von etwa US\$800 Millionen jährlich. Dieser Verlust konnte durch den Verkauf der Frachtkonzessionen beglichen werden und der Passagierverkehr erhielt einen begrenzten und genau definierten Zuschuss. Die brasilianische Eisenbahn (RFFSA) machte Verluste von US\$500 Millionen jährlich. Durch die Konzessionsvergabe flossen US\$1.7 Milliarden an den Staat. In Mexiko wurden die jährlichen Verluste von US\$400 Millionen in eine Zahlung von US\$ 2.4 Milliarden umgewandelt.

Die Nachfrage nach den Konzessionen war im Allgemeinen hoch. Der Wert der Konzessionen liegt zum Teil weit über der Höhe den Konzessionen vor der Konzessionsvergabe. Die Arbeitsproduktivität stieg dramatisch (Tabelle 4). Die Berechnung der Tarife ist schwierig, grob gesagt scheinen die Kosten für den Bahnfrachtverkehr in Lateinamerika \$ 900 Millionen niedriger zu liegen, als sie wären, wenn die Bahnen noch als Staatsbetriebe operierten. Diese Aussage erfasst die Einsparungen wahrscheinlich noch nicht ganz, da die verringerten Bahntarife auch die Kosten für den Transport auf der Straße drücken.

Für das Konzessionswesen in Lateinamerika mussten Lösungen für die Arbeitskräfte gefunden werden. Die verschiedenen Programme hatten einen ähnlichen Ansatz, hatten aber unterschiedliche Einführungsstrategien für das Einsetzen der Unterstützungszahlungen:

- Die vorher angekündigten Unterstützungszahlungen wurden nur ausgezahlt, wenn der Mitarbeiter kein Angebot für eine Arbeitsstelle vom neuen Betreiber erhalten hat oder das Angebot nicht akzeptiert hat (Argentinien).
- Vor der Konzessionierung unter Kontrolle durch die Regierung wurde die Zahl der Mitarbeiter schon teilweise reduziert. Vom Konzessionär wurde verlangt, eine gewisse Mitarbeiterzahl zu übernehmen, jedoch wurde dem neuen Betreiber erlaubt, die Zahl der Mitarbeiter unter Anwendung des sozialen Sicherungssystems des Staates zu verringern (Brasilien).

- Auszahlung einer berechneten Unterstützung, die auf dem Lohn und der Dauer der Betriebszugehörigkeit basiert. Dann wird dem neuen Betreiber erlaubt, mit den Mitarbeitern frei zu verhandeln (Mexiko).

Der erste Ansatz stellte sicher, dass die besten Mitarbeiter nicht schon vor möglichen Verhandlungen mit dem neuen Betreiber ihre Unterstützungszahlungen annahmen und weggingen, es führte aber auch dazu, dass die Auszahlungen an die Mitarbeiter länger dauerten. Der zweite Ansatz führte dazu, dass die Zahlungen früher eingestellt werden konnten, erlaubte aber einigen besseren Mitarbeitern früh wegzugehen und verringerte auch den Preis für die Konzession, da der neue Betreiber eine größere Mitarbeiteranzahl übernehmen musste als er wollte. Der dritte Ansatz beendete die Rolle der Regierung schnell, führte aber dazu, dass alle Mitarbeiter Unterstützungszahlungen erhielten, nicht nur die gekündigten. Im Durchschnitt wurde den Mitarbeitern etwa ein Monatslohn für jedes Beschäftigungsjahr ausgezahlt, dazu kamen Frühruhestand, Unterstützung für Umzüge und Weiterbildung.

Viele Länder führten Aufsichtsbehörden ein, die die Konzessionen kontrollieren sollten. Die Ergebnisse waren gemischt, passend zu der Komplexität der Konzessionsverträge, den unterschiedlichen wirtschaftlichen Gegebenheiten und der Möglichkeit der Länder, Aufsicht zu üben. Nur wenige Länder waren darauf vorbereitet, die Konzessionen zu kontrollieren, und viele wurden der Aufgabe nicht gerecht, entweder die Prinzipien für die Kontrolle zu formulieren oder die Konzessionäre dazu zu bringen, ausreichende Informationen beizubringen.

Die Erfahrungen mit der Restrukturierung in Lateinamerika zeigen:

- Die Einbindung des privaten Bereichs funktioniert, es müssen aber Kompromisse gemacht werden zwischen dem, was die Regierung möchte, und dem, was sie dafür bezahlen will.
- Die Vorteile vieler Privatisierungsprogramme wurden zu positiv dargestellt oder nicht richtig verstanden, das führt zu unrealistischen Erwartungen.
- Es ist entscheidend, die Ziele und Geschäftsbedingungen der Konzession richtig zu formulieren, da schlechte Verträge sich nicht durchsetzen lassen. Es sollte Raum für Nachverhandlungen gelassen werden (sollten diese nötig werden), und die Aufsichtsbehörde braucht die Autorität und die Möglichkeit die Verträge nachzuverhandeln.
- Das kommerzielle und finanzielle Risiko kann erfolgreich übertragen werden. Sogar bei den Konzessionen für den Personenverkehr in Argentinien und Brasilien wurde das gesamte kommerzielle Risiko auf die Konzessionäre übertragen. Die Regierungen sollten die kommerziellen und finanziellen Risiken nur behalten, wenn die Übertragung auf den privaten Bereich unverhältnismäßig kostspielig ist.

- Auch Konzessionen für mehrere Länder sind möglich. Das Unternehmen America Latina Logistica (ALL) hält verbundene Konzessionen in Brasilien und Argentinien, und die U.S. Class I Eisenbahnen haben in mexikanische Konzessionen investiert.

- Obwohl die grundlegenden Konzessionen integriert waren, wurde die Möglichkeit des Zugangs für mehrere Betreiber als Mittel genutzt, den Wettbewerb beim Zugang zu Mexiko City und auf wichtigen mexikanischen Frachtlinien zu beleben.

- Der private Bereich kann effektive und marktorientierte Dienstleistungen auf einem finanziell profitablen Markt bringen. Durch Zulassung des Wettbewerbs kann die geringste mögliche Beteiligung durch die Regierung erreicht werden; der private Bereich kann auch ein wirksamer Weg sein, die sozial notwendigen Dienstleistungen anzubieten.

Literaturnachweis

Amtrak Board of Directors, 2005, „Amtrak Strategic Reform Initiatives," April, Washington, DC

Beshers, E., 1989, „Conrail: Government Creation and Privatization of an American Railroad," World Bank Discussion Paper, INU 38

Kopicki, R. and Thompson, L. S., 1995, „Best Methods of Railway Restructuring and Privatization," World Bank, CFS Discussion Paper Series, Number 111

Thompson, L. S., Budin, K.-J. and Estache, A., 2001, „Private Investment in Railways: Experience From South and North America, Africa and New Zealand", PTRC Conference, Cambridge

Thompson, L. S., 2003a, „Changing Railway Structure and Ownership: Is Anything Working?" Transport Reviews, Vol. 23, No 3, 311-355

Thompson, L. S., 2003b, „New Rail Passenger Structures in the United States: Using Experience from The E.U., Japan and Latin America," Institut d'Economie Industrielle and Northwestern University Transportation Center, First Conference on Rail Industry Structure, Competition and Investment, Toulouse, France

U.S. Department of Transportation, 2005, „Passenger Rail Investment Reform Act", Washington, DC. Draft legislation.

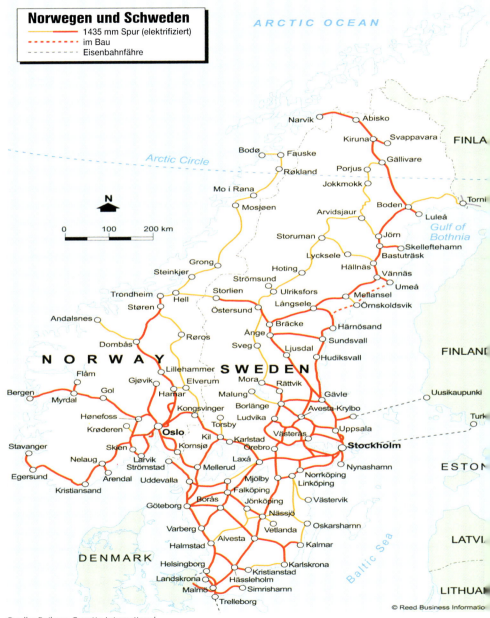

3. Schweden

Gunnar Alexandersson & Associate Professor Dr. Staffan Hultén[1]
Stockholm School of Economics

Fläche des Landes (km²)   449 964

	2003		2003
Bevölkerung[a] (Mio.)	8,9	Fracht t/km	20,1
Bruttoinlandsprodukt (BIP) (Mrd. Euro)	267,4	Personen-km (Mrd.)	9,1
Länge des Streckennetzes (1000 km)	11,8	Modaler Anteil – Güterverkehr[b] (%)	35,5
		Modaler Anteil – Personenverkehr[c] (%)	7,4

[a] Am 01. Januar
[b] Basiert auf Eurostat 2003 Straße, Schiene und Binnenwasserstraßen
[c] Basiert auf Eurostat 2002, Schiene, öffentlicher Verkehr auf der Straße, private PKW

3.1 Einleitung und Übersicht[2]

Das Verkehrsgesetz von 1988 mit der bahnbrechenden Trennung von Gleisinfrastruktur und Zugbetrieb gilt allgemein als der Startpunkt der Veränderungen im schwedischen Eisenbahnwesen: von einem vertikal und horizontal integrierten Monopol hin zu einem dezentralisierten Markt und intramodalem Wettbewerb zwischen den Bahnunternehmen.

Bis 1988 war die schwedische Staatliche Eisenbahn (SJ) wie der Name schon sagt in staatlicher Verwaltung und hielt das Monopol für Schienengüterverkehr und Schienenpersonenverkehr. Dabei war sie durch Gesetze und Verordnungen gegen Wettbewerb geschützt (Tabelle 1). Die SJ war verantwortlich für die Steuerung aller Aspekte des Eisenbahnwesens und war als Eigentümerin oder Miteigentümerin auch an Unternehmen in benachbarten Sektoren beteiligt, z.B. Fährverkehr, Überlandbusdienste und Speditionen. Im Schienengüterverkehr war die SJ Vertragsunternehmen. Bei der Personenbeförderung betrieb die SJ die überwältigende Mehrheit der Linien selbst, d.h. ohne Verträge mit dem Staat

[1] Die Autoren danken Claes Elgemyhr, Järnvägsstyrelsen; Thomas Franzén, Banverket; Tommy Jonsson, Banverket; Carl Silfverswärd, Banverket; Lennart Sparring, Green Cargo AB; Hans Stenbacka, Banverket und Peder Wadman, Tågoperatörerna für die hilfreichen Anregungen und Fakten.

[2] Dieser Abschnitt basiert auf Alexandersson (2002).

43

Tabelle 1: Regulierungsstruktur im schwedischen Eisenbahnsektor 1988 und 2004

Teil des Markts	1988	2005
Personenverkehr		
Regional (unrentabel)	SJ hält Monopol und erhält Subventionen	Beschaffung über Ausschreibungen (Wettbewerb um den Markt)
Interregional (unrentabel)	SJ hält Monopol und erhält Subventionen	Beschaffung über Ausschreibungen (Wettbewerb um den Markt)
Interregional (rentabel)	SJ hält Monopol	SJ hält Monopol
Güterverkehr	SJ hält Monopol	Offener Zugang zu allen Strecken (Wettbewerb im Markt)

oder Behörden. Bei den nicht rentablen Personenbeförderungsdiensten, die aber aus sozioökonomischen und politischen Gründen für wichtig erachtet wurden, gestand das Parlament der SJ jedes Jahr den Geldbetrag zu, den sie zur Deckung der Defizite einforderte. Bei einer begrenzten Zahl von Personenverkehrslinien war die SJ Vertragsunternehmen der regionalen (Kreisebene) öffentlichen Verkehrsbehörden.

Im Jahr 2005 steht die Eisenbahninfrastruktur im Eigentum einer nationalen Behörde, Banverket, die auch den Unterhalt sowie die Funktion der Steuerung und Sicherung des Zugverkehrs übernimmt. Heute dominieren im öffentlichen Beschaffungswesen Ausschreibungen den Markt der Schienenbeförderung von Personen. Das gilt für fast alle unrentablen Linien, also die Mehrheit aller schwedischen Eisenbahnlinien. Die SJ wurde in mehrere spezialisierte Unternehmen aufgespalten, von denen einige in der Zwischenzeit privatisiert wurden und andere noch immer staatlich sind. Eines der Unternehmen, SJ AB (SJ Ltd) entstand aus der ehemaligen Personenverkehrssparte und ist weiterhin Schwedens größtes Bahnunternehmen. Die SJ AB betreibt zwar immer noch Linien selbst, wird aber auch in vielen Fällen vertraglich für regionale und nationale Verkehrsbehörden tätig. Der Markt für den Schienengüterverkehr wurde dereguliert, d.h. alle Teile des Eisenbahnnetzes sind jetzt offen zugänglich. Green Cargo AB, die Nachfolgerin der SJ Güterverkehrssparte dominiert weiterhin diesen Teil des Marktes. Den einzigen Teil des Zugbeförderungsmarktes, in dem SJ AB immer noch ein Monopol hält, ist die interregionale Personenbeförderung, die das Unternehmen meint mit Gewinn betreiben zu können (d. h. im Prinzip die Hauptlinien zwischen Stockholm und den anderen größeren Städten). Das Unternehmen hat weiterhin die Kontrolle über einen Großteil des Roll-

materials, aber auch die regionalen Verkehrsbehörden und private Güterverkehrsunternehmen besitzen eine beträchtliche Zahl von Fahrzeugen.

Um die enormen Neuerungen in der Organisationsstruktur besser verstehen zu
können, muss man sich die tatsächlichen Prozesse der Änderungen des rechtlichen Umfelds und dabei auch die Ereignisse und die Hintergründe, die zum
Gesetz von 1988 führten, vor Augen führen.

3.2 Die Geschichte der Reformen[3]

Gesetzliche Änderungen im Eisenbahnsektor entstanden meist aus dem Wunsch
heraus, die bestehenden finanziellen Schwierigkeiten der SJ in den Griff zu bekommen. Schon seit den 1950ern, als in Schweden Pkws ihren großen Durchbruch erlebten, steht die SJ vor dem Problem der unrentablen Personenbeförde-
rungsstrecken. Anfangs war es noch möglich, die Verbindungen durch
Quersubventionierung von rentablen Linien aufrechtzuerhalten. Es wurde für die
SJ jedoch zunehmend schwieriger, im Netz genügend Überschüsse zu erwirtschaften. Da Streckenstilllegungen wegen politischer Bedenken nur schwierig
durchzusetzen waren, führte das Problem letztendlich zur Einführung staatlicher
Subventionen für nicht rentable Strecken. Die Gesetzesvorlage, die als die Basis
für das Verkehrsgesetz von 1963 diente, enthielt die offizielle Untergliederung
des SJ Netzes in einen kommerziellen Teil und einen subventionierten Teil.

Ungefähr zur gleichen Zeit fand in der Region Stockholm eine damit verwandte
aber dennoch davon unabhängige Entwicklung statt. In der Region wurde es für
die SJ immer schwieriger, Nahverkehrszüge trotz hoher Fahrgastzahlen rentabel
zu betreiben. Es wurde sogar eine Einstellung des Betriebs ins Auge gefasst, wobei die Fahrgäste auf den rentableren Busservice der SJ umsteigen sollten. Aus
Sicht der Region sollte aber aufgrund der wachsenden Bevölkerungszahlen der
Nahverkehrsbetrieb in der Stadt und den Vororten aufrechterhalten und sogar
ausgebaut werden. Das war deshalb ein wichtiger Bestandteil der Verhandlungen zwischen den Gemeinden in der Region, mit denen eine Koordinierung aller
Mittel des öffentlichen Transports in der Region erreicht werden sollte. Ende
1964 wurde man sich einig und unterzeichnete 1966 einen Vertrag, in dem die
SJ zum ersten Mal Vertragsunternehmer für eine Bahnverbindung für eine Re-
gionalbehörde wurde.

Eine weitere Verschlechterung der Finanzen der SJ entstand während der
1970er Jahre wegen steigender Betriebskosten, sinkender Einnahmen hauptsächlich aus dem Güterverkehr und politischer Verbote, darauf mit Streckenstill-

---

[3] Dieser Abschnitt basiert auf Alexandersson et al. (2000), Alexandersson (2002), Nilsson (1995) und Van de
Velde (1999).

legungen oder Preisanpassungen zu reagieren. Dies führte dazu, dass grundlegende Änderungen unumgänglich waren, um der Probleme von SJ Herr zu werden. Das Verkehrsgesetz von 1979 war gewissermaßen eine Reaktion auf diese Entwicklungen. Mit dem Gesetz sollten die Kostenbelastungen unter den miteinander konkurrierenden Transportmitteln so angepasst werden, dass die Infrastrukturkosten die sozialen Grenzkosten widerspiegelten. Man meinte, so die Nutzung der Bahn stimulieren zu können, da diese üblicherweise niedrige Grenzkosten aufweist. Einer der wichtigsten Bestandteile des Gesetzes war die Schaffung einer neuen institutionellen Struktur für den öffentlichen Nah- und Regionalverkehr – die so genannten Regionalverkehrsbehörden. Obwohl sie hauptsächlich für den Busservice von Interesse waren, waren einige der Regionalverkehrsbehörden auch direkt an den Entscheidungen zu von der Stilllegung bedrohten Nahverkehrs- und Regionalstrecken beteiligt. Manche der Strecken wurden stillgelegt, andere blieben bestehen, nun aber unter Kontrolle der Regionalverkehrsbehörden. Ähnlich wie im früheren Fall der Stockholmer Pendlerzüge wurde die SJ zum Vertragsunternehmen.

Die finanziellen Probleme der SJ hörten auch in den 1980ern nicht auf. Mit dem daraus resultierenden Eisenbahngesetz 1985 sollten die Defizite der SJ abgebaut werden. Der Staat übernahm eine größere Verantwortung für Infrastrukturinvestitionen. Im Gegenzug sollte die SJ die Bilanzierung der Infrastruktur von der der anderen Geschäftsfelder trennen und damit beginnen, Trassennutzungsgebühren zu bezahlen. Trotz dieser Maßnahmen erwartete die SJ für das Jahr 1986 einen Bedarf von SEK 1 Milliarde (ca. € 110 Millionen) an zusätzlichen staatlichen Zuschüssen für den Weiterbetrieb. Deshalb leitete die Regierung einen Prozess ein, der im Verkehrsgesetz von 1988 mündete. Ziel war es, die Situation im Schienenverkehr der des Straßenverkehrs anzupassen, wobei das Hauptmerkmal in der vertikalen Trennung von Infrastruktur und Zugbetrieb bestand. Der Staat übernahm die volle Verantwortung für die Investitionen in Unterhaltung und Erhalt der Schieneninfrastruktur durch eine neue Behörde – Banverket, während die SJ in ein Bahnunternehmen umgewandelt wurde und von nun an zur Entrichtung eines Schienennutzungsentgelts (auf Basis der Grenzkosten für den Unterhalt) verpflichtet war. Die Infrastrukturinvestitionen sollten mithilfe sozioökonomischer Berechnungen ermittelt werden. Neben einigen anderen Komponenten bedeutete das Verkehrsgesetz von 1988, inspiriert durch die ersten Erfahrungen, gleichzeitig einen Schritt hin zur Erweiterung der Verantwortung der Regionalverkehrsbehörden im Bereich des unrentablen Regionalschienenverkehrs. Im Gegenzug erhielten die Regionalverkehrsbehörden eine Vergütung in Form von staatlichen Zuwendungen in Höhe des Betriebsdefizits der SJ auf diesen Strecken und auch das Rollmaterial wurde an die Regionalverkehrsbehörden übergeben.

Eine Deregulierung der Eisenbahn im Sinne eines verstärkten intramodalen Wettbewerbs wurde im Gesetz nicht ausdrücklich erwähnt. Dennoch wurde durch die vertikale Trennung der Infrastruktur vom Betrieb, zusammen mit der dezentralisierten Verantwortung der regionalen Behörden für den regionalen Schienenverkehr (gekoppelt mit dem notwendigen Geld und dem Rollmaterial), die öffentliche Beschaffung durch Ausschreibungen für diese Strecken möglich. Manche regionalen Behörden hatten den Weg der Ausschreibungen schon für den Busverkehr beschritten, als Folge früherer Reformen in diesem Sektor. Deshalb lag es nahe, auch für die regionalen Bahnstrecken auf Ausschreibungen zurückzugreifen. Ergebnis war der erste Newcomer seit über 40 Jahren, BK Tåg, im Jahr 1990.

Anfang 1991 äußerte das Verkehrsministerium die Meinung, mehr Bahnunternehmen würden die Bahnbranche beleben und so könnten die Ressourcen effizienter genutzt werden. Damals befürchteten viele Politiker, die Vormachtstellung der SJ im Verkehrsmarkt könne zu stark werden, zumal die SJ Geschäftsführung nicht bereit war, sich auf die Zugbeförderung zu konzentrieren, sondern die SJ weiterhin als diversifiziertes Beförderungskonglomerat führte. Nach einem Machtwechsel im Parlament im September desselben Jahres erklärte die neue Mitte-Rechts-Regierung ihr Ziel, den Bahnverkehr für stärkeren Wettbewerb zu öffnen. Im ersten Schritt sollte ein größerer Teil des Bahnbetriebs über Ausschreibungen vergeben werden. Als die SJ die Verantwortung für die Schieneninfrastruktur verlor, blieb ihr nur die Leitung der rentablen Zugverbindungen in Eigenregie. Zwar waren die meisten unrentablen Verbindungen auf den Regionalstrecken und lagen somit im Verantwortungsbereich der Regionalverkehrsbehörden, doch auch viele Verbindungen im interregionalen Hauptstreckennetz warfen keinen Gewinn ab. Ab 1988 führte der Staat einmal im Jahr Verhandlungen mit der SJ über den Betrieb der Zugverbindungen, statt wie früher jährlich die Defizite der SJ durch Subventionen zu decken. Aufgrund der Erfahrungen mit Ausschreibungen im Regionalverkehr wurde es 1992 durch eine Änderung der Gesetzeslage auch dem staatlichen Unterhändler möglich, die Beförderung auf interregionalen Strecken auszuschreiben.

In den Jahren 1993-94 befassten sich mehrere Gutachten mit der Durchführbarkeit der Deregulierung des gesamten Schienennetzes, die mit einer heftigen politischen Debatte einhergingen. Im Mai 1994 wurde im Parlament trotz heftiger Opposition der Sozialdemokraten, der Linkspartei und der Eisenbahngewerkschaften ein Gesetz zu einer weitreichenden Deregulierung verabschiedet. Als die Sozialdemokraten nach der Wahl im September des Jahres die Macht im Parlament wiedererlangten, wurde die Deregulierung der Eisenbahn schnell wieder aufgeschoben. Stattdessen wurde eine weniger radikale Reform vorgeschlagen, die im Juli 1996 in Kraft trat. Die Funktionen der Zuweisung von Fahrwegkapazitäten und der Zugleitung/Zugsicherung gingen von SJ an Banverket über, wobei andere gemeinsame Einrichtungen auch anderen Zugbetreibern unter kommerziellen, nicht diskriminierenden Bedingungen zugänglich gemacht werden sollten. Die Rechte der Regionalverkehrsbehörden wurden erweitert. So wurde es leichter für sie, ein verringertes Angebot an interregionalen Zugverbindungen durch die SJ durch regionale Zugverbindungen seitens der Regionalverkehrsbehörden zu ersetzen. Die Praxis der Ausschreibungen wurde dadurch auch für andere Teile des Schienennetzes möglich. Für den Güterverkehr wurde der offene Zugang zum gesamten Schienennetz eingeführt, denn man war der Meinung, diese Leistungen hätten bessere Chancen gegenüber anderen Transportmitteln, wenn sie sich dem Wunsch des Marktes beugen müssten. Der tatsächliche Zugang zu den Fahrwegkapazitäten wurde nur noch durch „Großvaterrechte" beschränkt, die einem Betreiber das Vorrecht für die Fahrplanpositionen einräumte, die er vorher benutzt hatte. In der Praxis wurde diese Regelung allerdings selten (wenn überhaupt je) angewandt und schließlich 2004 abgeschafft.

1998 wurde ein neues Verkehrsgesetz verabschiedet. Bemüht darum, gleichberechtigte Bedingungen für konkurrierende Transportmittel zu schaffen, ganz besonders im Frachtbereich, wurden die Schienennutzungsgebühren gesenkt. Um Güterverkehrsbetreibern, die in Konkurrenz zur SJ stehen, den Zugang zu erleichtern, wurden einige der Randstrecken, die bei SJ verblieben waren, zu Banverket transferiert. Darüber hinaus wurde die neue nationale Behörde Rikstrafiken eingerichtet. Diese Behörde übernahm die Aufgaben des ehemaligen staatlichen Unterhändlers, d.h. sie wurde verantwortlich für die Ausschreibung der bis dato unrentablen interregionalen Verbindungen (einschließlich aller öffentlichen Transportmittel). Auf diese Art sollte eine bessere Koordinierung mit den von den Regionalverkehrsbehörden ausgeschriebenen Verbindungen erreicht werden. Nachdem 2000 mehrere Konkurrenten auf der Bildfläche erschienen, sollte eine neue Gesetzesvorlage es der SJ leichter machen, unter den neuen Umständen mit zu konkurrieren und allen Betreibern gleichberechtigten Zugang zu den Funktionen und Strecken zu gewährleisten. Deshalb wurde 2001 die Organisationsstruktur der SJ als ein staatlich verwaltetes Unternehmen durch mehrere staatliche Unternehmen abgelöst, die sich mit bestimmten Teilen des Eisenbahngeschäfts befassen. Die Personenverkehrssparte wurde zu einem Unternehmen (SJ AB), die Güterverkehrssparte zu einem anderen Unternehmen (Green Cargo), dito für Immobilien (Jernhusen), Unterhaltung/Wartung (Euromaint) und andere Geschäftsbereiche. Zwei Sparten, nämlich TraffiCare (Reinigungsdienste) und Unigrid (Computer Informationssysteme) wurden schon einige Monate später vollständig privatisiert.

Seit der Gesetzesvorlage aus dem Jahr 2000 hat sich der Prozess der gesetz-lichen Veränderungen im schwedischen Bahnverkehrsbereich bis zu einem be-stimmten Grad verlangsamt. Bei mehreren Gelegenheiten wurde vorgeschlagen, das bestehende Monopol der SJ AB für die profitablen interregionalen Strecken abzuschaffen und so möglicherweise offenen Zugang oder zumindest Aus-schreibungen für diese Strecken durchzusetzen.[4] Bislang war die sozialdemo-kratische Regierung nicht bereit, diesen Schritt zu tun, wobei sie dies damit be-gründet, mehr Zeit für die Evaluierung der Auswirkungen der schon umgesetzten Reformen zu benötigen. 2003 musste der Staat intervenieren und eine größere Summe (€ 200 Millionen) von anderen staatlichen Unternehmen an SJ AB überweisen, um einen Konkurs abzuwenden.[5] Es wurde deutlich, dass die Aufspaltung von SJ in mehrere Einzelunternehmen eine unterfinanzierte Re-form gewesen war, aber auch, dass einige der Verträge der SJ für regionale und interregionale Personenbeförderung höchst unrentabel waren, weil die SJ die Ausschreibungen mit zu niedrigen Angeboten für sich entschieden hatte.

Die neuesten Reformen konzentrieren sich auf die Modernisierung von Geset-zen und Verordnungen, um einen kohärenten Rahmen im Einklang mit den Richtlinien der Europäischen Union zu schaffen. Nach dem ersten Eisenbahnpa-ket der Europäischen Kommission traten im Juli 2004 ein neues Eisenbahngesetz und eine neue Eisenbahnverordnung in Kraft. Gleichzeitig wurde die neue schwedische Eisenbahnbehörde eingerichtet.[6] Momentan ist ein neues Ver-kehrsgesetz in Vorbereitung. Ein wichtiger Punkt dabei ist, wie Schweden sich auf die künftige Entscheidung über das dritte Eisenbahnpaket der Europäischen Kommission sowie auf die Öffnung des internationalen Personenverkehrs zwi-schen den Mitgliedstaaten ab 2010 vorbereiten soll.

3.3 Der heutige Rahmen

Im heutigen Rahmen des schwedischen Eisenbahnmarktes ist die nationale Be-hörde Banverket Eigentümerin der staatlichen Eisenbahninfrastruktur und unter-hält diese auch. Mit 80 % aller Eisenbahnlinien macht dies Banverket zur größ-ten Eisenbahninfrastruktureignerin.[7] Einige wenige Strecken gehören den Regionalbehörden, hauptsächlich in der Region Stockholm. Daneben sind meh-rere unbedeutende Nebenlinien im Besitz von Fabriken und Gemeinden, übli-cherweise als Teil eines vertikal integrierten Systems.

---

[4] Siehe z.B. SOU 2003:104.
[5] Entwurf 2002/03:86.
[6] SFS 2004:519 und SFS 2004:526.
[7] Banverket (2004).

Insgesamt gibt es ca. 500 Bahnhöfe, an denen Züge Passagiere absetzen oder aufnehmen. Bei vielen davon handelt es sich um einfache Haltestellen (in der Hand von Banverket), ohne besondere Gebäude oder Einrichtungen für die Reisenden. Viele der Bahnhöfe (ob mit oder ohne Einrichtungen für Reisende) gehören den regionalen Behörden und werden von diesen unterhalten, da sie nur für den Personennahverkehr und den Personenregionalverkehr genutzt werden. Rund 170 Bahnhofsgebäude stehen dabei auf fremden Grundstücken; 150 davon gehören Jernhusen, einem staatlichen Unternehmen, das aus der ehemaligen Immobiliensparte der SJ entstand. Daneben gibt es viele Terminals und Einrichtungen, die hauptsächlich für den Gütertransport genutzt werden und unterschiedliche Besitzer haben. Jernhusen gehören die meisten der Gebäude, die für die Wartung der Fahrzeugflotte genutzt werden. Mehrere andere Unternehmen führen die tatsächliche Wartung durch, wobei die staatlichen Unternehmen Euromaint und Swemaint die vorherrschenden Anbieter sind.[8]

Die Abteilung Zugleitung/Zugsicherung von Banverket überwacht alle Zugbewegungen im schwedischen Eisenbahnnetz. Das Unternehmen hat auch die Verantwortung dafür, dass die Bahnunternehmen ihre Züge möglichst gut im Netz betreiben können. Die Wünsche aller Bahnunternehmen werden mit dem Ziel koordiniert, sie bestmöglich und ohne Diskriminierung zu erfüllen. Am Ende des Vorgangs werden den Bahnunternehmen bestimmte Fahrplanpositionen („Slots") zugewiesen und der entsprechende nationale Fahrplan erstellt. In letzter Zeit arbeitet Banverket hart daran, bessere Möglichkeiten der Zuweisung von Fahrwegkapazitäten zu finden. Einschränkungen der Fahrwegkapazitäten gelten für einen Großteil des schwedischen Netzes als relevant. Es geschieht zwar äußerst selten, dass zwei oder mehr Bahnunternehmen um genau die gleiche Fahrplanposition konkurrieren, aber es kommt häufig vor, dass teilweise kollidierende Anfragen mithilfe von geplanten Verspätungen verglichen mit der schnellstmöglichen Zeit für eine bestimmte Verbindung gehandhabt werden müssen. Im Klartext: die Zuteilung von Fahrwegkapazitäten heißt hier also Verspätungen auf die bestmögliche Art und Weise zuzuteilen. Schon in naher Zukunft wird jeder einzelne Zug nach seinen Beförderungsmerkmalen klassifiziert (nach mehreren vorher festgelegten Parametern), wodurch Prioritätsklassen für die Zuweisung von Fahrwegkapazitäten entstehen. In der Vergangenheit wurden bei Entscheidungen bezüglich Prioritäten meist Erfahrungswerte genutzt, sowohl bei der Fahrplanerstellung als auch bei der Abwicklung des täglichen Geschäfts. Auf alle Fälle war es kein transparenter Prozess, was es den Beteiligten erschwerte, sich zu beschweren.

Eine wichtige Behörde ist die neu eingerichtete schwedische Eisenbahnbehörde. Sie entstand aus dem ehemaligen Eisenbahninspektorat (das 1991 als Teil von

---

8) SwedCarrier (2003).

Banverket eingerichtet wurde). Diese Behörde hat alle Aufgaben im Bereich Sicherheit auf Schienen, für U-Bahnen und Straßenbahnen übernommen. Zudem wurden ihr neue Aufgaben zugewiesen, wie z.b. die Kontrolle darüber, dass die für die Nutzung der Schieneninfrastruktur berechneten Gebühren wettbewerbsneutral und nicht diskriminierend festgelegt werden. Das Gleiche gilt für die Zuweisung von Fahrwegkapazitäten und die Bereitstellung von bestimmten Dienstleistungen. In mancherlei Hinsicht stehen ihre Aufgaben also in Zusammenhang mit dem Verantwortungsbereich der schwedischen Wettbewerbsbehörde, die überwacht, dass die Unternehmen des Sektors sich an das Wettbewerbsrecht halten und die auch darauf achtet, dass sich die Beschaffungsbehörden an die Gesetze zur öffentlichen Beschaffung halten. Die schwedische Eisenbahnbehörde unterliegt den Gesetzen und Verordnungen, hat aber auch die Möglichkeit, den Eisenbahnbetreibern spezifische Anweisungen zu erteilen. So soll sichergestellt werden, dass die Intention der Gesetze befolgt wird. Eisenbahnbetreiber, die ihren Zugbetrieb auf dem schwedischen Eisenbahnnetz ausüben wollen, müssen dafür eine Genehmigung bei der Eisenbahnbehörde beantragen.

Die Regionalverkehrsbehörden sind wichtige Akteure im Markt, da sie für einen Großteil der Beschaffung im Eisenbahnwesen zuständig sind. Im Allgemeinen liefern sie ihren Vertragsunternehmen das nötige Rollmaterial für die Beförderungsdienste. Einige der Regionalverkehrsbehörden besitzen zusammen ein Rollmaterialunternehmen, Transitio, und verwalten so einen Großteil der Flotte an Personenregionalzügen. Firmen, die um die interregionalen Beförderungsdienste von Rikstrafiken konkurrieren, können Fahrzeuge vom Unternehmen ASJ mieten (ein Überbleibsel der Zeit von SJ als Staatsbahn), das die Leasingverträge für das Rollmaterial abwickelt. Auch SJ AB und Green Cargo AB leasen Fahrzeuge von ASJ. Güterzugbetreiber müssen sich im Allgemeinen ihr eigenes Rollmaterial besorgen. Mit Ausnahme von Lokomotiven ist der Markt für Güterfahrzeuge relativ gut entwickelt. Die Fahrzeuge sind stärker genormt als das Rollmaterial für Personenzüge und es gibt schon seit einiger Zeit unabhängige private Besitzer.

Heute nutzen rund 20 Eisenbahnunternehmen, die meisten davon sehr klein, die staatliche Schieneninfrastruktur. Bei der Personenbeförderung ist das staatliche Unternehmen SJ AB immer noch führend, doch Privatunternehmen wie Connex, Citypendeln, Tågkompaniet und BK Tåg ziehen nach. 2002 hielt die SJ AB einen Anteil von 73 % an den Personenkilometern, wobei er beim Fernverkehr (über 100 Kilometer) bei 87 % und beim Kurzstreckenverkehr (unter 100 km) bei 51 % lag.[9]

---

[9] SOU 2005:4.

Green Cargo bildete sich aus der ehemaligen Güterverkehrsparte der SJ heraus und ist heute das größte Schienengüterverkehrsunternehmen in Schweden. Um nur einen Anhaltspunkt für den Marktanteil zu geben: das Unternehmen bezahlte 2003 73 % der gesamten Schienennutzungsgebühren aller Schienengüterverkehrsbetreiber.[10] Wie die SJ so ist auch die Green Cargo zu 100% in Staatshand, obwohl es schon einige Debatten über die Privatisierung gab. MTAB, das zweitgrößte Schienengüterverkehrsunternehmen konzentriert sich auf die Beförderung von Erz auf der Eisenerzlinie. Als Tochtergesellschaft des Bergbauunternehmens LKAB befindet sich auch MTAB in Staatsbesitz. Ein weiterer großer Güterverkehrsbetreiber ist TGOJ, doch dieses Unternehmen ist wiederum ein Tochterunternehmen von Green Cargo. Es gibt zwar einige kleinere private Güterverkehrsunternehmen, doch nur sehr wenige davon (z. B. BK Tåg oder das neu gegründete Unternehmen Hector Rail) konkurrieren tatsächlich mit Green Cargo und TGOJ um dieselben Verträge.

Die staatlichen Bahnunternehmen haben seitens ihrer Besitzer große Freiheiten, was kommerzielle und vor allem kurzfristige Entscheidungen betrifft. Diese Freiheiten wurden Schritt für Schritt im allgemeinen Reformprozess in diesem Sektor erweitert. Einige Mitglieder des Vorstands und auch der Vorstandsvorsitzende werden von der Regierung ernannt. Die Freiheiten der Behörde Banverket sind sehr viel geringer, da sie die Anweisungen der Regierung befolgen muss. Alle langfristigen Investitionspläne und Neuinvestitionspläne müssen von Regierung und Parlament genehmigt werden und auch dem beschlossenen Haushalt des Landes entsprechen. Der Generaldirektor von Banverket wird von der Regierung eingesetzt.

3.4 Wettbewerb im Schienenverkehrsmarkt

Im schwedischen Schienenverkehrsmarkt hat nach und nach der Wettbewerb Einzug gehalten. Mit BK Tåg erschien 1990 der erste neue Schienenpersonenverkehrsbetreiber auf dem Markt, doch erst 1995 tauchte ein weiterer neuer Konkurrent auf (Tabelle 2). Im Markt für interregionale Beförderung, in dem es schon seit 1992 Ausschreibungen gibt, kam der Durchbruch für konkurrierende Anbieter erst im Jahr 2000. Mehrere Jahre lang gehörten zu den Ausschreibungen zähe Verhandlungen, und jedes Mal, wenn Wettbewerber auftauchten, senkte die SJ im Allgemeinen ihr Angebot, um so andere Unternehmen vom Markt fernzuhalten. Der Durchbruch erfolgte erst, nachdem einige der gemeinsamen Funktionen aus der SJ ausgelagert worden waren und die beschaffenden

---

[10] SOU 2005:4.

Behörden und die Regierung eine echte Preisliste der Fahrzeuge erstellt hatten. Das Grundmodell für den Wettbewerb im Schienenpersonenverkehr ist der Wettbewerb „um den Markt". Sobald ein Anbieter den Zuschlag in einer Ausschreibung erhält, darf nur er während der Vertragslaufzeit die vertraglich festgelegten Verbindungen anbieten. Es wird zwischen zwei Vertragstypen unterschieden. Beim von den Regionalverkehrsbehörden verwalteten Zugverkehr handelt es sich fast immer um Bruttokostenverträge, d.h. das Unternehmen bietet um die niedrigsten notwendigen Zuwendungen zur Deckung der Kosten (einschließlich eines Gewinns) für die Bedienung der Strecken. Die Regionalverkehrsbehörden zeichnen für die Planung und Vermarktung der Strecken verantwortlich und nehmen für gewöhnlich alle Einnahmen vom Fahrkartenverkauf während der Vertragslaufzeit ein. Manchmal erhält der Betreiber einen Teil dieser Einnahmen als Leistungsanreiz. Ansonsten sind Strafen bei Verspätungen usw. üblich. Die Vertragslaufzeiten liegen ungefähr bei 3-5 Jahren, meist ist jedoch eine Verlängerungsklausel enthalten, wenn die Beziehung gut funktioniert. Bei der anderen Art von Verträgen handelt es sich um Nettokostenverträge, die Rikstrafiken meist für die interregionalen Strecken einsetzt. Die anbietende Firma muss sowohl die Kosten als auch die Einnahmen durch Fahrkartenverkäufe während der Vertragslaufzeit hochrechnen und bietet dann um die niedrigsten benötigten Zuwendungen zur Deckung des Defizits. Während der Vertragslaufzeit verkauft das Bahnunternehmen Fahrkarten und nimmt Fahrkartenerlöse ein und hat so etwas mehr Spielraum, die Dienstleistungen zu beeinflussen als unter einem Bruttokostenvertrag. Das Preisniveau, das Mindestangebot und die Qualitätsanforderungen des Vertrags müssen jedoch eingehalten werden. Die Vertragslaufzeit beträgt momentan fünf Jahre, betrug in der Vergangenheit jedoch nur ein Jahr, da es keine langfristigen Verpflichtungen des Staates zur Aufrechterhaltung der Verbindungen gab. Prinzipiell kann ein Angebot für einen Nettokostenvertrag negative Subventionen als Ergebnis haben, z.B. dann, wenn das Unternehmen bereit wäre, für das Recht auf den Betrieb der Strecken und die Fahrkarteneinnahmen zu bezahlen. In mindestens einem Fall hatte ein Unternehmen ein Angebot mit Null-Subventionen unterbreitet. Es stellte sich jedoch heraus, dass dieses Angebot auf unrealistischen Erwartungen des Unternehmens bezüglich der Möglichkeit einer Einkommenssteigerung beruhte.

Im Güterverkehr gab es Anfang der 1990er Jahre die ersten Mitbewerber. Meist handelte es sich um kleine Güterverkehrsbetreiber, die als Subunternehmer für die SJ fungierten (Tabelle 2). 1993 wurde LKAB zum ersten Unternehmen mit einer eigenen Betriebsgenehmigung für das staatliche Schienennetz, das so gleichzeitig seinen eigenen Beförderungsbedarf regeln konnte.

Tabelle 2: Marktzutritt neuer Wettbewerber im schwedischen Eisenbahnmarkt im Zeitvergleich

Jahr	Personenverkehr durch Regionalverkehrsbehörden beschafft	Personenverkehr durch Staat beschafft	Güterverkehr
1990	BK Tåg[1]		
1991			Österlentåg[2] Sydtåg[3] Dalatåg[4]
1993			LKAB/Malmtrafik Wasatrafik[5]
1994			Shortline Väst Tågåkeriet Woxna Express[6] BK Tåg BSX/Urnet[7]
1995	Sydtåg[3]		Skövde-Karlsborgs Järnväg
1997			BSM Järnväg[8] Inlandsgods
1998	Linjebuss/Connex BSM Järnväg[8] Tågåkeriet		Orsatåg[12]
1999		A-Train[9]	
2000	Citypendeln[10] Tågkompaniet	Sydvästen[11] Tågkompaniet BSM Järnväg[8]	
2001			IKEA Rail[14]
2003	Roslagståg[12]	Connex BK Tåg[1]	
2005			Hector Rail

[1] Insolvenz 2005. (betrifft nur Personenverkehr).
[2] Insolvenz 1994. Betrieb von Sydtåg übernommen.
[3] Insolvenz 1997. Personenverkehr von BK Tåg übernommen.
[4] Insolvenz 1996.
[5] Verkehrsbetrieb 1994 von Woxna Express übernommen.
[6] Insolvenz 1999. Verkehrsbetrieb teilweise von Orsatåg übernommen.
[7] Verkehrsbetrieb 1997 eingestellt. Vermögen von BSM Järnväg übernommen.
[8] Akquisition von BSM Järnväg durch BK Tåg 2000.
[9] Durch BOT Ausschreibung (1993-94) für den Arlanda Airport Link.
[10] Joint Venture von BK Tåg (Ausstieg Jan. 2003), Via GTI (heute Keolis) und Go-Ahead (Ausstieg Mai 2000).
[11] Joint Venture von BK Tåg, Via GTI und Go-Ahead. Sydvästen war im April 2000 insolvent.
[12] Joint Venture von Tågkompaniet und DSB (Danish State Railways).
[13] Verkehrsbetrieb 2001 eingestellt.
[14] Verkehrsbetrieb im Januar 2004 von externen Betreibern übernommen.

Das seit 1996 hauptsächlich gültige Modell für den Güterverkehr heißt „offener Zugang" oder „Wettbewerb im Markt", jedoch mit einigen Einschränkungen. Firmen, die Zugang haben wollen, müssen entweder in Schweden oder im Europäischen Wirtschaftsraum (EWR) ansässig sein. Zwar erschienen einige neue Anbieter auf dem Markt, doch es zeigte sich deutlich, dass die Einkäufer von Beförderungsleistungen, also die Produktionsunternehmen, den neuen Konkurrenzmarkt eher zögerlich nutzen. Und wenn, dann meist eher um Green Cargo dazu zu bewegen, die Preise zu senken als um tatsächlich zu einem anderen Betreiber zu wechseln.

3.5 Die Schnittstelle zwischen Infrastruktur und Bahnunternehmen

Jedes Bahnunternehmen, das das nationale schwedische Schienennetz nutzen möchte, benötigt dazu einen Schienenzugangsvertrag mit Banverket, in dem Einzelheiten über die Art von Verkehr und die Gleisstandards festgelegt sind. Derartige Verträge beinhalten auch (allerdings recht vage) Bestimmungen dazu, dass beide Vertragsparteien ein höchst mögliches Maß an Sicherheit anstreben und an der Minimierung von Störungen, Verspätungen usw. arbeiten sollten. Momentan gibt es noch keine vertraglich festgelegte Anreizstruktur zur Leistungsverbesserung. Dabei wurden in den letzten Jahren einige Anreizmodelle lokal getestet, bei denen entweder Strafen, Boni oder beides eingesetzt wurden. Mit Hilfe dieser Systeme sollte primär die Leistung von Banverket verbessert werden.

Neben dem Schienenzugangsvertrag muss auch mit der Abteilung Zugleitung/Zugsicherheit von Banverket eine Vereinbarung über die Fahrplanpositionen abgeschlossen werden. Über diese Verträge zwischen Betreiber und Banverket hinaus benötigt das Bahnunternehmen noch eine Zulassung für seine Fahrzeuge und eine Genehmigung der schwedischen Eisenbahnbehörde.

Für die Nutzung der Schienen entrichtet das Bahnunternehmen Schienennutzungsgebühren an Banverket. Getrennt davon fallen Stromkosten für den Stromverbrauch bei E-Zügen an. Die Schienennutzungsgebühren sollen prinzipiell die bei Banverket angefallenen Grenzkosten für Trassenbetrieb und Trassenerhalt decken. 2003 beliefen sich die Gesamteinnahmen aus den Schienennutzungsgebühren auf 467 Millionen SEK (€ 52 Millionen) oder 12 % der Gesamtaufwendungen von Banverket für Unterhaltung und Betrieb.[11]

Alle Teile des Schienennetzes wurden in der Zwischenzeit klassifiziert, wodurch für jede Strecke definierte und veröffentlichte Schienenstandards festliegen. Banverket sorgt für die Aufrechterhaltung der Standards, so lange auf der Strecke angemessener Zugverkehr stattfindet. Langfristig gesehen wäre eine Mög-

---

[11] SOU 2005:4.

lichkeit der Zugbetreiber, die Infrastrukturinvestitionen zu beeinflussen, die allgemein übliche Praxis, dass die betreffenden Parteien (sowohl Industrie als auch Behörden) sich zu geplanten Investitionen äußern. Natürlich konnte in der Vergangenheit das Bahnunternehmen SJ den größten Einfluss auf eine Änderung der Schienenstandards ausüben, dennoch war z. B. auch LKAB in der Lage, Arbeiten bei Banverket zu veranlassen, die darauf abzielten, das zulässige Achsgewicht auf den Trassen zu erhöhen, um mit den einzelnen Erzzügen schwerere Ladungen befördern zu können. Auch Unternehmen wie SSAB und Stora Enso machten einen ähnlichen Einfluss geltend.

3.6 Flankierende staatliche Maßnahmen der Reform

Seit der vertikalen Trennung von Schieneninfrastruktur und Bahnbetrieb gab es einen starken Anstieg der öffentlichen Ausgaben für Infrastrukturinvestitionen und Infrastrukturerneuerungen. Höchstwahrscheinlich war die Trennung unabdingbar für diese Entwicklung. Vor der Trennung litt die SJ daran, dass sie Beförderungsleistungen auf einem unterkapitalisierten Netz anbot. Sobald auf einer Strecke Verluste eingefahren wurden, wurden die Infrastrukturausgaben dafür vollständig eingestellt, wodurch letztendlich die Beförderung litt und die Situation noch verschärft wurde. Für den Staat war es schwierig, der SJ noch mehr Gelder zu bewilligen, da dies einerseits aus Sicht anderer Transportunternehmen als ungerecht empfunden worden wäre und da es andererseits schwierig zu kontrollieren war, wie die SJ das Geld tatsächlich einsetzte.

Durch Einrichtung der nationalen Behörde Banverket wurden öffentliche Ausgaben für die Eisenbahn leichter, denn das Geld ging so an eine nationale Behörde und nicht an ein bestimmtes Unternehmen der Transportbranche. Die Trennung umfasste u.a. ein Abkommen mit einer Verpflichtung des Staates auf mindestens 1 Milliarde SEK (€ 110 Millionen) Ausgaben für Infrastrukturinvestitionen pro Jahr. Die SJ würde sich ihrerseits darauf konzentrieren, ein effizienter Eisenbahnbetreiber zu werden. Anfang der 1990er Jahre begann die SJ mit dem Betrieb des Hochgeschwindigkeitsneigezuges X2000, wodurch Banverket gezwungen war, einen Großteil der Investitionen für den Ausbau der Gleise für Hochgeschwindigkeitsnutzung zu verwenden.

Aufgrund der Rezession Anfang der 1990er Jahre wurden die öffentlichen Ausgaben für Infrastrukturinvestitionen sogar noch erhöht, nämlich auf ca. 3 Milliarden SEK (€ 330 Millionen) pro Jahr. Dank Umweltschutzbelangen und dem politischen Ziel einer nachhaltig verträglichen Entwicklung hielt dieser Trend an. Für die nächsten Jahre sind Investitionen in Höhe von rund 10 Milliarden SEK (€ 1,1 Milliarde) pro Jahr vorgesehen. Im Gegensatz dazu erwies es sich als äußerst schwierig, den Staat zu einer Erhöhung der Subventionen für nicht profitable Strecken und die Erneuerung des Rollmaterials zu bewegen. In dieser Hinsicht mussten die regionalen Behörden eine sehr viel höhere Finanzlast tragen. Erst vor Kurzem ließ sich der Staat auf die Bewilligung von Direktsubventionen in Höhe von 4,5 Milliarden SEK (€ 0,5 Milliarden) in den Jahren 2004-2015 an die Regionalverkehrsbehörden für Investitionen in neues Rollmaterial ein.

Hinsichtlich der öffentlichen Ausgaben für Infrastruktur hatte die Eisenbahn während der Reform vermutlich eine Vorzugsstellung verglichen mit anderen Transportmitteln. Umweltbelange aber auch die relative Sicherheit des Bahnverkehrs waren ein häufiger Grund dafür. Ein gemeinsames politisches Ziel war es, ähnliche und wettbewerbsneutrale Bedingungen für andere Transportmittel zu schaffen. Insbesondere sollten alle Transportmethoden die Kosten für ihre externen Effekte selbst tragen. Meist wurden zu diesem Zweck die Instrumente einer Steueränderung oder einer Änderung der Schienennutzungsgebühren eingesetzt, aber Richtung und Wirkung wechselten im Verlauf der Jahre. Manche Bestrebungen sollten eine Verringerung des Straßenverkehrs bewirken (z. B. höhere Besteuerung von Benzin und Diesel), andere wirkten sich negativ auf die Eisenbahn aus (z. B. die Einführung der Mehrwertsteuer im Personenverkehr).

Ein Ereignis in einem verwandten Sektor, das sich sehr stark auf den Schienenpersonenverkehr auswirkte, war die Deregulierung der Überlandbusverbindungen in den 1990ern. Vor 1993 konnte die SJ andere Unternehmen aus dem Markt für Überlandbusbetrieb fernhalten, außer die Busbetreiber konnten nachweisen, dass das Angebot der SJ nicht darunter leiden würde. 1993 drehte sich die Beweislast um und die SJ musste im Einzelfall ihre Auffassung nachweisen. Es gab jedoch nur wenig neue Konkurrenz. Die Restriktionen wurden schließlich 1998 abgeschafft. Erst schien es, als würde das der SJ zumindest auf einigen Strecken schaden, doch es erwies sich letztendlich, dass die Reiselust insbesondere von Studenten und Senioren stieg. Da die SJ einen Teil der zusätzlichen Nachfrage durch niedrigere Preise decken konnte und auch nicht allzu viele der vorherigen Kunden absprangen gewann die SJ sogar durch die Reform.

3.7 Beurteilung der Eisenbahnreformen

Die schwedischen Eisenbahnreformen wurden schrittweise eingeführt, doch leider waren sie fast nie Teil eines klaren und deutlichen Plans (wie im Falle der Privatisierung von British Rail in Großbritannien). Es sah eher so aus, dass eine Reform zur anderen führte, oft ohne ein nachvollziehbares Muster. Die treibenden Kräfte hinter der Entwicklung waren die ständig wiederkehrenden Probleme der SJ, gekoppelt mit den politischen Zielen, die Eisenbahn zu retten, den Reiseverkehr zu fördern und Güter von der Straße auf die Schiene umzulagern. Relativ gesehen konzentrierte man sich sehr viel stärker auf den intermodalen Wettbewerb zwischen unterschiedlichen Transportmitteln als auf den intramodalen Wettbewerb, besonders vor dem Hintergrund der Ziele auf EU-Ebene.

Die Trennung von Infrastruktur und Bahnbetrieb 1988 war damals wegweisend. So wurden große Investitionen in die Eisenbahninfrastruktur möglich und zusammen mit den darauf folgenden Schritten der Aufspaltung und der Dezentralisierung wurden die Verantwortungsbereiche der unterschiedlichen Aspekte des Eisenbahnwesens geordnet. Dank der Investitionen gibt es neue Linien und die Trassen wurden für Hochgeschwindigkeitsnutzung und hinsichtlich höherer Sicherheit ausgebaut. Es ist dennoch immer noch etwas beunruhigend, dass die Regionalentwicklungspolitik jetzt in solch einem Maße die öffentlichen Infrastrukturausgaben beeinflussen kann. Es fließt sehr viel Geld in große Infrastrukturprojekte wie den neuen Botnia Link, ohne jedwede Garantie, dass die Bahnunternehmen tatsächlich in der Lage und willens sind, die neuen Strecken in der Zukunft kommerziell zu nutzen.

Die Dezentralisierung der Verantwortlichkeiten für die unrentablen Linien bürdete den dazu verpflichteten Behörden den Weiterbetrieb und den Ausbau dieser Linien auf. Im Allgemeinen führte dies zur Wiederaufnahme des Verkehrs auf einigen Strecken und zu einer besseren Abstimmung mit den örtlichen und regionalen Busdiensten. In manchen Fällen erscheint es aber, dass die Schienenbeförderung aufrechterhalten wurde, wo sie unter sozioökonomischen und sogar Umweltschutzgesichtspunkten besser durch Busdienste ersetzt worden wäre.

Wettbewerb und neue Konkurrenten im Bereich des Bahnbetriebs waren nicht das ursprüngliche Ziel der schwedischen Reformen. Als jedoch klar wurde, dass dies durch die neue institutionelle Struktur möglich sein würde und auch aufgrund der positiven ersten Erfahrungen, kamen die Bedingungen für intramodalen Wettbewerb unter den Bahnunternehmen auf die politische Tagesordnung. Ausschreibungen für Personenbeförderungsdienste führten zu einer Senkung der Subventionen in der Größenordnung von 20 %. Von der Stilllegung bedrohte Linien konnten so häufig offen gehalten oder ohne weitere Zusatzkosten ausgebaut werden. Im Güterverkehr profitieren vor allem die Einkäufer von Transportleistungen von dank des Wettbewerbs niedrigeren Transportkosten. Mehrere der neuen, kleineren Güterverkehrsbetreiber konnten erfolgreich neue Geschäftskonzepte entwickeln und so dazu beitragen, dass Gütertransporte von der Straße auf die Bahn verlagert wurden.

Die Umstrukturierung des Sektors fällt mit mehreren in Zahlen messbaren Verbesserungen zusammen, obwohl die Ursache-Wirkung Beziehung dabei nicht immer ganz klar ist. Die Beförderungsvolumen (in Personenkilometern) stiegen von 1990 bis 2003 um mehr als 40 %. Im Güterverkehr stieg der entsprechende Wert (in Tonnenkilometern) um 5 %. Im gleichen Zeitraum nahm die Anzahl der Beschäftigten ab. Also stieg die Produktivität der Beschäftigten (die direkt am Verkehrsbetrieb beteiligt waren) von 1990 bis 1999 von fünf auf neun Zugkilometer pro Beschäftigtem. Trotzdem ist die Rentabilität der meisten Bahnunternehmen noch immer sehr niedrig. Anscheinend können sich nur sehr wenige Bahnunternehmen Investitionen in Rollmaterial erlauben.

Auch Banverket verzeichnete in den letzten Jahren eine Produktivitätssteigerung bei den Arbeitskräften. Bei einigen der von der Behörde überwachten Parameter wie z.b. Gesamtzahl der Verspätungen und Wartungskosten pro Trassenmeter scheint die Entwicklung insgesamt enttäuschend. Die Zahlen müssen jedoch im Zusammenhang mit den höheren Beförderungsvolumen gesehen werden.

Seit dem ersten neuen Mitbewerber 1990 durchliefen Eisenbahnbetreiber, Einkäufer und Regulierer einen langen Lernprozess. Heute gibt es mehrere konkurrierende Personenverkehrsbetreiber und Güterverkehrsbetreiber auf dem Markt, dennoch gibt es immer noch Grund zur Besorgnis. Unrealistische Erwartungen und scharfer Wettbewerb verleiteten einige der Betreiber bei den neuesten Ausschreibungen zur Abgabe sehr niedriger Angebote. Es kam vor, dass die Betreiber die Erfordernisse der Verträge nicht erfüllen konnten, was für die Reisenden ernsthafte Probleme schuf. Sollten niedrige Angebote in den Ausschreibungen kleinere Unternehmen ganz aus dem Markt verdrängen, könnte es sich als schwierig erweisen, den Wettbewerb aufrechtzuerhalten. Ein Grund ist das offensichtliche Problem der Anpassung der Beschaffungsvorschriften und kartellrechtlichen Regelungen an Wettbewerb mit starken internationalen Akteuren, die in einige der lokalen Märkte expandieren.[12] Regelungen könnten auch nötig sein, um die Zusatzleistungen und allgemeinen Funktionen zu gleichen Bedingungen für alle Betreiber offen zu halten.

Es ist gut möglich, dass die Zersplitterung des Schienennetzes und der verstärkte Wettbewerb durch neue Eisenbahnbetreiber zu einer Suboptimierung und zum Verlust von Skaleneffekten geführt haben. Es ist jedoch auch klar, dass das frühere Monopol keinen genügenden Anreiz bot, die Skaleneffekte zu realisieren und auszunutzen. Wenn ein Problem auftrat, waren eine Stilllegung der Strecken oder zusätzliche Subventionsanträge meist der einfachste Weg. Die Neustrukturierung der Eisenbahn und das Ausschreibungssystem haben das Augenmerk auf die Betriebskosteneffizienz gelenkt.

Es ist schwierig abzuschätzen, wie die Fahrgäste die Wirkung auf Qualität und Preis sehen. Es werden auf jeden Fall mehr Beförderungsdienste angeboten und

---

12) Alexandersson & Hultén (2003).

dank der Einführung der Hochgeschwindigkeitszüge in den 1990ern (zusammen mit einem Ausbau und einer Verbesserung der Trassen) haben sich die Reisezeiten verkürzt. Einigen Studien zufolge sind die Fahrkartenpreise sehr viel stärker gestiegen als der Vergleichspreisindex. Das mag aber daran liegen, wie und welche Preise untersucht wurden.[13] Die Fahrpreisgestaltung der SJ ist heute diversifizierter und bietet z.b. Rabatte für Frühbucher u. ä. an. Im Nah- und Regionalverkehr sanken die Fahrpreise generell (zumindest für Reisende mit einer Travelcard) als die Verbindungen in das öffentliche Beförderungsnetz der Behörden integriert wurden. In den letzten Jahren mussten nun viele der lokalen und regionalen Behörden ihre Fahrpreise erhöhen, um die Finanzlage zu verbessern. Die Fahrpreiserhöhung auf einigen der interregionalen Linien wurde als Argument für eine fortlaufende Deregulierung und für ein Aufbrechen der letzten Monopolrechte der SJ gewertet. Beim Exklusivrecht von SJ AB für den Betrieb der profitablen interregionalen Personenbeförderung handelt es sich um eine Art Anomalie, denn das Privileg ist weder an Betriebsstandards noch an ein Fahrpreisniveau gebunden.

Insgesamt gesehen ergibt die Bewertung der schwedischen Eisenbahnreform ein ziemlich gemischtes Bild. Dank der Reformen wurde der Eisenbahnbetrieb vermutlich effizienter, stiegen die Fahrgastzahlen und wurde es möglich, Strecken beizubehalten und weiterzuentwickeln, die sozioökonomisch wichtig sind. Gleichzeitig erwiesen sich die Investitionen und die Verbesserung des Schienennetzes als sehr teuer für den Steuerzahler. Außerdem sind wahrscheinlich weitere Maßnahmen nötig, um auch in Zukunft Wettbewerb auf dem Markt zu haben.

Literaturangaben

Alexandersson, G. (2002), Competitive Tendering of Railway Services in Sweden. Origin, Diffusion and Effects from an Institutional Perspective, Referat anlässlich der ISNIE Konferenz, Boston, 27.-29. September

Alexandersson, G. & S. Hultén, (2003), The Problem of Predatory Bidding in Competitive Tenders – a Swedish Case Study, Referat anlässlich der 1. Konferenz zu Strukturen, Wettbewerb und Investitionen in der Eisenbahnbranche, Toulouse, 7.-8. November

Alexandersson, G., S. Hultén, L. Nordenlöw & G. Ehrling, (2000), Spåren efter avregleringen [Trassen nach der Deregulierung], KFB-Bericht 2000:25, [auf Schwedisch]

Banverket, (2004), Årsredovisning 2003 [Jahresbericht 2003], [auf Schwedisch]

Nilsson, J-E. (1995), Swedish Railways Case Study, CTS Arbeitspapier 1995:2 (Neuauflage von Kapitel 8 in Kopicki, R. & L. S. Thompson, (ed.), (1995), Best Methods of Railway Reconstructuring, CFS Diskussionspapierreihe Nr. 111, Die Weltbank)

---

[13] SOU 2005:4.

Vorlage 2002/03:86, Åtgärder för att stärka den finansiella ställningen i SJ AB [Maßnahmen zur Stärkung der Finanzposition der SJ AB], [auf Schwedisch]

SFS 2004:519, Järnvägslag [Eisenbahngesetz], [auf Schwedisch]

SFS 2004:526, Järnvägsförordning [Eisenbahnverordnung], [auf Schwedisch]

SOU 2003:104, Järnväg för resenärer och gods [Bahnverkehr für Personen und Güter], [auf Schwedisch]

SOU 2005:4, Liberalisering, regler och marknader [Liberalisierung, Regulierungen und Märkte], [auf Schwedisch]

SwedCarrier, 2003, Årsredovisning juli 2002 – juni 2003, [Jahresbericht Juli 2002 – Juni 2003], [auf Schwedisch]

Van de Velde, D. M. (ed), (1999), Changing Trains. Railway Reform and the Role of Competition: The Experience of Six Countries, Aldershot U.K./Brookfield VT: Ashgate, S. 79-141.

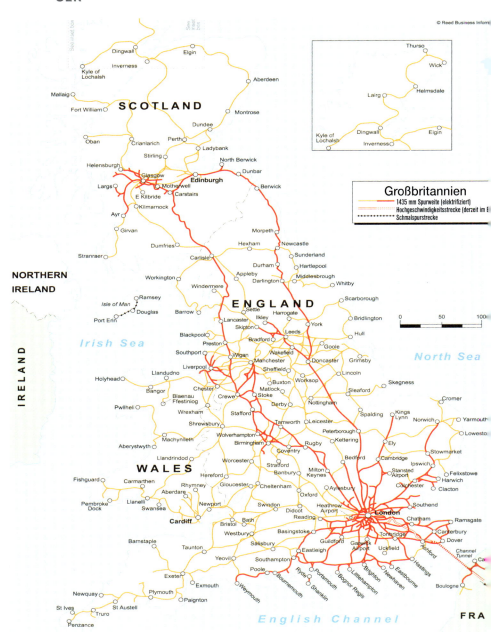

4. Großbritannien

Professor Chris Nash, Dr. Andrew Smith und Bryan Matthews[1]
Institute of Transport Studies, Universität Leeds

Fläche des Landes (km²) 442 910

	2003		2003
Bevölkerung[a] (Mio.)	59,3	Fracht t/km	18,7
Bruttoinlandsprodukt (BIP) (Mrd. Euro)	1588,7	Personen-km (Mrd.)	40,9
Länge des Streckennetzes (1000 km)	17,1	Modaler Anteil – Güterverkehr[b] (%)	10,1
		Modaler Anteil – Personenverkehr[c] (%)	5,5

[a] Am 01. Januar
[b] Basiert auf Eurostat 2003 Straße, Schiene und Binnenwasserstraßen
[c] Basiert auf Eurostat 2002, Schiene, öffentlicher Verkehr auf der Straße, private PKW

4.1 Einleitung

Während des Zeitraums 1994-1997 wurde die britische Eisenbahnbranche grundlegend umgestaltet, wobei es zu einer Trennung von Infrastruktur und Verkehr und einer uneingeschränkten Privatisierung auf der Grundlage des Franchisings von Personenverkehrsdiensten und einer vollständigen Privatisierung des Güterverkehrs kam. Die Reformen, die in diesen Jahren stattfanden, und die anschließenden Veränderungen bilden die radikalste Umstrukturierung eines europäischen Eisenbahnsystems. Dieses Kapitel beabsichtigt eine Zusammenfassung dieser Reformen und eine Einschätzung ihrer Auswirkungen.

In 1994 befand sich die Branche in den Händen eines einzigen, vertikal-integrierten Betreiberunternehmens, British Rail (BR), dessen Eigentümer der britische Staat war. Durch Umstrukturierungen während der 80er Jahre veränderte sich BR von einer regionalen Struktur zu einer mehr ‚marktorientierten' auf Unternehmensbereichen aufbauenden Struktur. Diese Umstrukturierungen brachten spürbare Verbesserungen, doch führten sie zu keiner Umkehr langfristiger Entwicklungen. Der Anteil der Bahnen an den Personen- und Güterverkehrs-

---

[1] Die Verfasser bedanken sich bei Richard Lockett, Direktor für Sicherheit und Systeme bei der UK Association of Train Operating Companies (ATOC), für die nützlichen und einsichtsreichen Kommentare zu einem früheren Entwurf.

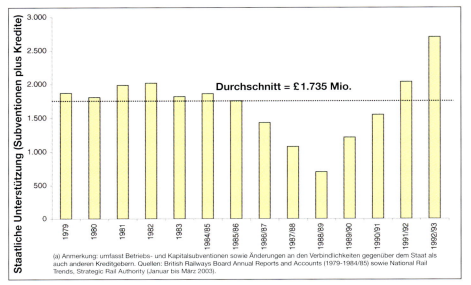

(a) Anmerkung: umfasst Betriebs- und Kapitalsubventionen sowie Änderungen an den Verbindlichkeiten gegenüber dem Staat als auch anderen Kreditgebern. Quellen: British Railways Board Annual Reports and Accounts (1979-1984/85) sowie National Rail Trends, Strategic Rail Authority (Januar bis März 2003).

Abbildung 1: Regierungsunterstützung für den Bahnsektor 1978-1993

märkten war seit Langem rückläufig und war von 17 % bzw. 40 % Mitte der 50er Jahre auf weniger als 5 % bzw. 6 % bis zum Jahre 1995 gesunken.

Außerdem nahm die staatliche Gesamtunterstützung des Eisenbahnsektors (Subventionen plus Kreditvergabe) Anfang der 90er Jahre erheblich zu – vergleiche dazu Abbildung 1. Während ein wesentlicher Teil dieser Zunahme dazu diente, mit der Kanaltunneleröffnung in Verbindung stehende Investitionen zu fördern, handelte es sich dennoch um Gelder, die ein Staat, der auf Kontrolle seiner öffentlichen Ausgaben bedacht ist, aufbringen musste. Während des Zeitraums 1979-1992/93, dem letzten vollen Jahr vor dem Beginn der Privatisierung, belief sich die staatliche Förderung von British Rail jährlich auf ungefähr £1,7 Milliarden (€ 2,5 Mrd.) (Zahlen in Preisen von 2002).

Die Zielsetzungen der britischen Regierung in Bezug auf die Privatisierung der Bahn wurden in dem Weißbuch „New Opportunities for the Railways"[2] dargelegt. Diese bestanden darin, sich die Fähigkeiten des Managements der privaten Wirtschaft zunutze zu machen, um eine bessere Anpassung an die Bedürfnisse der Kunden, bessere Servicequalität, verbesserte Effizienz und ein besseres Preis-Leistungs-Verhältnis zu erreichen. Die Regierung war überzeugt, dass der Wettbewerb den Schlüssel zum zukünftigen Erfolg der privatisierten Branche

---

[2]   Department of Transport (1992).

bildete. Sie entschied daher, bei der neuen Struktur eine vertikale Trennung (des Monopols) der Infrastruktur vom Zugbetrieb vorzunehmen.

Bis zum Jahre 1997 waren die geschäftlichen Aktivitäten von BR auf den Privatsektor übergegangen. Während des Prozesses wurde die Branche in fast einhundert Gesellschaften unterteilt, wobei es einen eigenständigen Infrastrukturbetreiber, auf Franchisebasis operierende Personenverkehrsgesellschaften und einen vollständig privatisierten Güterverkehr gab. Drei einzigartige Merkmale dieser Privatisierung, soweit sie die Eisenbahnen in Europa betreffen, sind der eigenständige, in Privateigentum befindliche Infrastrukturbetreiber, das vollständige Franchising aller Personenverkehrsdienste und die Schaffung einer sehr komplexen Regulierungsstruktur, bei der die Regulierung ökonomischer Aspekte und die Regulierung sicherheitstechnischer Aspekte voneinander getrennt wurden und die Aufgabe der ökonomischen Regulierung aufgeteilt wurde zwischen einer unabhängigen[3] Regulierungsbehörde und einer Franchisebehörde mit Regulierungsaufgaben.

Weitere Reformen wurden seit 1997 durchgeführt, vor allem die Ausweitung der Rolle der Franchisebehörde auf die gesamtstrategische Ausrichtung für die Branche (mit der Schaffung der Strategic Rail Authority (SRA) in 2001), die Übertragung des Eigentums an der Infrastruktur von Railtrack auf Network Rail in 2002 im Anschluss an den finanziellen Zusammenbruch von Railtrack, der ausgelöst wurde durch massive Kostenüberschreitungen bei dem Ausbau der West Coast Mainline[4] und dem Hatfield-Unfall[5] und schließlich die vorgeschlagene Abschaffung der SRA zum Jahr 2005 im Anschluss an die Überprüfung der Bahnen durch die Regierung und das Weißbuch (Letzteres wurde im Juli 2004 veröffentlicht). Es wurden außerdem mehrmals Änderungen an der Regulierung der Sicherheit vorgenommen, was schließlich in den aktuellen Plänen endete, die wirtschaftliche Regulierung und die Regulierung der Sicherheit unter ein Dach zu bringen, das des Office of Rail Regulation (ORR)[6].

Natürlich veranlasste, wie nachstehend erläutert wird, der Unfall von Hatfield in Verbindung mit den Auswirkungen der erheblichen Kostenüberschreitungen beim Projekt West Coast Mainline einen grundlegenden Wandel im Schicksal

---

[3] Der Regulierer wurde vom zuständigen Minister für eine festgelegte Amtsdauer ernannt, doch die Regierung besaß keine Befugnis, ihm Anweisungen zu erteilen. Hingegen befand sich die Franchisebehörde unter direkter Kontrolle des Ministeriums.

[4] Die Erneuerung und Erweiterung der West Coast Main Line (die London mit Glasgow verbindet).

[5] Eine Zugentgleisung infolge eines defekten Gleises, die zum Tod von vier Menschen führte.

[6] Zu beachten ist, dass das die Bezeichnung Office of the Rail Regulator im Juli 2004 geändert wurde in Office of Rail Regulation. Diese Änderung wurde eingeführt, um die Einführung einer neuen Struktur des Board of Directors für das Treffen von Entscheidungen innerhalb der Organisation widerzuspiegeln. Das Ziel bestand darin, die Befugnisse von Einzelpersonen im Regulierungsprozess einzuschränken (dieser Schritt folgte ähnlichen Vorgehensweisen in anderen regulierten Branchen im Vereinigten Königreich). Im Nachfolgenden bezieht sich der Begriff ORR je nach Zusammenhang entweder auf Office of Rail Regulation oder Office of the Rail Regulator.

der britischen Eisenbahnbranche. Folglich sehen sich die Bahnen in Großbritannien trotz einiger wesentlicher Erfolge in den ersten Jahren nach der Privatisierung vor allem im Bereich des Verkehrswachstums einer erheblichen Kostenkrise ausgesetzt. Man ist versucht, zu schlussfolgern, dass man aus der in Großbritannien gewonnenen Erfahrung eine Lehre ziehen kann dahingehend, wie man eine Bahn nicht umstrukturieren sollte. Jedoch, bei Überprüfung der bis heute gewonnenen Erfahrungen, versucht dieses Papier, die Elemente der Reform zu bestimmen, die grundlegende Unzulänglichkeiten in Form von einfachen Fehlern bei der Umsetzung des Modells aufweisen und daher niemals funktionieren konnten, die jedoch im Prinzip behoben werden könnten. Das Papier versucht auch, die erfolgreichen Elemente der Umstrukturierung aufzuzeigen. Auf diese Weise ist zu hoffen, dass nützliche politische Lehren aus einer näheren Betrachtung des britischen Modells gezogen werden können.

Der restliche Teil des Papiers ist wie folgt aufgebaut. Abschnitt 2 legt die ursprüngliche Privatisierungsstruktur dar sowie die Gründe, die hinter der Entscheidung für diese spezielle Struktur standen. Abschnitt 3 bietet einen Überblick über die anschließenden Erfahrungen der britischen Bahnen nach der Privatisierung sowohl vor als auch nach dem finanziellen Zusammenbruch von Railtrack. Schließlich enthält Abschnitt 4 eine Bewertung der Reformen, einschließlich der in jüngster Zeit vorgeschlagenen Veränderungen, die Bestandteil des Weißbuchs von 2004 der Regierung sind.

4.2 Überblick über die ursprüngliche Struktur

In 1994 wurde der Großteil des Infrastruktur-Anlagevermögens an ein neues Unternehmen, Railtrack, übertragen, das von BR getrennt war, dessen 100%iger Eigentümer jedoch weiterhin der britische Staat war. Das Unternehmen wurde dann in 1996 durch Platzierung der Anteile an der Börse verkauft. Gleichzeitig wurden die Infrastrukturdienstleistungen von BR umstrukturiert und verkauft in Form von sieben Infrastrukturinstandhaltungsgesellschaften und sechs für die Streckenerneuerung zuständigen Gesellschaften. Die Fahrzeuge von BR wurden aufgeteilt auf drei Fahrzeug-Leasinggesellschaften (rolling stock leasing companies - ROSCOs). Die ROSCOs (die Anfang 1996 verkauft wurden) sollten Triebfahrzeuge und Reisezugwagen an die Personenverkehr betreibenden Gesellschaften vermieten. Sechs Instandhaltungswerke (die Dienstleistungen an die ROSCOs erbrachten) wurden ebenfalls Mitte 1995 veräußert.

Das Recht zum Betrieb der Personenverkehrsdienste wurde auf Franchisebasis an 25 private Train Operating Companies (TOCs – Zugverkehrsgesellschaften) vergeben, durch die ein „Wettbewerb um den Markt" geschaffen wurde (wobei der offene Zugangswettbewerb schrittweise eingeführt werden sollte, da ein uneingeschränkter offener Zugang die wirtschaftliche Realisierbarkeit der Franchiseverträge unterminiert hätte). Die Zahl der Konzessionen wurde weitgehend von der bestehenden Profitcenter-Struktur bei British Rail bestimmt. Zur Förderung des größtmöglichen Wettbewerbs um die Konzessionen (zu dem damaligen Zeitpunkt und bei der späteren Verlängerung der Konzessionen), wurden die TOCs privatisiert, ohne sie mit einer nennenswerten Vermögensbasis auszustatten. Die meisten der Konzessionen wurden für einen Zeitraum von sieben Jahren vergeben, obwohl auch einige Konzessionen für einen Zeitraum von 15 Jahren im Gegenzug für Verpflichtungen zu Investitionen erteilt wurden. Zwischenzeitlich war der Güterverkehrsbereich auf sechs Gesellschaften aufgeteilt worden und im Zeitraum zwischen Dezember 1995 und November 1997 verkauft worden (eine spätere Konsolidierung führte dazu, dass diese auf zwei Gesellschaften reduziert wurden). Es wurde von Anfang an ein offener Marktzugang im Güterverkehr geschaffen.

Als Teil der Reorganisation wurden zwei Regulierungsbehörden geschaffen: (1) die branchenunabhängige Regulierungsbehörde, das Office of the Rail Regulator (ORR), das im Wesentlichen gebildet wurde, um den monopolistischen Teil des Unternehmens – Railtrack – zu beaufsichtigen, und (2) das Office of Passenger Rail Franchising (OPRAF), das hauptsächlich für die Vergabe der Konzessionen, die Auszahlung von Subventionen und die Überwachung der Performance der TOCs im Vergleich zu den Vorschriften der Franchiseverträge zuständig war[7]. OPRAF wurde später erweitert, um die Aufgabe der strategischen Entwicklung in der Branche zu übernehmen und wurde umbenannt in die Strategic Rail Authority (SRA). Die Regulierung sämtlicher Sicherheitsfragen blieb weiterhin Aufgabe des Health and Safety Executive (HSE) der Regierung, obwohl Railtrack eine zentrale Rolle bei der Sicherheit in der Branche zukam, da sie für das Management der Sicherheitsnormen zuständig war und Anweisungen für die Sicherheitsvorkehrungen der Zugverkehrsbetreiber erteilte (wobei Railtracks eigene Sicherheitsvorkehrungen zu dem Zeitpunkt vom HSE überprüft und gebilligt wurden).

Railtrack wurde in zweierlei Hinsicht vom ORR kontrolliert. In erster Hinsicht wurde die Höhe und die Struktur der Zugangsentgelte der Gesellschaft (Entgelte, die Zugverkehrsbetreibern für den Zugang zum Fahrweg und zu den Bahnhöfen in Rechnung gestellt wurden) in regelmäßigen Abständen vom ORR auf der Basis des RPI-X-Indexes[8] bestimmt. Diese Entgelte wurden in Zugangsvereinbarungen festgelegt, die zwischen Railtrack und den Zugverkehrsbetrei-

---

[7] John Swift (QC) wurde zum ersten Rail Regulator und Roger Salmon zum ersten Franchising Director ernannt (Januar 1993).

[8] Der Retail Prices Index (RPI – Index der Einzelhandelspreise) ist die standardmäßige Bemessungsgrundlage der Inflation, wobei X einen bestimmten Prozentsatz bezeichnete.

bern unterzeichnet wurden und vom ORR genehmigt wurden. Außerdem enthielten die Zugangsvereinbarungen eigenständige Performance-Systeme und Systeme zur Regelung von Sperrzeiten, die dazu entwickelt wurden, das Unternehmen zu ermutigen, von Railtrack verursachte Verspätungen auf dem Netz zu minimieren, zu einer größtmöglichen Nutzung von Sperrzeiten zu gelangen und Zugverkehrsbetreiber für Einnahmenverluste infolge eines schlechten Zustands der Infrastruktur oder Betriebsstörungen zu entschädigen, die durch schlecht geplante oder zeitliche Überziehung von Arbeiten während der Sperrzeiten verursacht wurden. Zweitens wurde das Unternehmen mit Hilfe einer Lizenz für das Schienennetz (network licence) kontrolliert, die vom ORR erteilt wurde und die zum Beispiel die wichtigsten Anforderungen in Bezug auf die Anlagenverwaltung und die Zuständigkeiten für Sicherheit und Normen enthielt (obwohl, wie weiter unten erläutert, die Lizenz von Railtrack ursprünglich „auf wackeligen Füßen stand").

Wie bereits zuvor bemerkt wurde, bildete das Franchising die Methode, für die man sich bei der Privatisierung des Schienenpersonenverkehrs entschieden hatte, und die TOCs mussten daher nicht im traditionellen Sinne reguliert werden. Stattdessen war das Regulierungsverhältnis zwischen der Regierung und den privaten Betreibern formalisiert durch vertragliche Bestimmungen, die in den entsprechenden Franchiseverträgen (Franchise Agreements) festgelegt waren und in detaillierteren Franchiseplänen (Franchise Plans), die zwischen den TOCs und OPRAF unterzeichnet wurden. Diese Vereinbarungen legten zum Beispiel die Höhe der zu erhaltenden Subventionen fest (oder die zu zahlende Prämie unter Umständen, in denen ein Franchisenehmer tatsächlich bereit wäre, für das Recht zur Durchführung einer Reihe von Verkehrsdiensten zu zahlen), sowie relevante Mindestserviceanforderungen und ein Fahrpreisregulierungssystem. Ursprünglich wurde bei den wichtigsten Fahrpreisen, wie zum Beispiel den Zeitkarten, (für drei Jahre ab Januar 1996) eine Preisobergrenze (cap) in Höhe des Retail Price Index (RPI) festgelegt, und dann in Höhe des RPI-1 % (für die nächsten vier Jahre). Bei den meisten TOCs enthielten die Vereinbarungen auch die relevanten Strafzahlungen oder Prämien, die von dem TOC oder dem OPRAF zu zahlen waren in Abhängigkeit von der Performance der Züge, die auf unterschiedliche Weisen gemessen wurde (z.B. Verspätung und Ausfälle sowie Fahrplanänderungen). Im Güterverkehrsbereich erfolgte die Privatisierung von Anfang an auf der Basis des offenen Marktzugangs, da man erwartete, dass ein ausreichender Wettbewerb entstehen würde, um die Interessen der Güterverkehrsnutzer zu schützen.

Man entschied sich für das duale, ORR und OPRAF umfassende Regulierungssystem, um die Aufgabe der Regulierung ökonomischer Fragen (die nach der damaligen Argumentation wie bei den anderen regulierten Versorgungsbetrieben vom Staat unabhängig sein sollte) von der Zuständigkeit für die Festlegung der Höhe von Subventionen (die eine Zustimmung vom Finanzministerium erforderte) zu trennen. Die Unabhängigkeit des ORR würde die privaten Betreiber vor Richtungsänderungen der Regierung schützen. Jedoch gab es einige Überlappungen zwischen den Zuständigkeiten des ORR und des OPRAF (zum Beispiel in Bezug auf den Schutz der Kunden). Außerdem wurde keiner der Regulierungsbehörden von Anfang an eine spezifische Zuständigkeit für die strategische Planung übertragen und in jüngster Zeit kam es zu weiteren Spannungen zwischen dem Nachfolger des OPRAF, der SRA, und dem ORR über die Höhe der erforderlichen Finanzmittel für die Infrastrukturinstandhaltung und -erneuerung. Probleme entstanden auch an der Schnittstelle zwischen der für die Sicherheit der Branche zuständigen Regulierungsstelle, dem HSE, und den beiden für Wirtschaftsthemen zuständigen Regulierungsstellen über die Frage der optimalen Mittelverwendung bei Ausgaben, die durch Sicherheitsfragen motiviert wurden.

Mit den oben erwähnten Vorkehrungen wurde beabsichtigt, geeignete Anreize für die unterschiedlichen Teile der Branche zur Förderung der optimalen Nutzung der vorhandenen Kapazität zu schaffen und mit der Zeit möglicherweise die Entwicklung zusätzlicher Angebote und Kapazität zu ermöglichen. Es gab Bedenken hinsichtlich so genannter ‚hold-ups‘. Dabei handelt es sich um Probleme der Unterinvestition, die daraus resultieren, wenn der Restwert des Anlagevermögens – sei es in Rollmaterial oder Infrastrukturanlagen – bei Ablauf des Franchisezeitraums unterdrückt wird aufgrund der Kenntnis von Franchise-Bietern, dass nur eine geringe Chance besteht, diese Anlagen weiter zu nutzen. Das Problem der ‚hold-ups‘ würde jedoch durch die Tatsache minimiert, dass die Train Operating Companies im Allgemeinen nicht selbst für Investitionen verantwortlich sind, sondern, was Neuinvestitionen angeht, Netzzugangsvereinbarungen und Leasingverträge für eine Reihe von Jahren schließen würden. Railtrack stand auch, was die zukünftigen Erlöse für den Fahrwegzugang anging, unter dem Schutz der unabhängigen Regulierungsbehörde, während davon ausgegangen wurde, dass ein Wettbewerbsmarkt für das Fahrzeug-Leasing entstehen und Probleme mit ‚hold-ups‘ vermeiden würde. Wie in den späteren Abschnitten dieses Papiers erläutert wird, wurde diese Vorstellung nicht vollständig realisiert.

Somit war das wesentliche Ziel der Umstrukturierung, wo immer möglich, Wettbewerb in der gesamten Zulieferkette einzuführen und geeignete Anreize in der gesamten Branche zu schaffen. Jedoch, die komplexe Struktur der Branche und die damit verbundenen Verträge, warfen Bedenken dahingehend auf, ob die stark fragmentierte Branche in der Lage sein würde, einen zusammenhängenden Betrieb zu führen, insbesondere wenn sie von einer Regulierungsstruktur kontrolliert wird, die in ähnlicher Weise fragmentiert ist.

4.3 Darauf folgende Entwicklungen

Dieser Abschnitt erläutert kurz die darauf folgenden Veränderungen in der Struktur und der Regulierung der Branche im Vergleich zur ursprünglichen Struktur und die Gründe für diese Veränderungen. Diese Erläuterung wird einige der Probleme hervorheben, die nach der Privatisierung im Fall Großbritanniens entstanden sind, obwohl unsere Einschätzung der Reformen erst in Abschnitt 4 gegeben wird. Der vorliegende Abschnitt ist in vier Teile gegliedert: (1) die Regulierung und das Ende von Railtrack, (2) die Schaffung der SRA, (3) Änderungen bei der sicherheitstechnischen Regulierung und (4) der Rail Review (Überprüfung der Eisenbahnen) des Jahres 2004. Angesichts des großen Ausmaßes der Probleme, die bei dem Bemühen um Kontrolle und finanzielle Förderung des Infrastrukturbetreibers bestehen, wird diesem Bestandteil der Post-Privatisierungsgeschichte wesentlich mehr Platz eingeräumt als den restlichen drei Teilen.

Die Regulierung und das Ende von Railtrack

Eins der wichtigsten Themen, die Railtrack und das ORR in den ersten Jahren nach der Privatisierung betrafen, war die Verschlechterung des Zustands des Bestandsnetzes, da das Verkehrsaufkommen auf dem Netz stark zugenommen hatte und Railtracks Verwaltung des Streckennetzes ebenfalls in der Kritik stand. Railtracks ursprüngliche Lizenz wurde 1997 geändert, wodurch das ORR in die Lage versetzt wurde, von Railtrack zu verlangen, offizielle Verpflichtungen zur Verbesserung des Zustands der wichtigsten Infrastrukturanlagen einzugehen (vgl. ORR (1999). Diese wurden später in spezifische regulatorische Vorgaben umgesetzt. Folglich begannen sich die Kennzahlen sowohl hinsichtlich der Gleisgeometrie als auch der Gleisbrüche vor dem Unfall von Hatfield in 2000 zu verbessern (vgl. Abb. 2 hinsichtlich der Gleisbrüche).

Während es zu Beginn des Zeitraums nach der Privatisierung zu wesentlichen Verbesserungen bei den durch Railtrack verursachten Verspätungen kam, begann die Verbesserungsrate sich nach 1996/97 zu verlangsamen. Daher führte das ORR in diesem Bereich außerdem Durchsetzungsmaßnahmen in Form von spezifischen regulatorischen Vorgaben für infrastrukturbezogene Verspätungen

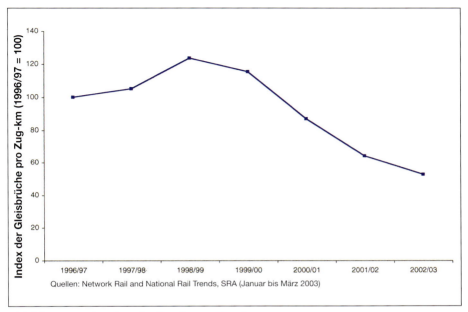

Abbildung 2: Index der Gleisbrüche pro Zug-km

sowie damit verbundene Strafzahlungen für die Nichterfüllung dieser Vorgaben ein. Diese Vorgaben wurden in der von Railtrack erteilten Lizenz für das Schienennetz festgelegt und bestanden zusätzlich zu den finanziellen Anreizen der Performance-Systeme (die Bestandteil der Netzzugangsvereinbarungen waren).

Der Periodic Review (Periodische Überprüfung) des Jahres 2000 bot Gelegenheit, Fragen des Wachstums, der Leistung, des Netzzustandes und der Investitionen gemeinsam als Teil einer Gesamtüberprüfung der Finanzlage von Railtrack zu betrachten. Das ORR vertrat die Ansicht, dass Railtracks Kenntnisstand zu ihrem Anlagevermögen und dessen Zustand verbessert werden müsste und dass Investitionen in die Instandhaltung und Erneuerung von Strecken angesichts der Höhe des Verkehrswachstums unzureichend gewesen sind. Unterdessen verwies Railtrack auf den mutmaßlich schlechten Zustand des von BR geerbten Streckennetzes und wies darauf hin, dass die tatsächliche Höhe der Investitionen des Unternehmens während des ersten Kontrollzeitraums (1995/96 bis 2000/01) wesentlich höher gewesen war als zu dem Zeitpunkt, als ihre finanzielle Förderung von der Regulierungsbehörde festgelegt worden war. Interessanterweise wurde Railtrack, wie von Freeman and Shaw (2000) festgestellt, auf der Grundlage von relativ statischen Verkehrsvolumen verkauft, die in starkem Widerspruch zu den Wachstumsraten standen, die aus den Angeboten der TOCs zum Erhalt der Franchiseverträge und aus der späteren Istleistung[9] hervorgingen. Infolge der Fragmentierung der Regulierungsstruktur war kein Mechanismus vorhanden, um die Annahmen der zuständigen Behörden zum zukünftigen Wachstum in eine Linie zu bringen.

Während das ORR Railtracks Informationsstand bezüglich des Anlagevermögens, des Zustands und der Investitionen in das Anlagevermögen ziemlich kritisch gegenüberstand, gestand die Regulierungsbehörde ein, dass Schwächen in der Anreizstruktur einen Teil des Problems erklären könnten. Ungefähr 91 % der Zugangsentgelte für Personenzüge waren fix, wobei die restlichen 9 % in Abhängigkeit vom Verkehrsaufkommen variabel waren[10]. Diese Struktur bot den TOCs starke Anreize zum Betrieb neuer Verkehrsdienste – zu sehr niedrigen Grenzkosten. Im Fall der Güterverkehrsgesellschaften und der Open Access Operators (Personenverkehrsunternehmen, die über freien Zugang verfügten) wurden Entgelte ausgehandelt, doch dem wichtigsten Güterverkehrsbetreiber (der English Welsh and Scottish Railway (EWS)) war es auch gelungen, einen Grundpreistarif auszuhandeln.

Railtrack vertrat die Ansicht, dass das variable Element der Zugangsentgelte nicht ausreichte, um für die mit der Instandhaltung und Erneuerung der Strecken verbundenen Kosten zu entschädigen, ganz abgesehen von den gestiegenen Strafzahlungen für schlechte Performance, die dem Unternehmen infolge der zunehmenden Engpässe auf dem Netz entstehen würden. Für das Unternehmen bestand daher wenig Anreiz, das Verkehrswachstum auf dem Netz zu erleichtern. In starkem Gegensatz dazu konnten die TOCs viel gewinnen, wenn sie mehr Züge auf den Strecken fuhren, auch wenn dies zu Lasten der Pünktlichkeit ging, da die zusätzlichen Fahrpreis-Einnahmen aus dem Betrieb zusätzlicher Züge wesentlich größer waren als die daraus resultierenden Strafzahlungen für schlechte Performance, die den TOCs möglicherweise entstanden wären. Natürlich wurde auch erwartet, dass die Fahrgäste von den zusätzlichen Zügen profitieren würden, obwohl die Gesamtauswirkung auf die Fahrgäste von dem Gleichgewicht zwischen Wachstum und Pünktlichkeit abhängig sein würde.

Aufgrund dessen kündigte das ORR als Teil der Schlussfolgerungen das Periodic Review von 2000 eine umfassende Überarbeitung der Anreizsysteme der Branche an, um die Interessen von Railtrack und der Zugverkehrsbetreiber stärker in

---

[9] Vgl. Wolmar and Ford, in Freeman and Shaw (2000), S. 168-169. Vgl. auch Railtrack Pathfinder Prospectus, veröffentlicht von SBC Warburg (1996), S. 29-30. In dem letztgenannten Dokument, wurde für den Personenverkehr ein jährliches Verkehrswachstum von 2 % erwartet, für den Güterverkehr gab es jedoch weniger genaue Angaben.

[10] Zur Wiedergabe der gestiegenen Kosten für die Instandhaltung und Erneuerung von Strecken, die mit höheren Verkehrsniveaus in Verbindung standen, sowie zur Wiedergabe der Traktionskosten.

Tabelle 1: Kosten für Instandhaltung, Betrieb und Erneuerung des Streckennetzes (£ Mrd., Preise von 2003/4)

Festlegung des Regulators für die Kontrollperiode 1 (5 Jahre)	14
Festlegung des Regulators für die Kontrollperiode 2 (5 Jahre)	16,7
Kontrollperiode 2 (5 Jahre) mit Änderungen durch die Railtrack PLC	
- Sommer 2001	21,8*
Kontrollperiode 2 (5 Jahre) mit Änderungen durch Railtrack unter staatlicher Verwaltung	
- März 2002	26,3
-Oktober 2002	28,5
Kontrollperiode 2 (5 Jahre) mit Änderungen durch Network Rail	
- Oktober 2002	26,1
- März 2003	27,7
- Juni 2003	27,1
Festlegung des Regulators für 2004/05 bis 2008/09 (5 Jahre) zum Dezember 2003	22,2**

*   Basierend auf der Festlegung des Regulators für die Kontrollperiode 2, plus zusätzlichen £ 5,1 Mrd, die von dem Unternehmen gefordert wurden.
** Zu beachten ist, dass diese finanzielle Förderung den Zeitraum von 2004/05 bis 2008/09 umfasst, während die Kontrollperiode 2 den Zeitraum 2001/02 bis 2005/06 umfasst.

Einklang zu bringen. Der Anteil der variablen Entgelte wurde wesentlich erhöht (auf 20 %) mithilfe von höheren Nutzungsentgelten, einer Kapazitätsgebühr zur Widerspiegelung der Staukosten und einem Anreiz zur Steigerung des Verkehrsaufkommens, damit Railtrack einen Gewinn aus dem Wachstum erwirtschaften konnte. Die Güterverkehrsgesellschaften und die Open Access Operators mussten von da an nach einem Tarifsystem Zahlungen durchführen, das nur den variablen Bestandteil des Fahrwegentgelts entsprach. Ziel der Änderungen war, Railtrack zu ermutigen, das Verkehrswachstum auf dem Netz zu vereinfachen und durch Transparenz und Vorhersagbarkeit des Gebührensystems, Fahrwegkapazität zu vermarkten, ohne langwierige und kostenintensive Verhandlungen führen zu müssen.

Was die Höhe der Entgelte angeht, so führte der Periodic Review von 2000 zu einer wesentlichen Erhöhung der finanziellen Förderung von Railtrack für die zweite Kontrollperiode (2001/02 bis 2005/06), da man die Notwendigkeit erhöhter Ausgaben für Instandhaltung und Erneuerung der Strecken (vgl. Tabelle 1 unten) infolge des starken Verkehrswachstums auf dem Netz anerkannte[11]. Jedoch ging man bei dieser geplanten finanziellen Förderung davon aus, dass das Unternehmen in der Lage sein sollte, erhebliche Einsparungen während des Zeitraums zu tätigen. Direkte staatliche Zuschüsse an Railtrack wurden erstmalig eingeführt. Deshalb sah die Zukunft der britischen Eisenbahnen, aufgrund der scheinbaren Lösung der finanziellen und der Anreizprobleme während der Peri-

---

[11] Zu beachten ist, dass die Zahlung für 2000/01 und 2001/02 wesentlich niedriger war als die tatsächlichen Kosten, die anschließend nach dem Hatfield-Unfall entstanden.

odic Review und aufgrund der Schaffung der für die strategische Planung und den Investitionsrahmen zuständigen Strategic Rail Authority, Anfang Oktober 2000 vielversprechend aus.

Doch genau zu dem Zeitpunkt, als die abschließenden Folgerungen des Periodic Review gezogen wurden, setzte eine Zugentgleisung in Hatfield (am 17. Oktober 2000) infolge eines Gleisdefekts eine Reihe von Ereignissen in Gang, die schließlich darin gipfelten, dass Railtrack ungefähr ein Jahr später (Oktober 2001) in staatliche Verwaltung übergeben wurde. Die Entgleisung erhöhte die Bedenken zum Zustand der Schieneninfrastruktur in Großbritannien. Das Management von Railtrack reagierte – einige würden sagen überreagierte – durch Anordnung von Langsamfahrstellen auf dem Netz, während es einen umfassenden Wandel im Bereich der Fahrweginstandhaltung und -erneuerung einleitete. Die Schieneninfrastrukturkosten stiegen folglich innerhalb von nur zwei Jahren um mehr als 50 % (vgl. Tabelle 2) und das daher hohe Arbeitsaufkommen infolge der risikofeindlichen Vorgehensweise des Unternehmens bei Entscheidungen zur Streckeninstandhaltung und -erneuerung führte zu einer drastischen Verschlechterung der Performance bei den Zügen (vgl. Abb. 3). Letzteres führte dazu, dass Railtrack in 2000/01 mehr als £ 500 Mio. (€ 750 Mio.) als Kompensation für die gestiegene Zahl der Verspätungen auf dem Netz an die Zugverkehrsgesellschaften zahlen musste.

Der Hatfield-Unfall führte zu einer großen finanziellen Krise bei Railtrack. Gleichzeitig sah sich das Unternehmen massiven Kostenüberschreitungen beim Projekt der West Coast Mainline (WCML) ausgesetzt. Die Kosten des Programms wa-

Tabelle 2: Die Gesamtkosten der Eisenbahnbranche

Gesamtkosten der Eisenbahnbranche (Betriebs- und Investitionsaufwendungen) £Mio., in Preisen von 2001/02	1999/00 vor Hatfield	2001/02 nach Hatfield	Kostenanstieg	Prozentuales Wachstum	Gesamtanstieg in Prozent
Infrastruktur (Anm. 1)	3,187	4,874	1,688	53 %	58 %
Zugbetrieb (Anm. 2)	2,570	3,680	1,110	43 %	38 %
Güterverkehr u. Kosten der SRA	484	595	110	23 %	4 %
Gesamtkosten der Branche	**6,241**	**9,149**	**2,908**	**47 %**	**100 %**
Index der Gesamtkosten pro Zug-km	**100,0**	**140,46**		**40 %**	

Anm. 1: Betriebs- plus Investitionsaufwendungen.
Anm. 2: einschließlich der Betriebsaufwendungen der TOCs und der Betriebs- und Investitionsaufwendungen der ROSCOs, ausschließlich der brancheninternen Zahlungen, wie Fahrwegzugangsentgelte und Fahrzeug-Leasingzahlungen.   Quelle: Smith (2004)

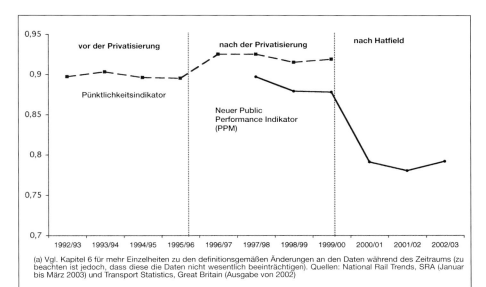

(a) Vgl. Kapitel 6 für mehr Einzelheiten zu den definitionsgemäßen Änderungen an den Daten während des Zeitraums (zu beachten ist jedoch, dass diese die Daten nicht wesentlich beeinträchtigen). Quellen: National Rail Trends, SRA (Januar bis März 2003) und Transport Statistics, Great Britain (Ausgabe von 2002)

Abbildung 3: Entwicklung der Pünktlichkeit

ren von einer anfänglichen Schätzung in Höhe von £ 2,4 Mrd. (€ 3,6 Mrd.) in 1996 auf £ 6,2 Mrd. (€ 9,3 Mrd.) in 2000 (in Preisen von 2001/02)[12] angestiegen. Dieses Projekt war bei Weitem das bedeutendste Streckenausbauprojekt während des Post-Privatisierungszeitraums, und die darauf folgenden Probleme wurden oft dazu verwendet, Railtrack und die privatisierte Eisenbahnbranche in Großbritannien im Allgemein in Misskredit zu bringen.

Es wurde schnell klar, dass, wenn nicht massive Kosteneinsparungen vorgenommen werden könnten, das Unternehmen eine erhebliche zusätzliche finanzielle Unterstützung benötigen würde – zusätzlich zu der während des Periodic Review von 2000 vereinbarten Zahlung – um ihren finanziellen Verpflichtungen gegenüber ihren Kunden und dem ORR nachkommen zu können. Es scheint, dass die britische Regierung resignierte aufgrund der Tatsache, dass zusätzliche Subventionen erforderlich sein würden, um das Infrastrukturbetreiberunternehmen am Laufen zu halten. Die Regierung stand vor der Wahl, das Geld an Railtrack oder eine Nachfolgegesellschaft zu zahlen. Indem sie Railtrack im Oktober 2001 in staatliche Verwaltung übergab, entschied die Regierung sich für die letztere Möglichkeit.

---

[12] Quelle: ORR (2000b). Der Bericht des ORR nennt Zahlen in Preisen der Jahre 1998/99 (von £ 2,3 Milliarden bzw. £ 5,8 Milliarden). Höhere Schätzungen wurden ab dem Jahr 2000 erstellt.

Ungefähr ein Jahr später (Oktober 2002) wurde Network Rail, ein neues 'not-for-dividend' Unternehmen[13], Eigentümer des Infrastrukturvermögens und übernahm die Verantwortung für den Betrieb der Infrastruktur. Aus rechtlicher Sicht handelt es sich bei Network Rail um eine 'company limited by guarantee (CLG)', deren Eigentümer Mitglieder sind, zu denen Stakeholder-Organisationen aus der Branche zählen (darin eingeschlossen die SRA) - anstelle von Shareholdern.

Der resultierende Verlust an Eigenkapital-Anreizen erhöhte die Befürchtungen, dass das neue Unternehmen keine ausreichenden Anreize haben würde, um die Art von Kosteneinsparungen zu erzielen, die zu Beginn bei der Railtrack erreicht wurden[14]. Während der einjährigen staatlichen Verwaltung von Railtrack kam es zu einer weiteren Eskalation der geschätzten Kosten für die Instandhaltung, Erneuerung und den Betrieb des britischen Eisenbahnnetzes (vgl. Tabelle 1). Die Frage für das ORR war, ob die Höhe der neu veranschlagten Kosten realistisch war. Um diese Frage zu beantworten, kündigte das ORR im September 2002 eine Interim Review (Zwischenprüfung) der Finanzen von Network Rail an. Ein Hauptproblem, das der Regulator bei der Durchführung dieser Prüfung jedoch hatte, war ein Mangel an externen Anhaltspunkten, auf deren Grundlage die relative Produktivitäts-Performance von Network Rail hätte bewertet werden können. Insbesondere machte das ORR wenig Fortschritte bei der Erstellung internationaler Vergleiche.

Dennoch gestand der Regulator dem Unternehmen für die zweite Kontrollperiode eine wesentliche Erhöhung der finanziellen Mittel zu, basierend auf der Annahme, dass dem Unternehmen mehr Arbeitsaufwand für Streckenerneuerungen während des Zeitraums entstehen würde. Jedoch ging das ORR auch davon aus, dass das Unternehmen in der Lage sein dürfte, seine Stückkosten erheblich zu reduzieren.

Die Schaffung der SRA

Wie bereits oben erwähnt, wurde in der ursprünglichen Regulierungsstruktur weder dem Regulator noch dem OPRAF die Verantwortung für die Erstellung einer strategischen Planung für die Zukunft der Bahn übertragen, auf deren Grundlage die anderen Akteure ihre Investitionsstrategien hätten aufbauen können. In einer Branche, in der Erweiterungen des Streckennetzes fast unweigerlich staatliche Finanzierung erfordern, ist es von entscheidender Bedeutung, dass ein Teil der Regierung eine klare Aussage zu ihren Prioritäten in Bezug auf

---

[13] Das Unternehmen kann Gewinne erwirtschaften, wenn diese zu Reinvestitionen oder zum Aufbau finanzieller Rücklagen verwendet werden.

[14] Vgl. Smith and Hannon (2003), S. 10.

Ausbau und Verbesserung des Streckennetzes macht, die sie bereit ist, finanziell zu unterstützen. Außerdem hatte Railtrack keinen Zugang zu den Nachfragedaten, die von den TOCs gesammelt wurden, was als eine wesentliche Voraussetzung für die Infrastrukturplanung erscheint. Bestandteil der Franchiseverträge war, dass OPRAF und später die SRA Zugang zu solchen Daten erhielten. Mit einer eindeutigen Erklärung zu den staatlichen Prioritäten und den Plänen zum Ausbau der Infrastruktur wären die TOCs und die ROSCOs dann in der Lage, ihre eigenen Investitionspläne zu erstellen.

Daher sprach man sich für die Bildung einer Stelle aus, der die Verantwortung für die strategische Planung in der Branche übertragen wird. Natürlich konnte es sich bei dieser Stelle nicht um eine Stelle handeln, die kommerzielle Interessen vertritt. Dieses Argument führte daher zur Schaffung der Strategic Rail Authority im Februar 2001 – obwohl diese Aufgabe auch innerhalb des britischen Verkehrsministeriums hätte wahrgenommen werden können. Gleichzeitig wurde eine Reihe von Befugnissen des ORR in Bezug auf den Kundenschutz der SRA übertragen, wodurch der Verdopplung der Arbeit in diesen Bereichen ein Ende gesetzt wurde. Unglücklicherweise führte, wie weiter unten erörtert wird, die Rolle, die die SRA bei der Festlegung der Eisenbahnhaushalte und der Eisenbahninvestitionen spielte, zu Konflikten mit dem ORR, das für die Festlegung der erforderlichen finanziellen Mittel für Railtrack/Network Rail zuständig war.

Änderungen bei der sicherheitstechnischen Regulierung

Während der Phase nach der Privatisierung kam es auch zu einer Reihe von Änderungen bei der sicherheitstechnischen Regulierung. Bevor die Änderungen in dem Weißbuch des Jahres 2004 angekündigt wurden, verblieb die Gesamtverantwortung für Sicherheitsfragen weiterhin beim HSE. Zwischenzeitlich wurde die Aufgabe, die Railtrack bei der Bewertung der Sicherheitsvorkehrungen der restlichen Branche zukam, dem HSE übertragen und ihre Zuständigkeit für die Festlegung von branchenweiten Normen wurde an eine neue, not-for-profit-Gesellschaft, die RSSB übertragen, deren Eigentümer die wichtigsten Stakeholder der Branche waren, die jedoch die kommerziellen Interessen der einzelnen Eisenbahnunternehmen nicht teilten (wodurch ein potenzieller Interessenskonflikt vermieden wurde). Zusätzlich wurde eine neue Rail Accident Investigation Branch (RAIB) gegründet, die vom HSE unabhängig war und das Ziel hatte, die Ursache von Unfällen zu klären, ohne dabei Schuld zuzuweisen oder die Haftung festzulegen. Man gab dem sicherheitstechnischen System weithin die Schuld für den Anstieg der Eisenbahnkosten der letzten Jahre und folglich schlug die Regierung in ihrem Weißbuch Änderungen an dem Regulierungssystem in diesem Bereich vor.

Die Rail Review des Jahres 2004

Im Anschluss an die Kostenkrise der britischen Bahnen nahm die Regierung in 2004 eine Überprüfung der Struktur der britischen Eisenbahnen vor und veröffentlichte ein Weißbuch. Die bedeutendste Änderung in dem Weißbuch ist die Abschaffung der SRA. Ihre Verantwortung für die strategische Planung und das Franchising wird direkt von dem betreffenden Ministerium übernommen, nämlich dem britischen Verkehrsministerium (Department for Transport, DfT). Die detaillierte Fahrplanerstellung und die Studien zur Kapazitätsauslastung gehen über an Network Rail ebenso wie die Verantwortung für die Planung von kleineren Erweiterungen des Streckennetzes (größere Erweiterungen liegen in direkter Verantwortung des DfT). Ferner heißt es darin, dass eine direkte vertragliche Beziehung zwischen dem DfT und Network Rail geschaffen wird, mit Benennung der von Network Rail zu erzielenden Ergebnisse (obwohl es so scheint, als ob dies lediglich eine Neufestlegung der Lizenzbedingungen für Network Rail ist), wobei Network Rail für die Gesamtperformance der Eisenbahnbranche zuständig sein wird, einschließlich die der Kunden, der TOCs. Außerdem wird vorgeschlagen, das Performance-System, das derzeit Teil der Fahrwegzugangsvereinbarungen und Franchiseverträge ist, zu vereinfachen und zu reformieren.

Die Unabhängigkeit des ORR wird erneut bestätigt, doch seine Aufgabe wird im Wesentlichen darin bestehen, die Kosten zu bestimmen, die bei einem effizient arbeitenden Infrastrukturbetreiber bei der Erfüllung der vom DfT festgelegten Ergebnisse anfallen. Zur Vermeidung von Konflikten, zu denen es während der Interim Review 2003/04 gekommen war, wird ein iteratives Verfahren vorgesehen, in dem das DfT das verfügbare Gesamtbudget und die gewünschten Ergebnisse benennen wird. Wenn diese nach Ansicht des ORR widersprüchlich sind, wird es eine Einschätzung der Kosteneinsparungen durch Änderungen der vom DfT festgelegten Ergebnissen vornehmen, bis beide aufeinander abgestimmt sind. Eine weitere wesentliche Änderung an der Aufgabenstellung des ORR besteht darin, dass es die Verantwortung für die sicherheitstechnische Regulierung übernimmt. Das erklärte Ziel dieser Verschmelzung von ökonomischer und sicherheitstechnischer Regulierung ist es zu gewährleisten, dass die Fragen der „Sicherheit, Zuverlässigkeit und Effizienz" von einer einzigen Regulierungsbehörde betrachtet werden, was die Sorge widerspiegelt, dass der jüngste Kostenanstieg in der Eisenbahnbranche durch eine übermäßige Konzentration auf sicherheitstechnische Fragen verursacht wurde.

4.4 Einschätzung

Nach einer Vorstellung des Hintergrunds für die Reformen werden wir uns in diesem Abschnitt einer Einschätzung ihres Erfolgs zuwenden. Dieser Abschnitt gliedert sich in fünf Teile. Zunächst stellen wir einige Schlüsseldaten vor, die die Performance der britischen Eisenbahnen nach der Privatisierung in Sachen Kosten und Effizienz, Wachstum, Fahrpreisniveaus, Sicherheit, Pünktlichkeit und Investitionen beschreiben. Wir werden dann dazu übergehen, zu prüfen, wie die Struktur zu einigen der heutigen Probleme beigetragen hat, wobei wir uns erstens auf das gewählte private Infrastrukturbetreibermodell konzentrieren, zweitens das Franchisemodell für den Personenverkehr betrachten und drittens die Auswirkung des komplexen ordnungspolitischen Rahmens untersuchen, zu dem auch ein für ökonomische Fragen zuständiger und von der Regierung unabhängiger Regulator gehört. Zuletzt erfolgen einige abschließende Bemerkungen.

Die Erfahrungen nach der Privatisierung

Trotz der erheblichen negativen Publicity, die die Privatisierung der Eisenbahn in Großbritannien umgab, zeigen die Daten der ersten Jahre, dass die neu privatisierte Branche einen vielversprechenden Start hatte. Pollitt und Smith (2002), wie auch andere[15], sind der Ansicht, dass die Privatisierung und Umstrukturie-

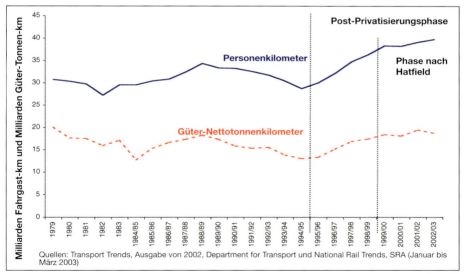

Quellen: Transport Trends, Ausgabe von 2002, Department for Transport und National Rail Trends, SRA (Januar bis März 2003)

Abbildung 4: Entwicklung des Eisenbahnmarkts in Großbritannien 1979-2003

---

[15] Vgl. zum Beispiel Affuso, Angeriz and Pollitt (2002) sowie Cowie (2002), obwohl Cowie der Ansicht ist, dass diese Verbesserungen eine Fortsetzung der Entwicklungen in den 80er Jahren bilden und dass daher die Kommerzialisierung anstelle der geänderten Eigentumsverhältnisse wichtigster Triebfaktor für die verbesserte Produktivität nach der Privatisierung war.

rung von British Rail zu erheblichen Einsparungen bei den Betriebskosten während des Zeitraums vor dem Hatfield-Unfall (1996/97 bis 1999/00) geführt hat.

Das Verkehrsaufkommen stieg während der Post-Privatisierungsphase vor dem Hatfield-Unfall ebenfalls stark an (bei den Personenkilometern um 28 % und bei den Güter-Tonnenkilometern um 37 % zwischen 1995/96 und 1999/00), was zu einer Abkehr von früheren Entwicklungen führte (vgl. Abbildung 4). Während ein Teil des Verkehrswachstums dem Konjunkturzyklus zugeschrieben werden könnte, konnten auch eine Reihe von „Privatisierungseffekten" festgestellt werden (z. B. Festlegung von Fahrpreis-Obergrenzen, innovative Fahrscheintypen, verbesserter Schutz gegen Schwarzfahrer, vgl. Wolmar and Ford (2000)). Gleichzeitig hat sich die Pünktlichkeit im Zeitraum vor Hatfield verbessert, was hauptsächlich eine Folge der Reduzierung von infrastrukturbedingten Verspätungen war, obwohl es bei der Pünktlichkeit zu einem leichten Rückfall nach 1997/98 kam, als sich die Verbesserungsrate bei Railtrack verlangsamte und es wieder zu einem Anstieg der durch die TOC verursachten Verspätungen kam (vgl. Abbildung 3).

Die Fahrgäste profitierten auch von den niedrigeren Fahrpreisen, was durch das Fahrpreis-Regulierungssystem bewirkt wurde und auch durch einen gewissen Wettbewerb zwischen den Verkehrsbetreibern dort, wo es zu Überlappungen von Konzessionen kam. Jedoch nahm durch steigende Fahrgastzahlen die Überfüllung der Züge zu, und die Branche hinkte auch mit den Investitionen in neue Fahrzeuge während dieses Anfangszeitraums hinterher (obwohl es zu einem starken Anstieg der Fahrzeuginvestitionen in späteren Jahren kam)[16]. Dennoch lagen die Investitionsniveaus insgesamt während dieses frühen Zeitraums über denen zu Zeiten von British Rail (vgl. Pollitt and Smith, 2002).

Was die sicherheitstechnische Performance angeht, so zeigten die ersten statistischen Analysen von Daten zu Unfällen und Todesopfern, dass es um die Sicherheit nach der Privatisierung nicht schlechter bestellt war (vgl. Health & Safety Commission, 2001 und Evans, 2000 und 2002). Jedoch war das Vertrauen in die Eisenbahnbranche durch die zwei großen Unfälle, die durch Zugentgleisungen verursacht wurden, beschädigt worden[17]. Natürlich schmälerten statistische Analysen nicht die Bedenken von Fahrgästen und der Politik angesichts einer Katastrophe derartigen Ausmaßes.

Trotz des positiven Starts wurde schnell klar, dass das Streckennetz dem starken Verkehrswachstum Tribut zollte. Hier sei an die Abbildung 2 erinnert, die den Anstieg in dem Index der Gleisbrüche pro Zugkilometer im Zeitraum 1998/99

---

[16] Ab 2000/01.

[17] Der Southhall-Unfall in 1997, der sieben Menschenleben forderte und der Unfall von Ladbroke Grove in 1999, der einunddreißig Menschenleben kostete.

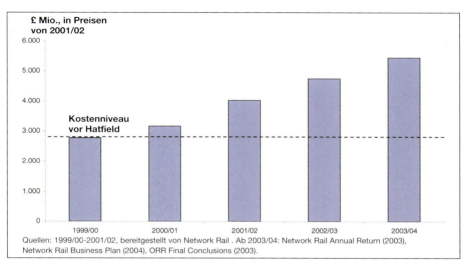

£ Mio., in Preisen von 2001/02

Kostenniveau vor Hatfield

1999/00 2000/01 2001/02 2002/03 2003/04

Quellen: 1999/00-2001/02, bereitgestellt von Network Rail . Ab 2003/04: Network Rail Annual Return (2003), Network Rail Business Plan (2004), ORR Final Conclusions (2003).

Abbildung 5: Betriebs-, Instandhaltungs- und Erneuerungskosten für die Infrastruktur

zeigte. Natürlich steht das Problem des Zustands der Infrastrukturanlagen eng in Verbindung mit Fragen der Infrastruktur-Instandhaltungspolitik und der Investitionen in Streckenerneuerungen (dafür wurde das private Infrastrukturmodell kritisiert, wie weiter unten erläutert wird).

Wie bereits oben beschrieben, führte der Hatfield-Unfall in Verbindung mit den hohen Kostenüberschreitungen beim Projekt der West Coast Main Line zu einem grundlegenden Wandel des Schicksals der britischen Eisenbahnen, und führte zu einer Kostenkrise in der Branche. Abbildung 5 zeigt einen atemberaubenden Anstieg der Infrastrukturkosten seit dem Hatfield-Unfall, obwohl der Anstieg zum Teil die verstärkten Aktivitäten im Bereich der Streckenerneuerung widerspiegelt. Hinzukommt, dass, während die Aufmerksamkeit verstärkt auf den Infrastrukturkosten lag, nach Berechnungen von Smith (2004) die Kosten des Zugbetriebs (einschließlich Fahrzeuginstandhaltungs- und -investitionskosten) ebenfalls in den letzten Jahren stark angestiegen sind. Tabelle 2 zeigt, dass die Gesamtkosten der Eisenbahnbranche zwischen 1999/2000 und 2001/02 um 47 % gestiegen sind. Überraschenderweise entfielen von dem Anstieg der Gesamtkosten der Branche 38 % auf den Zugbetrieb. Die Daten in dieser Tabelle verweisen auf die Notwendigkeit, die Kostenentwicklungen in der gesamten Branche näher zu betrachten – und nicht nur lediglich die der Infrastruktur. Infolge der Kostensteigerungen bei den TOCs sind eine Reihe von TOCs in finanzielle Schwierigkeiten geraten. Natürlich sind in den gestiegenen Kosten des Zugbetriebs die Kostensteigerungen bei den Fahrzeugen enthalten. Die Rolle,

81

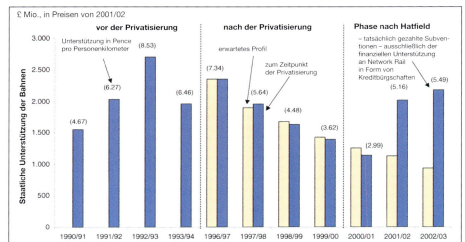

Abbildung 6: Staatliche Unterstützung der Bahnen: 1990-2003

die der Ordnungsrahmen bei der Erhöhung der Fahrzeugkosten spielte, wird weiter unten erläutert. Weitere Arbeiten sind erforderlich, um ein umfassenderes Verständnis für die Gründe des Kostenanstiegs bei den TOCs zu erhalten, und insbesondere zu beurteilen, ob es generell im gesamten TOC-Sektor zu Kostensteigerungen kam oder diese bestimmten Verkehrsbetreibern zugeschrieben werden können.

Infolge der Kostenkrise nahm die Subventionierung der Bahnen nach Hatfield stark zu, was zur Umkehr des vorherigen Trends sinkender Subventionen während der ersten Jahre führte (vgl. Abbildung 6). Außerdem kam es nach Hatfield, wie Abbildung 3 verdeutlicht, beim Zugverkehr zu einer Verschlechterung der Performance (Pünktlichkeit und Zuverlässigkeit[18]) und obwohl sie sich langsam erholte, liegt sie immer noch weit unter den Niveaus vor Hatfield. Zwischenzeitlich führten die Sicherheitsmaßnahmen zu weiteren Verbesserungen (vgl. zum Beispiel Abbildung 2). Tatsächlich unterstreicht Evans bei den Schlussfolgerungen seiner neuesten Arbeit (2004) noch stärker als in seiner früheren Arbeit, dass die Sicherheit sich seit der Privatisierung bei allen Unfallklassen schneller verbessert hat als zu Zeiten von British Rail.[19] Dennoch bemerkt

---

[18] Der PPM-Indikator in Abbildung 3 berücksichtigt Zugverspätungen (Pünktlichkeit) als auch Zugausfälle (Zuverlässigkeit).

[19] Während es um die Zahl der Verkehrstoten bei Zugkollisionen nach der Privatisierung schlechter bestellt ist, weist Evans darauf hin, dass diese Zahl einzig und allein auf einen Unfall (Ladbroke Grove) zurück zu führen ist.

Evans, dass die Menschen der Ansicht sind, dass sich die Sicherheit bei der privatisierten Bahn verschlechtert hat.

Wie gut funktionierte das private Infrastrukturbetreibermodell?

Ein Reihe von Argumenten wurde angeführt, die darauf schließen lassen, dass ein privater Infrastrukturbetreiber unweigerlich scheitern würde wegen des inhärenten Trade-off zwischen Gewinnen und der Sicherheit und der Aufmerksamkeit, die der Streckennetz-Verwaltung zu schenken ist. Ebenso wurde argumentiert, dass die Komplexität der Struktur Probleme an der Schnittstelle zwischen Rad und Schiene und zwischen Railtrack und Subunternehmern geschaffen hat, was daher zur Schwächung des vertikal getrennten Modells geführt hat. Unserer Ansicht nach sind diese Argumente allzu simpel und ignorieren die vielen anderen Wirtschaftszweige, in denen das Privateigentum in Eintracht mit dem Management der öffentlichen Sicherheit steht (oft teilweise durch Regulierung). Außerdem, was die Frage der Fragmentierung betrifft, so betreiben andere komplexe und sicherheitskritische Wirtschaftszweige, wie zum Beispiel die Flugverkehrsbranche, vertikal und horizontal getrennte Strukturen, die ein Outsourcing von Instandhaltungs- und Erneuerungsmaßnahmen umfassen (vgl. Foster and Castles (2000)). Natürlich müssen die erhöhten Schnittstellenkosten einer komplexen Struktur abgewogen werden gegen die Vorteile des Wettbewerbs, die die Struktur zulässt.

Wichtig bei einer derart komplexen Struktur ist jedoch, der Art der Gestaltung und Verwaltung von Verträgen sorgfältige Aufmerksamkeit zu schenken. Besonders wichtig ist, klare wirtschaftliche Anreize bei den unterschiedlichen Teilen der Branche zu schaffen, deren Effektivität überwacht und gegebenenfalls geändert wird (vor allem dort, wo ein Monopol entsteht). Wo eine Untervergabe stattfindet, ist es außerdem sehr wichtig, dass die Parteien die relevanten Informationen austauschen und dass ein effektiver Mechanismus für das Management der Unterverträge besteht. Dies ist in einer Branche immer von Wichtigkeit, doch vielleicht bedeutet die Komplexität der Eisenbahnen, dass besondere Aufmerksamkeit erforderlich ist (in diesem Zusammenhang stellen wir fest, dass in diesem Bereich wenig Erfahrung vorhanden war, auf die man hätte zurückgreifen können: Zum Beispiel findet bei den Eisenbahnen in den USA keine extensive Untervergabe von Streckeninstandhaltungsarbeiten statt; vgl. Nash, 2002).

Abschließend gelangen wir zu der Schlussfolgerung, dass die in den letzten Jahren erfahrenen Probleme im Allgemeinen aus einer „schlechten Implementierung" resultierten und nicht einer grundlegenden Nichtrealisierbarkeit eines vertikal getrennten Modells. Beispiele für eine schlechte Implementierung sind

insbesondere die Beschaffenheit der Instandhaltungsverträge und fehlende adä-
quate Anreize für eine effiziente Nutzung der Kapazität. Zur Frage, ob der eigenständige Infrastrukturbetreiber hätte privatisiert werden sollen, verweisen wir auf
die Behauptung, dass Railtrack sich möglicherweise zu sehr mit den kurzfristigen
Entwicklungen der Aktienkurse anstelle der langfristigen Verwaltung des Netzes
beschäftigt hat, obwohl wir über keinen ausreichenden Beweis verfügen, auf
dessen Basis sich diese Hypothese belegen oder bestreiten ließe. Der Schritt zu einer 'not for dividend'-Gesellschaft namens Network Rail hat diese Möglichkeit
ausgeschlossen, doch auf Kosten einer Schwächung der Anreize zur Reduzierung
der Kosten, auf die die fortgesetzte Eskalation der Kosten hindeutet, nachdem
Railtrack in eine öffentliche Verwaltung übergeben wurde.

Wie gut funktionierte das Franchising?

Der Franchising-Prozess in der ersten Runde zog erhebliches Interesse auf sich
und es herrschte ein scharfer Wettbewerb um die Konzessionen. Die Konzessionen wurde an diejenigen vergeben, die bereit waren, den Betrieb auf der Basis
der geringsten Subventionen durchzuführen (oder in einigen Fällen der höchsten Prämie) und dank des Wettbewerbniveaus führte dies zu stark rückläufigen
Subventionsniveaus in den ersten Jahren nach der Privatisierung. Tatsächlich
waren die Franchisenehmer in den ersten Jahren in der Lage, erhebliche Kosteneinsparungen durchzuführen und die Einnahmen stark zu erhöhen, obwohl eine
Reihe von ihnen dennoch in finanzielle Schwierigkeiten geriet. Folglich wurden
fünf Konzessionen verkauft und bis zum Refranchising als Teil einer allgemeinen
Neuordnung der Franchise-Grenzen erfolgte die Festlegung der Subventionen
jährlich im Rahmen von Cost plus-Verträgen (Verträgen mit festgelegter Ge-
winnspanne).

Im Anschluss an den Hatfield-Unfall, nach dem ein genereller Anstieg der Kosten der TOCs begann, wurden weitere kurzfristige Verlängerungen bestehender
Franchiseverträge ausgehandelt und es kam zu einem Anstieg der Subventionen
an den restlichen TOC-Sektor nachdem Konzessionen in der zweiten Runde des
Franchise-Wettbewerbs vergeben wurden.

Natürlich können die Maßnahmen der Strategic Rail Authority, die die Subventionen vorübergehend ohne ein Refranchising erhöhte, ein Faktor gewesen sein,
der den Kostendruck nach unten reduziert hat. Außerdem ist nicht klar, ob die
SRA Benchmarking-Verfahren effektiv eingesetzt hat, um die Kosten- und Sub-
ventionssteigerungen im TOC-Sektor einzuschränken. Des Weiteren scheint es,
wie bereits zuvor erwähnt, dass ein wesentlicher Teil der Kostensteigerungen bei
den TOCs durch gestiegene Fahrzeugkosten erklärt werden kann, da neues
Rollmaterial eingeführt wurde, bei dem die Leasinggebühren und Instandhal-

tungskosten höher waren und deren Zuverlässigkeit weitaus schlechter war. Möglicherweise hätten die Kosten gesenkt werden können, wenn die SRA bereit gewesen wäre, eine entschiedenere Rolle bei der Beschaffung der Fahrzeuge zu spielen und insbesondere ihre Befugnisse dafür zu nutzen, einen Wiedereinsatz des neuen Rollmaterials nach dem Refranchising zu gewährleisten.

Was die Nachfrage angeht, so ist es sehr schwierig, diese nach der relativen Bedeutung der unterschiedlichen Faktoren aufzuschlüsseln, die sich auf die Nachfrage im Schienenverkehr während des Zeitraums ausgewirkt haben, doch es ist mehr als wahrscheinlich, dass zumindest ein Teil des erheblichen Nachfragewachstums im Personenverkehr nach der Privatisierung auf das verbesserte Marketing, die innovative Preisbildung, neue Dienstleistungen und die verbesserte Ertragssicherung, die von den Franchisenehmern eingeführt wurde, zurückzuführen ist. Es steht jedoch auch außer Zweifel, dass das starke konjunkturelle Wachstum, der reale Preisanstieg beim Benzin, die wachsende Überlastung des Straßenverkehrs und eine unabhängige Fahrpreisregulierung helfen, das Wachstum in der Nachfrage zu erklären (obwohl zu beachten ist, dass Letztere Teil der Einleitung der Privatisierung war).

War der ordnungspolitische Rahmen zu komplex?

Der wahrscheinlich bedeutendste zutage tretende Widerspruch trifft den Kern der unabhängigen Regulierung in der Eisenbahnbranche, nämlich, dass der ORR die Höhe der von Network Rail benötigten Einnahmen bestimmt, während die resultierende Erhöhung der Subventionen, die entweder direkt an Network Rail oder indirekt an die TOC gehen, von der SRA und schließlich dem britischen Finanzministerium finanziert werden muss. Bei Abschluss der Interim Review der Finanzen von Network Rail des Jahres 2002/03 gewährte das ORR dem Unternehmen eine Aufstockung der finanziellen Mittel von ungefähr £ 6 Mrd. (€ 9 Mrd.) – zusätzlich zu der im Rahmen der Periodic Review des Jahres 2000 erfolgten Zahlung – für den in 2004/05 beginnenden Fünfjahreszeitraum[20]. Diese Aufstockung bereitete der Regierung erhebliche Kopfschmerzen in finanzieller Hinsicht und führte zu der Anschuldigung, dass das ORR, eine nicht gewählte Einrichtung, effektiv die Höhe der staatlichen Ausgaben bestimmt (vgl. Foster and Castles (2004) und ORR (2004)).

Unserer Ansicht nach bestehen die Hauptgründe für die Anwendung einer unabhängigen Regulierung darin, zu gewährleisten, dass der Infrastrukturbetreiber das Geld erhält, das er zur Unterhaltung des Streckennetzes benötigt, um somit

---

[20] Vergleiche ORR (2003). Zu beachten ist, dass die Schlussfolgerungen der Periodic Review des Jahres 2000 den Zeitraum von 2001/02 bis 2005/06 umfassten, während die Schlussfolgerungen der Interim Review den Zeitraum von 2004/05 bis 2008/09 abdeckten.

Gewissheit für private Investoren zu schaffen. Innerhalb dieses Rahmens stand es der britischen Regierung stets frei, wenn sie die Höhe der von dem ORR vorgeschlagenen finanziellen Mittel nicht bereitstellen wollte, die Ergebnisse, die sie „kaufen" wollte, neu festzulegen (zum Beispiel durch Vereinbarung von Einschnitten im Serviceangebot). Jedoch war das System niemals dazu ausgelegt, mit der Wucht des Ausmaßes der Kostensteigerungen der letzen Jahre fertig zu werden, und es ist nicht verwunderlich, dass die Regierung nicht bereit war, bereitwillig das Argument zu akzeptieren, dass sie einen starken Anstieg der Subventionen finanzieren sollte, nur um das bestehende Dienstleistungsniveau zu erhalten.

Es scheint, dass zukünftig der Regulator der Regierung eine Zusammenstellung möglicher Alternativ-Kombinationen aus Subventionen und Dienstleistungsniveaus vorlegen wird, doch wenn die Regierung keine eindeutige konsequente Entscheidung trifft, wird verbindliche Vorgabe die Höhe der finanziellen Mittel sein, die laut der Regierung zur Verfügung steht.

Eine Reihe von Kommentatoren, darin eingeschlossen Minister, haben auch angedeutet, dass die erhöhte Risikoaversion bei Sicherheitsfragen wesentlich zu dem jüngsten Kostenanstieg beigetragen hat. Es ist daher von entscheidender Bedeutung, dass ein besseres Verständnis der Auswirkung von Sicherheitsnormen auf die Kosten entwickelt wird, und dass vernünftige wirtschaftliche Entscheidungen getroffen werden, um zu vermeiden, dass die Wettbewerbsposition der Bahnen im Vergleich zu anderen Verkehrsträgern sich weiter verschlechtert. Der komplexe ordnungspolitische Rahmen, der HSE, ORR und SRA umfasst, hilft in diesem Zusammenhang nicht, und wie bereits oben erwähnt wurde, wird in dem Weißbuch der Regierung von 2004 vorgeschlagen, die sicherheitstechnische Verantwortung des HSE an das ORR zu übertragen. Während es sich dabei um einen Schritt in die richtige Richtung handelt, ließe sich dagegen argumentieren, dass die Frage, wie viel für die Sicherheit ausgegeben wird, eine politische Frage ist, die von dem Verkehrsministerium festgelegt werden sollte und nicht von einer unabhängigen Regulierungsstelle, die nicht durch die Notwendigkeit eingeschränkt ist, ihre Entscheidungen zu finanzieren.

Abschließende Bemerkungen

Viele sehen die bei der Umstrukturierung und Privatisierung in Großbritannien gewonnenen Erfahrungen als einen Beweis dafür, dass eine Kombination aus einem privaten Infrastrukturbetreiber, Franchising und einer für Wirtschaftsfragen zuständigen Regulierungsstelle, die von der Regierung unabhängig ist, nicht funktionsfähig ist. Wir behaupten jedoch, dass diese Ansicht allzu vereinfachend ist. Die Nachfrageentwicklung im Güter- und Personenverkehr seit der Privatisierung war positiv, da das Wachstum im Eisenbahngüter- und Personenverkehr in Großbritannien das der meisten, wenn nicht aller anderen Länder in Europa, überstieg. Gleichzeitig hat sich die Sicherheit verbessert (möglicherweise schneller als zu Zeiten von BR) und zumindest in den ersten Jahren waren die Kosten rückläufig. Jedoch verschlechterte sich nach dem Unfall von Hatfield – der in Kombination mit den Kostenüberschreitungen beim Ausbau der West Coast Main Line dazu führte, dass Railtrack in öffentliche Verwaltung übergeben wurde – die Performance stark und die Kosten gerieten offensichtlich außer Kontrolle.

Dieses Papier hat eine Reihe der Hauptprobleme hervorgehoben, die mit der Struktur in Verbindung stehen und zu der aktuellen Eisenbahnkrise in Großbritannien geführt haben. Das erste Problem betrifft die Beschaffenheit der zahlreichen Verträge, die eingeführt wurden, um den privaten Infrastrukturbetreiber zu kontrollieren, obwohl wir der Ansicht sind, dass diese Probleme im Großen und Ganzen mehr aus einer schlechten Implementierung resultieren als aus einem grundsätzlichen Problem, das mit der vertikal getrennten Struktur selbst in Verbindung steht. Diese Probleme wurden zu dem Zeitpunkt, da Railtrack in eine öffentliche Verwaltung überführt wurde, gerade behoben, und man könnte argumentieren, dass - wenn man genug Zeit gehabt hätte - das System möglicherweise funktioniert hätte. Vielleicht lautet, die Lehre, die an dieser Stelle gezogen werden sollte, dass mehr Aufmerksamkeit auf die Art und Weise verwendet werden sollte, in der Verträge aufgesetzt und gehandhabt werden. Dies ist in einer Branche immer von Bedeutung, doch vielleicht bedeutet die Komplexität der Eisenbahn, dass besondere Sorgfalt angesagt ist.

Die zweite wichtige Neuerung, die die Privatisierung der Eisenbahn in Großbritannien hervorgebracht hat, war das umfassende auf Wettbewerb ausgerichtete Franchisingsystem für alle Personenverkehrsdienste. Während die ersten Erfahrungen aufgrund des Verkehrswachstums und der Kostenreduzierung sehr positiv waren, kam es erneut zu einem Anstieg der Kosten der TOCs neben einer erheblichen Explosion der Infrastrukturkosten. Die Gründe dafür sind nicht leicht zu verstehen, doch die Maßnahmen der Strategic Rail Authority, die bei den TOCs auf ‚Cost-plus'-Verträge umstellte, bevor sie ein Refranchising vornahm, könnten ein Faktor gewesen sein, der den Kostendruck reduziert hat. Ebenso scheint auch die Weigerung der SRA, den Kauf von Fahrzeugen über den Ablauf der Konzessionen hinaus zu garantieren, die Kosten der Bereitstellung von Fahrzeugen in der Branche erhöht zu haben.

Der letzte Problembereich besteht in dem komplexen Rahmen der Einbeziehung der Regierung in die Eisenbahnbranche in Kombination mit der unabhängigen Regulierung. Hier sind wir der Meinung, dass das Hauptproblem nicht das Konzept der unabhängigen Regulierung ist – die in einer stark subventionierten Branche erforderlich ist, um private Investoren vor willkürlichen Entscheidungen der Regierung zur Vergabe von Finanzmitteln zu schützen – sondern mehr darin zu suchen ist, dass ein mangelndes klares Verständnis dafür besteht, warum die Kosten nach dem Hatfield-Unfall so stark gestiegen sind. Dies stellte die Regierung vor die Entscheidung, entweder massiv erhöhte Subventionen zu zahlen oder das Verkehrsangebot einzuschränken, und es ließ sich daher nicht vermeiden, dass das Modell der unabhängigen Regulierung erheblichem Druck ausgesetzt werden würde. Gleichzeitig ist der ordnungspolitische Rahmen daran gescheitert, Verfahren zu entwickeln, die es ermöglicht hätten, vernünftige Entscheidungen zur Mittelverwendung bei der Sicherheit zu treffen.

Es ist daher ein wichtige Lehre aus der britischen Erfahrung zu ziehen, dass die Zahl der Organisationen, die für die Entscheidungsfindung bezüglich Regulierungs-, Strategie- und Sicherheitsfragen zuständig sind, sorgfältig geprüft werden sollte, um eine Verdopplung von Bemühungen und Konflikte zu vermeiden. Eine weitere Lehre, die gezogen werden kann, besteht in der Notwendigkeit, ein besseres Verständnis für die Kosten-Nutzen-Effekte von Sicherheitsmaßnahmen zu gewinnen, so dass Vorschläge zur Verbesserung der Eisenbahnsicherheit gemeinsam mit Vorschlägen für andere Verkehrsträger und andere Gesundheitsfragen betreffende Vorschlägen betrachtet werden. Schließlich besteht weiterhin die Notwendigkeit, Druck auf die Kosten der Branche auszuüben und die zunehmend dringliche Notwendigkeit, ein besseres Verständnis für die treibenden Kostenfaktoren zu gewinnen sowie dafür, wie sich die Kosten für den Betrieb eines Netzes in unterschiedlichen Ländern vergleichen lassen.

Vorausblickend bestehen die wichtigsten Aufgaben der Regulierungsbehörden und der Branche darin, die Kosten unter Kontrolle zu bekommen, wofür ein besseres Verständnis der treibenden Kostenfaktoren und insbesondere der Auswirkungen von Sicherheitsnormen und ihrer möglicherweise übereifrigen Umsetzung auf die Kosten erforderlich ist, wobei dabei verstärkt auf Benchmarking-Methoden zurückgegriffen werden sollte. Es ist zu früh zu sagen, ob die neue Struktur dieser Zielsetzung gerecht wird, teilweise da in dem Weißbuch nur wenig Einzelheiten dazu genannt werden, wie die neuen Vorkehrungen in der Praxis funktionieren sollen. Auf der einen Seite scheinen die Reformen infolge der Abschaffung der SRA und der Übertragung der sicherheitstechnischen Regulierung an das ORR eine Reduzierung der Komplexität der Regulierungsstruktur zu ermöglichen. Dies ist zu begrüßen. Auf der anderen Seite bestehen Bedenken dahingehend, dass eine stärkere direkte Einbeziehung der Regierung eine Ära verstärkter politischer Einmischung ankündigt, bei der es aus der vergangenen Erfahrung heraus unwahrscheinlich ist, dass sie eine positive Auswirkung auf ihre Effizienz und Performance haben wird.

Literaturverzeichnis

Affuso, L., Angeriz, A. and Pollitt, M.G. (2002), 'Measuring the Efficiency of Britain's Privatised Train Operating Companies', Regulation Initiative Discussion Paper Series, no. 48, London Business School.

Cowie, J. (2002), 'Subsidy and Productivity in the Privatised British Passenger Railway', Economic Issues, vol. 7 (1), S. 25-37.

Department for Transport (2004) The Future of Rail, London, TSO.

Department of Transport (1992), New Opportunities for the Railways: the Privatisation of British Rail, Cm. 2012, London, HMSO.

Evans, A. W. (2000), 'Fatal Train Accidents on Britain's Mainline Railways', Journal of the Royal Statistical Society, A, 163, Part 1, S. 99-119.

Evans, A. W. (2002), 'Are Train Accident Risks Increasing?', Modern Railways, August 2002, S. 49-51.

Evans, A. W. (2004), Rail Safety and Rail Privatisation in Britain, Inaugural Lecturer, 16 June 2004.

Freeman, R. and Shaw, J. (2000), All Change: British Railway Privatisation, London, McGraw-Hill.

Health & Safety Commission (2001), The Ladbroke Grove Rail Inquiry: Part 2 Report, Norwich, HMSO.

Nash, C.A. (2002), 'What to Do About the Railways', The Beesley Lectures on Regulation Series XII 2002, The Institute of Economic Affairs and London Business School.

Nash, C.A. (2003), 'Rail Regulation and Control in Britain - Where Next?, Paper Presented at the 8th International Conference on Competition and Ownership in Passenger Transport, Rio de Janeiro, September 2003.

Nash, C.A. (2004), Railway Structure Review: Submission by Professor Chris Nash, Leeds.

National Audit Office (2004), Network Rail - Making a Fresh Start: Report by the Comptroller and Auditor General, HC 532, 2003/04 Session, London, The Stationery Office.

Office of the Rail Regulator (1999), Railtrack's Stewardship of the Network, London.

Office of the Rail Regulator (2003), Access Charges Review 2003: Final Conclusions, London.

Office of the Rail Regulator (2004), 2004 DfT Rail Review: Submission by the Rail Regulator, London.

Pollitt, M.G. and Smith, A.S.J (2002), 'The Restructuring and Privatisation of British Rail: Was it Really that Bad?', Fiscal Studies, vol. 23 (4), S. 463-502.

Rail Freight Group (2004), 'The Department for Transport Review - Time to Get it Right', Modern Railways, April 2004, S. 11.

Shaw, J. (2000), 'Designing a Method of Rail Privatisation', in Freeman, R. and Shaw, J. (2000), All Change: British Railway Privatisation, London, McGraw-Hill.

Smith, A.S.J. (2004), Essays on Rail Regulation: Analysis of the British Privatisation Experience, Unpublished PhD Thesis, Judge Institute for Management, University of Cambridge.

Smith, J.W. (2003a), 'Rail Regulation', The Development of Rail Regulation - A Collection of Reviews, Collections Series 3, Centre for the Study of Regulated Industries, University of Bath School of Management.

Smith, J.W. (2003b), 'What we Have Learned: A Comparative Perspective of Water and Rail', Paper Produced in Connection with Conference on the UK Model of Utility Regulation: A Retrospective of the 20 Years Since the Littlechild Report, Jointly Sponsored by the London Business School, London City Business School and the Centre for the Study of Regulated Industries.

Smith, J.W. and Hannan, D. (2003), Structure of the Water Industry in England: Does it Remain Fit for Purpose: Report for Department for Environment, Food and Rural Affairs and the Office of Water Services, Cambridge.

Strategic Rail Authority (2004), West Coast Main Line Progress Report, London, April 2004.

Wolmar, C. (2001), How Privatisation Wrecked Britain's Railways, Bodmin, MPG Books Ltd.

Wolmar, C. and Ford, R. (2000), 'Selling the Passenger Railway', in Freeman, R. and Shaw, J. (2000), All Change: British Railway Privatisation, London, McGraw-Hill.

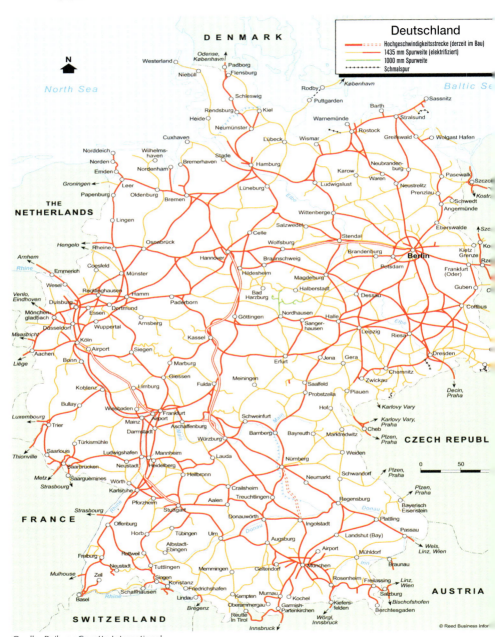

Quelle: Railway Gazette International

5. Deutschland

Professor Christian Kirchner
Humboldt-Universität, Berlin

Fläche des Landes (km²) 357 023

	2003		2003
Bevölkerung[a] (Mio.)	82,5	Fracht t/km	79,8
Bruttoinlandsprodukt (BIP) (Mrd. Euro)	2129,2	Personen-km (Mrd.)	71,3
Länge des Streckennetzes (1000 km)	41,1	Modaler Anteil – Güterverkehr[b] (%)	19,0
		Modaler Anteil – Personenverkehr[c] (%)	6,9

[a] Am 01. Januar
[b] Basiert auf Eurostat 2004 Straße, Schiene und Binnenwasserstraßen
[c] Basiert auf Eurostat 2002, Schiene, öffentlicher Verkehr auf der Straße, private PKW

5.1 Einleitung

Reformen des Schienenverkehrsmarktes in Europa haben eine lange Geschichte. Dies gilt für nahezu alle Mitgliedsstaaten der Europäischen Union (zunächst Europäische Gemeinschaft) und auch für Deutschland.

Die Reformen des Schienenverkehrsmarktes in den frühen 90er Jahren wurden durch verschiedene Faktoren angetrieben: (1) Verlust der Wettbewerbsfähigkeit gegenüber dem Straßengüterverkehr und dem Flugverkehr, (2) steigende Defizite der staatlichen Eisenbahnunternehmen und (3) die steigende Schuldenbelastung der staatlichen Monopolunternehmen. Auf einzelstaatlicher Ebene bedeutete dies, dass der Schienenverkehr seiner Rolle im intermodalen Wettbewerb nicht gerecht werden konnte, die aus ökologischer Sicht wünschenswert gewesen wäre. Auf europäischer Ebene konnte die Integration der Schienenverkehrsmärkte aufgrund hermetisch abgeriegelter nationaler Märkte nicht erreicht werden.

Um diese Probleme zu lösen, wurden Reformen auf der Ebene der Mitgliedsstaaten sowie auf europäischer Ebene durchgeführt. Die Mitgliedsstaaten waren in erster Linie daran interessiert, ihre nationalen Eisenbahnunternehmen von ihren Schulden zu entlasten und den Markt zu liberalisieren einschließlich einer –

formalen und/oder materiellen – Privatisierung der früheren staatlichen Monopolunternehmen. Auf europäischer Ebene war die Marktintegration jedoch das Hauptziel, das durch Abbau der Markteintrittsschranken der bestehenden nationalen Märkte zu erreichen war.

Nach den ungefähr 10-jährigen Reformen des Schienenverkehrsmarktes ist es an der Zeit, nicht nur den Erfolg bei der Öffnung der nationalen Schienenverkehrsmärkte für den – internationalen und inländischen – Wettbewerb zu beurteilen, wie es bereits durch die Untersuchung der Markteintrittsschranken auf den nationalen Schienenverkehrsmärkten durch den sogenannten Liberalisierungsindex Bahn[1] geschehen ist, sondern den Gesamterfolg der Reformen der Schienenverkehrsmärkte in den unterschiedlichen europäischen Staaten einschließlich Deutschlands zu untersuchen. Das Ziel dieses Papiers besteht in einer Evaluierung der Reformen des Schienenverkehrsmarktes in Deutschland über das einfache Thema der Liberalisierung hinaus. Die zentralen Fragen beziehen sich auf die Position des Schienenverkehrs im intermodalen Wettbewerb, die wirtschaftliche Rentabilität der Eisenbahnunternehmen gemeinsam mit qualitativen Faktoren, wie Komfort, Pünktlichkeit etc. im schienengebundenen Güter- und Personenverkehr. Zu einer Bewertung der Reformen des Schienenverkehrsmarktes in Deutschland ist es erforderlich, die Struktur der Schienenverkehrsmärkte vor und nach den Reformen vergleichen zu können und die Reformen als solche betrachten zu können, um die beabsichtigten Ziele mit dem tatsächlichen Reformerfolg zu vergleichen.

5.2 Reformen des Eisenbahnsektors in Deutschland

Die Situation vor 1993

In Deutschland wurde das erste landesweite staatliche Eisenbahnunternehmen nach dem 1. Weltkrieg im Jahre 1920 gegründet, als die verschiedenen kleinen staatlichen Eisenbahngesellschaften zu einer vereinigten Deutschen Reichsbahn zusammengeführt wurden, die nach dem 2. Weltkrieg in die Deutsche Bundesbahn in Westdeutschland (der Bundesrepublik Deutschland) und die Deutsche Reichsbahn in Ostdeutschland (der Deutschen Demokratischen Republik) gespalten wurde. Die Deutsche Bundesbahn und die Deutsche Reichsbahn waren staatliche Eisenbahnunternehmen. Während die Reichsbahn in Ostdeutschland keinem intermodalen Wettbewerb ausgesetzt war aufgrund der Tatsache, dass es in Ostdeutschland eine staatliche geplante Wirtschaft gab, war die Position der Deutschen Bundesbahn in Westdeutschland komplexerer Natur. Als „natür-

---

[1] Liberalisierungsindex 2004 (IBM-Kirchner), abrufbar auf der Website der DG TREN (unter Studien): http://europa.eu.int/comm/transport/rail/index_de.html.

liches Monopol" betrachtet und überlastet mit gemeinwirtschaftlichen Verpflichtungen wurde die Deutsche Bundesbahn als eigenständiger Teil des Bundesvermögens vom Verkehrsministerium verwaltet. Das Monopol der Deutschen Bundesbahn wurde durch die Verfassung der Bundesrepublik Deutschland, das Grundgesetz, und die Bundesgesetzgebung garantiert und vor Wettbewerb von anderen Verkehrsträgern, die stark reguliert wurden, geschützt. Die Deutsche Bundesbahn unterlag politischen Entscheidungen und war staatlicher Intervention ausgesetzt. Die Mitarbeiter waren Beamte in vergleichsweise privilegierten Positionen.

Die Deutsche Bundesbahn fuhr erstmals 1952 ein Defizit ein. Von da an verschlechterte sich die Situation dramatisch. Das jährliche Defizit stieg auf einen Spitzenwert von 13 Milliarden D-Mark (ungefähr € 6,5 Mrd.) in 1990. Die Deutsche Bundesbahn wurde somit zu einer wesentlichen finanziellen Belastung für den Bundeshaushalt. Die Wettbewerbsfähigkeit im intermodalen Wettbewerb, insbesondere gegenüber dem Straßengüterverkehr, nahm dramatisch ab, wobei der Anteil der Bahn von 37,3 Prozent in 1960 auf 20,6 Prozent in 1990 fiel.

Vergebliche Reformbemühungen: 1960 bis 1993

Der erste – erfolglose – Reformvorschlag, das sogenannte Brand-Gutachten von 1960, konzentrierte sich auf die Stärkung des intermodalen Wettbewerbs. Doch die nächste „Reform", der sogenannte Leber Plan von 1967, versuchte die Deutsche Bundesbahn durch dirigistische Maßnahmen gegen die intermodale Konkurrenz wieder „flott zu machen".

Der erste Versuch, Reformen im Eisenbahnsektor einzuführen, bestand in dem Vorschlag der Deutschen Bundesbahn, sich auf ein aus wirtschaftlicher Sicht optimales Streckennetz von 14.500 Kilometern statt des damals existierenden Streckennetzes von 29.900 Kilometern zu konzentrieren. Der Verkehr auf dem aus wirtschaftlicher Sicht optimalen Streckennetz müsste dann durch Verkehrsdienste auf einem aus gesellschaftlicher Sicht optimalen Streckennetz ergänzt werden. Dieser Reformvorschlag war interessant, da er eine klare Unterscheidung traf zwischen gesellschaftlich wünschenswerten Verkehrsdiensten, für die der Staat (die Bundesregierung und/oder die Länder) aufzukommen hätten und wirtschaftlich rentablen Verkehrsdiensten, durch die die Deutsche Bundesbahn zu einem Wirtschaftsunternehmen hätte werden können, das besser in der Lage ist, sich im intermodalen Wettbewerb zu behaupten. Doch diese Pläne waren politisch nicht realisierbar wegen Meinungsverschiedenheiten zwischen der Bundesregierung und den Ländern und aufgrund verfassungsmäßiger Hindernisse, die nur durch einen breiten politischen Konsens hätten überwunden werden können.

Nachdem kein Konsens über die Strukturreformen erreicht wurde, konzentrierte sich die „Reform"-strategie in den achtziger Jahren auf interne Zielsetzungen der Deutschen Bundesbahn. Die Effizienz sollte durch Reduzierung der Personalaufwendungen gesteigert, die Produktivität erhöht und die Gesamtkosten gesenkt werden. Diese Reformen waren teilweise erfolgreich und gingen mit einer Übertragung der Verbindlichkeiten von der Deutschen Bundesbahn auf den Bundeshaushalt einher.

Versuche zur Einführung von Reformen in der Vergangenheit erwiesen sich aufgrund mehrerer Faktoren als gescheitert: (1) gegensätzliche Interessengruppen, unter anderem waren die Länder nicht bereit, ihre privilegierte Stellung im Bereich der von der Deutschen Bundesbahn zu erbringenden sozialen Dienstleistungen aufzugeben, (2) die verfassungsrechtliche Bestimmung des Artikels 87 Absatz 1 Grundgesetz, die grundlegende Reformen unmöglich machte, wenn nicht eine sogenannte „große Koalition" der politischen Parteien in beiden Kammern des deutschen Parlaments sich auf Reformen durch Änderung des Grundgesetzes einigte, (3) Widerstand der Mitarbeiter, die – als Beamte – sich in relativ komfortabler Position befanden, (4) fehlender intramodaler Wettbewerbsdruck infolge des staatlich garantierten Monopols im Eisenbahnsektor.

Nach der Wiedervereinigung Deutschlands in 1990 verschlimmerten sich die gemeinsamen Probleme der Deutschen Bundesbahn und der Deutschen Reichsbahn, des staatlichen Monopolbetriebs der Deutschen Demokratischen Republik, gewaltig. Somit bestand in den frühen Neunzigern keine Alternative zu den grundlegenden Reformen im deutschen Eisenbahnsektor.

Reform des Schienenverkehrsmarktes: 1993/1994

In 1989 empfahl die Monopolkommission die Umstrukturierung, Liberalisierung und Deregulierung des deutschen Eisenbahnsektors. Ein Bericht der Deregulierungskommission aus dem Jahre 1990 gelangte zu sehr ähnlichen Vorschlägen. Der Bericht empfahl, die bestehende Regulierung zu beschränken. Solange das staatlich geführte Eisenbahnmonopol keinem unternehmerischen Risiko ausgesetzt war, seine Defizite an den Bundeshaushalt übertragen konnte, als Teil des Verkehrsministeriums mit allen Einschränkungen (z. B. Verbeamtung der Mitarbeiter, keine kommerzielle Rechnungsführung) organisiert war und schließlich die verschiedenen sozialpolitischen Zielsetzungen ohne entsprechenden Ausgleich erfüllen musste, konnten die Probleme nicht gelöst werden.

Im Dezember 1991 veröffentlichte die Regierungskommission Bundesbahn ihren Bericht, der eine ausgewachsene Strukturreform des deutschen Eisenbahnsystems befürwortete. Die neue Holdinggesellschaft – namens Deutsche Eisenbahn AG – sollte zu Beginn Eigentum des Bundes sein und später privatisiert werden, doch die Privatisierung sollte sich auf die Bereiche Güterverkehr und Personenverkehr beschränken. Die Regierungskommission Bundesbahn schlug ferner vor, die Verbindlichkeiten der Deutschen Bundesbahn und der Deutschen Reichsbahn an eine externe Einrichtung zu übertragen. Um die Personallast von 390.000 Mitarbeitern – viele von ihnen in privilegierter Beamtenstellung – zu reduzieren, schlug die Regierungskommission vor, dass eine externe Einrichtung sich des Personals annimmt. Die Deutsche Eisenbahn AG könnte dann die Arbeitsverträge mit den Mitarbeitern einzeln aushandeln, da ihre früheren Verträge nun von der externen Einrichtung geführt würden. Das von der Einrichtung an die Deutsche Eisenbahn AG überlassene Personal sollte in Form von Marktlöhnen unter Marktbedingungen anstelle von Beamtengehältern und Privilegien vergütet werden.

Das Problem der unrentablen Strecken wurde im Bericht der Regierungskommission dadurch gehandhabt, dass die Länder in die Lage versetzt wurden, Verkehrsdienste von der Deutschen Eisenbahn AG zu bestellen für den Fall, dass die Verkehrsdienste die Kosten nicht decken würden. Zahlungen zur Begleichung unrentabler Verkehrsdienste wären aus dem Bundeshaushalt erfolgt. Die jeweiligen Übertragungen vom Bundeshaushalt auf Länderhaushalte hätten ausgehandelt und im Voraus für längere Zeiträume festgelegt werden müssen. Somit lag die Entscheidung, welche unrentablen Strecken betrieben werden sollten, in den Händen der Länder (Regionalisierung). Für die Deutsche Eisenbahn AG bedeutete dies, dass nicht-einträgliche Strecken nicht mehr aus den Einnahmen rentabler Strecken quersubventioniert werden mussten. Zur Schaffung eines intramodalen Wettbewerbs schlug die Regierungskommission einen diskriminierungsfreien offenen Zugang für Dritte zum Netz der Deutschen Eisenbahn AG vor.

Diese radikalen Reformvorschläge der drei Kommissionen und insbesondere der Regierungskommission Bundesbahn befassten sich mit bundesweiten Lösungen für ein in Deutschland bestehendes nationales Problem. Doch man muss sich der starken gegenseitigen Abhängigkeit zwischen Reformvorschlägen auf einzelstaatlicher Ebene und Reformen auf europäischer Ebene bewusst sein. Das Reformprogramm der Europäischen Gemeinschaft (später der Europäischen Union) für den Eisenbahnsektor der Mitgliedsstaaten begann mit der Richtlinie des Rates 91/440/EWG vom 29. Juli 1991 zur Entwicklung der Eisenbahnunternehmen der Gemeinschaft.

Die Richtlinie des Rates 91/440/EWG war der erste größere Schritt in Richtung einer Aufspaltung staatlicher Monopole im Eisenbahnsektor, nämlich die Schaffung der Unabhängigkeit der Betriebsebene der Eisenbahnunternehmen (frühere staatliche Monopole) von staatlicher Einflussnahme, die Trennung der Rechnungsführung der Eisenbahninfrastruktur von denen der Transportmärkte, die finanzielle Sanierung der staatlichen Eisenbahnunternehmen und die Schaffung von Zugangsrechten für grenzüberschreitende Verkehrsdienste. Die Richtlinie verlangt – unter anderem – von den Mitgliedsstaaten, die Leitung der Eisenbahnunternehmen „an den Grundsätzen der Wettbewerbsfähigkeit und der Geschäftsführung auf gesunder finanzieller Basis" auszurichten. Somit müssen Mitgliedsstaaten Schritte zur Verringerung der Verschuldung der Eisenbahnunternehmen treffen. Eisenbahnunternehmen müssen unabhängig geführt werden mit eigenständigem Budget und Systemen der Rechnungsführung (Trennung von Budgetplanung und Rechnungsführung). Unter bestimmten Voraussetzungen müssen Mitgliedsstaaten Zugangsrechte für Schienenverkehrsbetreiber aus anderen Mitgliedsstaaten zum grenzüberschreitenden kombinierten Güterverkehr gewähren. Somit sind die Märkte der Gemeinschaft in bestimmten Bereichen zu öffnen. Die Richtlinie 91/440 stellte einen Markt für grenzüberschreitende Güter- und Personenverkehrsdienste in der Europäischen Gemeinschaft in Aussicht.

Die deutschen Reformvorschläge von 1989, 1990 und 1991 stehen in Einklang mit den Reformen auf europäischer Ebene. Doch sie gehen über die ziemlich vorsichtigen Reformschritte der Richtlinie 91/440/EWG hinaus.

Das Jahr 1993 bildete den Wendepunkt für Reformen im Eisenbahnsektor in Deutschland. Das Gesetz zur Zusammenführung und Neugliederung der Bundeseisenbahnen (BEZNG) gemeinsam mit dem Allgemeinen Eisenbahngesetz (AEG), beide vom 27. Dezember 1993, sahen die Umstrukturierung der Deutschen Bundesbahn und der Deutschen Reichsbahn vor und legten die allgemeinen Vorschriften für den offenen Zugang zum Eisenbahnmarkt, die Überwachung von Betriebsgenehmigungen, Tarifierung und damit in Verbindung stehende Themen fest.

Das Gesetz zur Zusammenführung und Neugliederung der Bundeseisenbahnen (BEZNG) und das Allgemeine Eisenbahngesetz (AEG) waren die ersten großen Gesetze zur Umsetzung der Richtlinie des Rates 91/440/EWG in deutsches Recht. Wie bereits oben erwähnt, gingen diese beiden Gesetze weiter in Richtung Liberalisierung als die von der Richtlinie des Rates geforderten Reformen.

Die Umstrukturierung des deutschen Eisenbahnsektors umfasste die Zusammenführung der Deutschen Bundesbahn (DB) und der Deutschen Reichsbahn (DR) in das Bundeseisenbahnvermögen (BEV), ein bundeseigenes Sondervermögen ohne eigene Rechtspersönlichkeit, das von der Bundesregierung verwaltet wurde.

Die Deutsche Bahn AG – organisiert als private Aktiengesellschaft – wurde per Gesetz (Gesetz über die Gründung einer Deutschen Bahn Aktiengesellschaft vom 27. Dezember 1993) mit Wirkung vom 1. Januar 1994 aus dem Bundeseisenbahnvermögen ausgegliedert mit getrennten Tochtergesellschaften für den Personenfernverkehr, den Personennahverkehr, den Güterverkehr, die Personenbahnhöfe und den gesamten Fahrweg.

Das Grundgesetz musste geändert werden, um die verfassungsrechtliche Grundlage für diese Reformen zu schaffen. Gemäß Artikel 87e Absatz 3 Grundgesetz werden Eisenbahnunternehmen des Bundes als Wirtschaftsunternehmen in privat-rechtlicher Form geführt und stehen zunächst im Eigentum des Bundes. Die neue verfassungsrechtliche Bestimmung eröffnete die Möglichkeit einer Zeichnung von Anteilen der Deutschen Bahn AG zu einem späteren Zeitpunkt, wobei die Privatisierung jedoch dahingehend eingeschränkt wurde, dass die Mehrheit der Anteile an den Eisenbahnunternehmen, die als Infrastrukturbetreiber (im Sinne der Richtlinie des Rates 91/440/EWG, geändert durch Richtlinie 2001/12 in 2001) auftreten, beim Bund verbleibt.

Ein diskriminierungsfreier offener Zugang zur Netzinfrastruktur wurde für alle deutschen Eisenbahnunternehmen ohne Einschränkung und die Eisenbahnunternehmen der Mitgliedsstaaten der Europäischen Union gemäß Richtlinie 91/440/EWG geschaffen, während Quersubventionierungen zwischen der Infrastruktur und dem Zugbetrieb verboten wurden. Die Regulierungsbefugnisse wurden dem Eisenbahnbundesamt (EBA) übertragen, einer neu gegründeten und für diesen Sektor eigens zuständigen Regulierungsbehörde.

Das BEV musste die enormen Schulden in Höhe von 67 Milliarden D-Mark (ungefähr € 34 Mrd.), die von der Deutschen Bundesbahn und der Deutschen Reichsbahn angesammelt wurden, die Mitarbeiter der Deutschen Bundesbahn und der Deutschen Reichsbahn und das Vermögen der Staatsbahnen übernehmen, das nicht direkt für den Eisenbahnbetrieb erforderlich war. Somit entlastete die Reform die neu gegründete Deutsche Bahn AG von den langfristigen Schulden in Höhe von DM 67 Milliarden, während die aufgelaufene Nettobelastung des BEV-Mitarbeiterbestands auf ca. DM 58 Milliarden (€ 29 Mrd.) geschätzt wurde. Außerdem wurde das Vermögen der Deutschen Bahn AG auf 2 Milliarden D-Mark (€ 1 Mrd.) abgeschrieben, wodurch sich die Abschreibungskosten dramatisch reduzierten.

Eine wichtige Änderung der Reformen von 1993/94 bestand in der „Regionalisierung" des schienengebundenen Personennahverkehrs gemäß dem Regionalisierungsgesetz, das eine Verlagerung der organisatorischen und finanziellen Verantwortung vom Bund auf die Länder bewirkte. Die jeweiligen Zuständigkeiten des Bundes endeten am 1. Januar 1996. Der Personennahverkehr – der als eine

Aufgabe der öffentlichen Daseinsvorsorge definiert wurde (Garantie ausreichender Dienstleistungen im Personennahverkehrssektor), muss als eine kommerzielle Tätigkeit in offenen Wettbewerbsmärkten erbracht werden. Die Länder erhalten einen Teil der Benzinsteuereinnahmen des Bundes und verteilen sie auf die Eisenbahnunternehmen, die Personennahverkehrsdienste erbringen. Der Gesetzgeber hat anerkannt, dass der öffentliche Personennahverkehr strukturell von staatlichen Zuschüssen abhängig ist. Die Länder schließen Verträge zur Erbringung von Verkehrsleistungen entweder mit der DB Regio, einer Tochtergesellschaft der Deutschen Bahn AG, oder mit anderen Eisenbahnunternehmen, die über eine gültige Betriebsgenehmigung verfügen. Für die Schließung öffentlicher Dienstleistungsverträge steht es den Ländern frei, eine Ausschreibung durchzuführen oder nicht. Nach dem deutschen Recht können diese Verträge auch ohne Anwendung der Vorschriften des öffentlichen Beschaffungswesens geschlossen werden, was von der Europäischen Kommission als nicht mit dem Recht der Europäischen Gemeinschaft vereinbar angefochten wurde. Ein Rechtsstreit, der immer noch nicht beigelegt ist. Zwischenzeitlich wurde die betreffende Bestimmung der Vergabeordnung geändert, um den Markt für den Wettbewerb zu öffnen, für den Fall, dass langfristige Dienstleistungsverträge ohne Ausschreibung vergeben werden.

Die Reform des Schienenverkehrsmarktes: zweite Phase (1999)

Am 1. Juni 1999 wurde die zweite Phase der Reform des deutschen Schienenverkehrsmarktes in Kraft gesetzt, darin eingeschlossen die Ausgliederung von fünf Geschäftsbereichen der Deutschen Bahn AG, die nun rechtlich selbstständige Aktiengesellschaften sind. Die Deutsche Bahn AG ist nun eine Holdinggesellschaft, während die DB Reise & Touristik (später umbenannt in „DB Fernverkehr") für den Personenfernverkehr zuständig ist, die DB Regio für den Personennahverkehr, die DB Cargo (später umbenannt in „Railion Deutschland") den Güterverkehr durchführt, die DB Station & Service die Personenbahnhöfe betreibt und die DB Netz für das Streckennetz der Deutschen Bahn AG zuständig ist. Diese organisatorische Änderung hat zu einer strengen rechtlichen Trennung zwischen dem Streckennetz und dem Verkehrsbetrieb geführt. Quersubventionierungen zwischen Streckennetz und Verkehrsbetrieb sind somit nicht nur rechtlich ausgeschlossen, sondern werden durch andere Instrumente, wie die Trennung der Rechnungsführung, vermieden.

Weitere Reformschritte

Das zweite Gesetz zur Änderung eisenbahnrechtlicher Vorschriften vom 21. Juni 2002 hat die Befugnisse der Regulierungsbehörden gestärkt. Das EBA ist nun zuständig für den diskriminierungsfreien Zugang Dritter zum Streckennetz der DB Netz AG. Dies betrifft nicht nur Einzelfälle der Diskriminierung, sondern umfasst die Befugnisse des EBA zur Kontrolle des Preissystems für den Trassenzugang, um Diskriminierungen bei der Preisbildung zu vermeiden. Zugang ist im Rahmen von zuvor veröffentlichten allgemeinen Bedingungen zu gewähren. Die DB Netz hat diese allgemeinen Bedingungen in den *Allgemeinen Bedingungen für die Nutzung der Eisenbahninfrastruktur der DB Netz AG* (ABN) festgelegt. Da das Wettbewerbsrecht auf Fälle der Festlegung von Trassenpreisen Anwendung findet, muss das EBA mit dem Bundeskartellamt kooperieren.

5.3 Rechtliche Auswirkungen der Reformen

Die verschiedenen Reformen im deutschen Eisenbahnsektor haben einen – verglichen mit der Zeit vor 1994 – grundlegend anderen institutionellen Rahmen für Schienenverkehrsmärkte in Deutschland geschaffen. Die rechtlichen Auswirkungen der Reformen – verglichen mit den wirtschaftlichen Folgen – sind erkennbar in der neuen Bestimmung des Grundgesetzes (Art. 87 e GG), gemäß der die Deutsche Bahn AG als ein Wirtschaftsunternehmen zu führen ist, wodurch eine Trennung der kommerziellen Aktivitäten von den sozialen Dienstleistungen erfolgt. Die Deutsche Bahn AG wird somit in eine Position versetzt, von der aus sie auf den Wettbewerbsdruck von anderen Verkehrsträgern (Straße, Binnenschiff, Flugzeug, Pipelines) reagieren kann. Dies bedeutet nicht automatisch, dass ein offener und lauterer intermodaler Wettbewerb herrscht, weil der institutionelle Rahmen für andere Verkehrsträger sich ziemlich von dem des Eisenbahnsektors unterscheidet. Dies gilt insbesondere im Hinblick auf Steuerbelastungen und Nutzungsentgelte für die Infrastruktur. Auf der anderen Seite wird der intermodale Wettbewerb in den Verkehrsmärkten nun durch starke rechtliche Institutionen ergänzt, die den intramodalen Wettbewerb auf dem Streckennetz der Deutschen Bahn AG ermöglichen und schützen. Der Zugang Dritter zum Streckennetz der Deutschen Bahn AG bedeutet, dass die Deutsche Bahn AG sich nun der Konkurrenz anderer Eisenbahnunternehmen im Güter- und Personenverkehrssektor ausgesetzt sieht. Im letzteren Fall gibt es Unterschiede in den gesetzlichen Wettbewerbsbedingungen für den Fernverkehr und den Nahverkehr. Während im Fernverkehr in Deutschland ein offenes Zugangssystem eingeführt wurde, das über die Anforderungen des europäischen Eisenbahn-Regulierungssystems hinausgeht, haben im Fall des Schienenpersonennahverkehrs die Länder das Sagen. Wie bereits oben erwähnt, können sie mit der Deutschen Bahn AG oder mit anderen Eisenbahnunternehmen Verträge schließen. Während in einigen Ländern ein öffentliches Ausschreibungssystem eingeführt wurde, ist dies nicht in allen Ländern der Fall.

Die rechtlichen Gesamtauswirkungen auf die Schienenverkehrsmärkte in Deutschland lassen sich wie folgt zusammenfassen: Sie führten zur Einführung eines Rechtsgrundsatzes, der den Wettbewerb in den Schienengüter- und Schienenpersonenverkehrsmärkten zwischen der Deutschen Bahn AG – dem etablierten Betreiber – und anderen Eisenbahnunternehmen ermöglichte und schützte, wobei der etablierte Betreiber von den gemeinwirtschaftlichen Verpflichtungen befreit wurde und der Weg in Richtung des logischen letzten Schrittes der materiellen Privatisierung geebnet wurde.

5.4 Wettbewerb auf den deutschen Schienenverkehrsmärkten

Was die Bewertung des Wettbewerbs auf den deutschen Schienenverkehrsmärkten angeht, so ist es erforderlich, zwischen intermodalem und intramodalem Wettbewerb zu unterscheiden und zwischen einem statischen Ansatz, der sich auf die Zahl der Wettbewerber und Marktanteile konzentriert, und einem dynamischen Ansatz, der sich primär mit den Markteintrittsschranken befasst.

Beim *intermodalen Wettbewerb* hat sich die Wettbewerbsfähigkeit des Schienenverkehrssektors in Deutschland gegenüber anderen Verkehrsträgern verbessert. Während im *Güterverkehr* der Modal Split-Anteil des Schienenverkehrs von 17,5 Prozent in 1993 auf 15,9 Prozent in 2003 gefallen ist, kam es in jüngster Zeit zu einer Umkehr dieses allgemeinen Trends. Tatsächlich stieg in 2003 der Anteil des Verkehrsträgers Schiene von 15,3 auf 15,9 Prozent. Dieser neue Elan im Schienengüterverkehr ist nicht nur auf die erfolgreiche Umstrukturierung des Güterverkehrsbereichs der Deutschen Bahn AG zurückzuführen, sondern auf den stetig wachsenden Anteil konkurrierender Eisenbahnverkehrsunternehmen in diesem Marktsegment. Somit waren Zuwächse in der intermodalen Verkehrsteilung in wesentlichem Maße auf schnell wachsende Marktanteile der Wettbewerber der DB AG zurückzuführen, die zu geringeren Gewinnspannen in diesem Marktsegment führten.

Die *Verkehrsteilung (Modal Split) in den Personenverkehrsmärkten* hat sich zugunsten des Schienenverkehrs von 7 Prozent in 1993 auf 8,4 Prozent in 2003 verbessert. Diese Tatsache war vor allem auf die verbesserten Standards beim Komfort und der Pünktlichkeit in den Personenverkehrsmärkten zurückzuführen sowie auf den Druck, der von der Konkurrenz auf die Deutsche Bahn AG ausgeübt wurde, was sich auf die Preise ebenso wie auf die Qualität des Schienenverkehrs für die Fahrgäste ausgewirkt hat.

Im Schienenpersonenverkehrsmarkt hat der Anteil der Konkurrenten der Deutschen Bahn AG nun ungefähr 5 Prozent erreicht (in Abhängigkeit von dem Messkriterium) und 6,9 Prozent in den Güterverkehrsmärkten.

Insgesamt 286 Eisenbahnunternehmen sind derzeit Nutzer des Streckennetzes der Deutschen Bahn AG (mit einer jährlichen Performance-Wachstumsrate von 40 Prozent). Während die meisten Eisenbahnunternehmen im Güterverkehrssektor aktiv sind, ist eine wachsende Zahl derzeit auch im Fernverkehr und im Personennahverkehr tätig, wobei es sich bei vielen der Eisenbahnunternehmen im Personenverkehrssektor um Tochtergesellschaften von internationalen Transportunternehmen handelt.

Die Anzahl der Wettbewerber in einem Markt und ihr Marktanteil geben kein reales Bild der Wettbewerbssituation in Schienenverkehrsmärkten als solchen. Markteintrittsschranken – und ihre Entwicklung im Verlauf der Zeit – sind entscheidende Faktoren für die Bewertung des Wettbewerbs in einem Markt. Die relevanten Faktoren bezüglich der Eintrittsschranken zu den Schienenverkehrsmärkten in Deutschland wurden, wie bereits oben erwähnt, in dem Liberalisierungsindex Bahn 2004 untersucht. Was die *gesetzlichen Eintrittsschranken* angeht, so ist ein System des offenen Zugangs durch die Reformen des Schienenverkehrsmarktes eingeführt worden.

Der offene Zugang zu den Güter- und Personenfernverkehrsmärkten basiert auf den Bestimmungen des AEG, das einen offenen Zugang in diesen Märkten für alle Eisenbahnunternehmen ermöglicht, die über eine Inlands-Betriebsgenehmigung verfügen, die vom EBA auf diskriminierungsfreier Basis an alle Antragsteller gewährt wird, die die gesetzlichen Voraussetzungen erfüllen. Der offene Zugang zu den Personennahverkehrsmärkten ist praktisch abhängig von dem Zugang zu Verträgen, die mit den Ländern geschlossen werden, die – nach der Regionalisierung des Personennahverkehrs – Aufträge über Verkehrsleistungen vergeben, die durch Mittel subventioniert werden, die vom Bund an die Länder auf der Grundlage des Regionalisierungsprogramms verteilt werden, entweder durch freihändige Auftragsvergabeverfahren oder, was immer mehr der Fall ist, nach europaweiten Ausschreibungen. Im letzten Fall finden die Vorschriften des öffentlichen Beschaffungswesens Anwendung.

Was die praktischen Marktzugangsbedingungen angeht, so bilden das tatsächliche Diskriminierungspotenzial im Bereich der administrativen Hindernisse und Informationsbarrieren, das Trassenvergabesystem – einschließlich des Preissystems für den Netzzugang –, die Zulassung von Fahrzeugen und die Zugangsbedingungen zu infrastrukturnahen Dienstleistungen wichtige Faktoren. Nach Untersuchungen, die für den Liberalisierungsindex Bahn 2002 und 2004 durchgeführt wurden, sind die tatsächlichen Markteintrittsschranken auf deutschen Schienenverkehrsmärkten niedrig im Vergleich zu den Schienenverkehrsmärkten in den meisten Mitgliedsstaaten der Europäischen Union (mit Ausnahme des Vereinigten Königreichs und Schwedens).

Das Gesamtbild der Wettbewerbssituation auf den deutschen Schienenverkehrsmärkten ist abhängig vom theoretischen Ansatz. Trotz der Tatsache, dass Deutschland bei weitem die höchste Zahl an Wettbewerbern in Europa hat, würden Befürworter eines statischen Ansatzes die bescheidenen Marktanteile der Konkurrenz der Deutschen Bahn AG betonen und könnten somit zu der Schlussfolgerung gelangen, dass der Wettbewerb unterentwickelt ist. Der dynamische Ansatz wird eher die Eintrittsschranken der Schienenverkehrsmärkte und ihre Weiterentwicklung untersuchen und somit die sich verbessernde Öffnung der deutschen Schienenverkehrsmärkte und die beeindruckenden Wachstumsraten der neuen Konkurrenten in verschiedenen Schienenverkehrsmärkten betonen.

5.5 „Schnittstelle" zwischen Infrastruktur und Verkehr

Die „Schnittstelle" zwischen Infrastruktur und Verkehr bildet einen unerlässlichen institutionellen Faktor sowohl für die Effizienz des Eisenbahnbetriebs als auch den diskriminierungsfreien Marktzugang für Dritte. Die Diskussion über die Integrations- und Trennungskonzepte geht zurück auf die ersten Reformen der Schienenverkehrsmärkte in Europa in den 90er Jahren. Das Trennungskonzept war sehr attraktiv, wenn die Marktintegration geschlossener einzelstaatlicher Schienenverkehrsmärkte das Hauptziel europäischer Reformen war. Doch die Richtlinien, in denen die Marktzugangskonzepte definiert wurden, enthielten keine Vorgaben bezüglich einer Lösung für eine institutionelle Trennung (Common Carrier-Konzept), sondern ließen einen gewissen Ermessensspielraum zur Entwicklung einzelstaatlicher Lösungen. Somit kam es zur Entwicklung verschiedener Integrations-/Trennungsmodelle.

Das deutsche „Schnittstellen"-modell lässt sich als Trennungs-/Integrationsmodell bezeichnen, bei dem die Vorteile eines diskriminierungsfreien Zugangs Dritter mit der Integration von Streckennetz und Verkehrsbetrieb verbunden sind. Unter dem Dach der Deutschen Bahn AG als Holdinggesellschaft ist die DB Netz AG – als Eigentümer und Betreiber des Streckennetzes – von den Verkehrsunternehmen getrennt. Die rechtliche Trennung und getrennte Rechnungsführung in Kombination mit dem Verbot der Quersubventionierung fungieren als Schutz gegen die Diskriminierung Dritter. Die Position Dritter wird außerdem geschützt durch die Überwachung eines diskriminierungsfreien Zugangs durch eine unabhängige Regulierungsbehörde. Auf der anderen Seite gibt es keine vollständige Trennung von Streckennetz und Verkehrsbetrieb, so dass sich die Friktions- und Koordinationskosten minimieren lassen.

Das deutsche Trennungs-/Integrationsmodell steht in Einklang mit den europäischen Anforderungen und funktioniert ohne große Schwierigkeiten gemessen an den tatsächlichen Beschwerden von Eisenbahnunternehmen, die Zugang zum Streckennetz der DB Netz AG erhalten wollen. Dennoch wird dieses spezielle deutsche Schnittstellenmodell von einigen Politikern und Gelehrten in Deutschland und anderswo kritisiert aufgrund eines angeblichen Diskriminierungspotenzials, das auf die bloße Existenz einer Holdinggesellschaft als Dach für Streckennetz und Verkehrsbetrieb zurückgeht.

Bei dieser Kritik wird die erforderliche Kosten-/Nutzen-Analyse der unterschiedlichen institutionellen Trennungs- und Integrationsmodelle nicht vollständig berücksichtigt. Derartige Analysen wägen die Kosten der Realisierung eines diskriminierungsfreien Zugangs Dritter gegen den Integrationsnutzen infolge reduzierter Friktions- und Koordinationskosten ab, einschließlich der Anreize für Innovationen im Bereich von Rad und Schiene. Das deutsche Verkehrsministerium hat eine Ausschreibung für eine solche Analyse durchgeführt. Bevor nicht die Ergebnisse einer derart eingehenden Studie zur Verfügung stehen, wäre es verfrüht, das deutsche Trennungs-/Integrationsmodell abschließend zu beurteilen.

5.6 Staatliche Maßnahmen zur Begleitung der Reformen

Staatliche Maßnahmen zur Begleitung der Reformen des Schienenverkehrsmarktes sind notwendige Schritte zur Wiederbelebung des Schienenverkehrssektors in Europa. Diese waren Bestandteil des europäischen Reformprogramms. In Deutschland war das Problem noch dramatischer wegen der notwendigen Verbesserung der Infrastruktur der Deutschen Reichsbahn mit Hilfe von hohen Investitionen in das Streckennetz und das Rollmaterial. Der dritte Faktor in Deutschland war und ist das Regionalisierungsprogramm, das die Verantwortung für die Organisation des Personennahverkehrs den Ländern überträgt, das jedoch durch finanzielle Beihilfen aus dem Bundeshaushalt (ungefähr € 6,7 Milliarden jährlich) unterstützt werden muss.

Im Jahr 1994 wurde die Position der neu gegründeten Deutschen Bahn AG gestärkt durch den Schuldenerlass und eine Bilanzanpassung, die einen frischen Start für das Unternehmen erlaubten. Zwischenzeitlich haben sich die Ausgaben des Bundes für die deutschen Schienenverkehrssektoren wesentlich positiver entwickelt als erwartet. Während die Ausgaben des Bundes für den Zeitraum 1994 bis 2002 auf einen Betrag von € 255 Milliarden ohne die Reformen im Schienenverkehrsmarkt geschätzt wurden, beliefen sie sich tatsächlich auf €165 Milliarden. Damit zu vergleichen ist ein geschätzter Betrag von € 198 Milliarden mit den Reformen im Schienenverkehrsmarkt.

Die staatlichen Maßnahmen zur Begleitung der Reformen im Schienenverkehrsmarkt in Deutschland haben somit zu enormen Ausgaben des Bundes zur

Unterstützung der Wiederbelebung des deutschen Eisenbahnsektors geführt. Doch die Belastung des Bundeshaushalts wäre ohne Reformen wesentlich höher gewesen.

5.7 Bewertung der Reform im deutschen Schienenverkehr

Um die Reformen im deutschen Schienenverkehrsmarkt zu bewerten, ist es notwendig, an die verschiedenen Ziele dieser Reformen zu erinnern: Wiederbelebung des deutschen Schienenverkehrssektors, Reduzierung der Belastung des Bundeshaushalts und Öffnung des Marktes als Voraussetzung für eine Marktintegration im Schienenverkehrssektor in Europa.

Die Wiederbelebung des deutschen Schienenverkehrssektors lässt sich anhand der Entwicklung des Modal Split, der Effizienzsteigerungen und der verbesserten Qualität der Schienenverkehrsdienste bewerten. Im Personenverkehrsmarkt hat sich der Modal Split zugunsten des Schienenverkehrssektors wesentlich verbessert, während im Güterverkehrssektor die negative Entwicklung gestoppt werden konnte. Die Belastung des Bundeshaushalts ist auf sehr effektive Weise verringert worden, insbesondere im Vergleich zu einer Entwicklung ohne Reformen. Die Effizienz des deutschen Schienenverkehrssektors hat sich im Vergleich zu anderen europäischen Schienenverkehrsmärkten wesentlich verbessert. Ein sichtbarer Erfolg besteht in der Reduzierung der Anzahl von Mitarbeitern seit Beginn der Reformen von ca. 390.000 auf derzeit ungefähr 225.000. Was die Verbesserung der Qualität des Verkehrs angeht, so ist es der kombinierte Effekt der Marktstrukturreformen und der Begleitmaßnahmen, die zu einer Situation geführt haben, in der der Schienenverkehr heute eine attraktive Alternative zu anderen Verkehrsträgern bildet.

Der Haupterfolg der Reformen des deutschen Schienenverkehrsmarkts – wie im Liberalisierungsindex Bahn 2002 und 2004 dokumentiert – bestand in der Liberalisierung der Schienenverkehrsmärkte, die die deutschen Schienenverkehrsmärkte für den Wettbewerb von inländischen und internationalen Eisenbahnunternehmen öffnete. Es kann davon ausgegangen werden, dass die Effizienz- und Qualitätssteigerungen nicht ohne den steigenden Wettbewerbsdruck auf alle Marktteilnehmer erreicht worden wären. Es ist dieser Wettbewerbsdruck der intramodalen Konkurrenz, durch den die deutschen Schienenverkehrsmärkte eine bessere Performance auch im intermodalen Wettbewerb erzielt haben.

5.8 Ausblick

Im April 2005 hat Deutschland das Europäische Infrastrukturpaket in deutsches Recht umgesetzt. Das neue *Allgemeine Eisenbahngesetz (AEG)* trat am 1. Mai

2005 in Kraft. Die Zugangsregulierung wird vom Eisenbahnbundesamt (EBA) an die Regulierungsbehörde für Post und Telekommunikation, RegTP, übergeben, die auch die Regulierung des Energiesektors übernehmen wird. Die für Zugangsregulierung zuständigen Abteilungen des EBA werden an das RegTP übergehen. Dabei wird es sich um mehr als eine organisatorische Reform handeln. Es ist mit einer verstärkten Regulierung mit mehr Transparenz, strikteren Vorschriften und mehr Bürokratie zu rechnen.

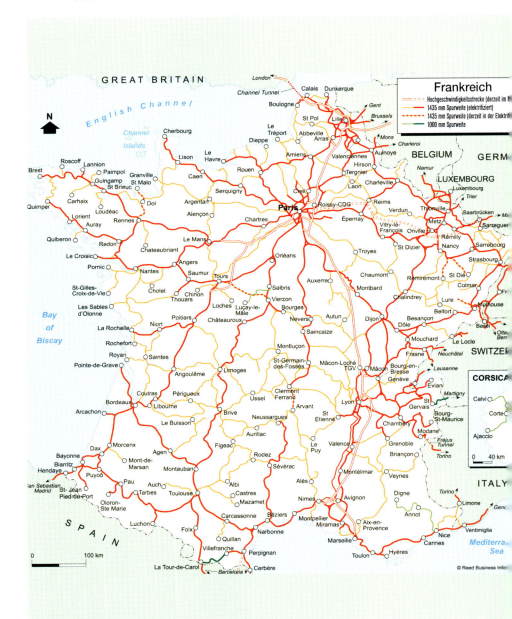

6. Frankreich

Claude Gressier
Conseil Général des Ponts et Chaussées

Fläche des Landes (km²) 543 965

	2003		2003
Bevölkerung[a] (Mio.)	59,6	Fracht t/km	46,8
Bruttoinlandsprodukt (BIP) (Mrd. Euro)	1557,3	Personen-km (Mrd.)	72,2
Länge des Streckennetzes (1000 km)	29,3	Modaler Anteil – Güterverkehr[b] (%)	18,1
		Modaler Anteil – Personenverkehr[c] (%)	8,5

[a] Am 01. Januar
[b] Basiert auf Eurostat 2003 Straße, Schiene und Binnenwasserstraßen
[c] Basiert auf Eurostat 2002, Schiene, öffentlicher Verkehr auf der Straße, private PKW

6.1 Einleitung

Vor den jüngsten Bahnreformen waren die französischen Bahnen, SNCF (Société Nationale des Chemins de fer Français), in Übereinstimmung mit den Grundsätzen des public service für den Betrieb und den Ausbau des nationalen Schienennetzes verantwortlich. Die SNCF war durch Delegierung des Staates sowohl Betreiber der Infrastruktur als auch „organisierende Behörde" des Schienenverkehrs.

Eine derartige Monopolsituation führt nicht zwangsläufig zu schlechtem Service oder Management. Die SNCF hat nach dem Krieg die Elektrifizierung eines Großteils des Streckennetzes durchgeführt, durch die der Netzbetrieb effizienter und weniger kostenintensiv wurde. Sie schuf einen neuartigen Hochgeschwindigkeitszug, der den Personenfernverkehr revolutionierte. Sie erzielte regelmäßig eine einigermaßen zufriedenstellende Produktivität und bewies, dass sie zu bestimmten Zeiten beträchtliche Produktivitätssteigerungen erzielen konnte. Betrachtet man den Monopolzeitraum als Ganzes, so ist die Bilanz alles andere als negativ, obwohl klar ist, dass einige Reformen notwendig waren.

Frankreich war nie sehr daran gelegen, seinen öffentlichen Dienst und seine staatlichen Unternehmen zu reformieren. Damit die französische Regierung sich dazu entschloss, mehrere Bahnreformen zu einzuleiten, musste die Situation ernst sein und sehr viel auf dem Spiel stehen.

Tatsächlich war zu Beginn der 90er Jahre die Situation sowohl des Güter- als auch des Personenverkehrs und die der SNCF ziemlich ernst geworden. Der Güterverkehr hatte seit 1974 nicht nur Marktanteile verloren, auch das Beförderungsvolumen, ausgedrückt in beförderten Tonnenkilometern, war erheblich gesunken.

Tabelle 1: Entwicklung des Güterverkehrs in Frankreich

	1960	1970	1980	1985	1990	1995
Mrd. Tonnen-km auf der Schiene	56,87	66,34	64,76	54,20	49,70	46,60
Anteil des Güterverkehrs	52,6 %	40,5 %	33,8 %	25 %	20,1 %	17,4 %

Quelle: Comptes des transports de la Nation (Nationaler Rechnungsausschuss Inlandsverkehr)

Nachdem im Schienenpersonenverkehr (mit Ausnahme der Ile-de-France, dem Großraum Paris), ausgedrückt in Personenkilometern, zwischen 1970 und 1980 ein Zuwachs von 36 % zu verzeichnen war, stieg dieser zwischen 1980 und 1990 nur um 15 % trotz der Inbetriebnahme der Hochgeschwindigkeitsstrecke zwischen Paris und Lyon, und zwischen 1990 und 2000 nur noch um 12 % trotz der Inbetriebnahme des TGV Atlantique und des TGV Nord. Der Hauptgrund bestand darin, dass die auf den Hauptstrecken verkehrenden Personenzüge, mit Ausnahme des Hochgeschwindigkeitsnetzes, bei Reisen mittlerer Distanz viele Kunden an den PKW und bei längeren Strecken viele Kunden an das Flugzeug verloren hatten.

Tabelle 2: Entwicklung des Schienenpersonenverkehrs in Frankreich (ausschließlich der Ile-de-France)

	1960	1970	1980	1985	1990	1995
Mrd. Personen-km auf der Schiene	26	34,60	46	53,60	53,80	47,10
Marktanteil	60 %	33 %	27 %	27 %	22,5 %	17,8 %

Quelle: Comptes des transports de la Nation (Nationaler Rechnungsausschuss Inlandsverkehr)

Was die finanzielle Lage betrifft, verfügte die SNCF nach einigen Jahren sehr hoher Produktivität in 1989 über einen ausgeglichenen Haushalt, doch das Defizit

Tabelle 3: Geschäftsbericht der SNCF 1989-1996

	1989	1990	1993	1994	1996
Aktuelles Ergebnis (in Mio. Euro)	- 38	- 186	- 1 370	- 1 456	- 2 470
Nettogewinn[1]/Verlust (in Mio. Euro)	+ 21	+ 3	- 1 175	- 1 248	- 2 313
Nettoverschuldung zum Jahresende (in Mrd. Euro)	16,2	1,9	2,9	26	3,7

Quelle: SNCF

[1] Nettogewinn unterscheidet sich vom aktuellen Ergebnis durch Berücksichtigung „außergewöhnlicher Posten" und Gewinne aus der steuerlichen Eingruppierung.

stellte sich sehr schnell wieder ein, und die Verschuldung, die aus Investitionsausgaben bei der Infrastruktur resultierte, stieg erheblich an auf einen Betrag von € 26 Milliarden.

Es gibt verschiedene Ursachen für diese Verschlechterung. Es wurde oft argumentiert, dass diese dadurch entstand, dass die neuen Hochgeschwindigkeitsstrecken vollständig von der SNCF finanziert wurden (mit Ausnahme der TGV-Strecke Atlantique, die zu 30 Prozent vom Staat subventioniert wurde). Es ist richtig, dass diese Eigenfinanzierung die Fremdkapitalaufnahme (d.h. Schuldenfinanzierung) des Unternehmens erheblich verstärkte. Doch der TGV Paris-Lyon und der TGV Atlantique waren beide ein unmittelbarer wirtschaftlicher Erfolg: Die finanzielle Rentabilität scheint für die SNCF auf der TGV-Strecke Paris-Lyon sehr zufriedenstellend gewesen zu sein; beim TGV-Atlantique ein bisschen weniger. Auf der anderen Seite ist wichtig zu betonen, dass der Verkehr auf den Hauptstrecken, mit Ausnahme des TGV-Verkehrs, neben dem Güterverkehr erheblich abnahm und die Produktivitätsbemühungen des Unternehmens nicht zur Erwirtschaftung des notwendigen Cash Flow ausreichten, um neben den Investitionsausgaben für den Bau der Hochgeschwindigkeitsstrecken gleichzeitig die Erneuerung und die Neuinvestitionen in das konventionelle Streckennetz zu finanzieren.

Zu Beginn der 90er Jahre schlug die Europäische Kommission erstmals seit dem Vertrag von Rom den Entwurf einer Richtlinie zur Entwicklung der Eisenbahnunternehmen der Gemeinschaft vor. Diese wurde später als Richtlinie 91/440 verabschiedet mit dem erklärten Ziel der Verbesserung der Effizienz der Schienenverkehrs durch: Trennung der Rechnungsführung von Infrastruktur und Betrieb, Gewährleistung einer gesunden Finanzstruktur der Eisenbahnunternehmen durch den Staat und eine beschränkte Öffnung des nationalen Schienennetzes.

Angesichts all dieser Faktoren, nämlich der Richtlinie 91/440 und der sehr bedenklichen Situation des Schienenverkehrs im Allgemeinen und der französischen Bahnen im Besonderen, entschloss sich die französische Regierung zu mehreren Reformen.

6.2 Die institutionellen Reformen

Gründung der Réseau Ferré de France (RFF)

Durch das Gesetz vom 13. Februar 1997 wurde ein Betrieb der öffentlichen Hand namens „Réseau Ferré de France" (RFF) gegründet mit dem Ziel einer Wiederbelebung des Schienenverkehrs. Unternehmenszweck der RFF ist „in Übereinstimmung mit den Grundsätzen des public service und zur Förderung eines nachhaltigen Schienenverkehrs in Frankreich die Entwicklung, den Ausbau, die Kohärenz und die Nutzung der Infrastruktur des nationalen Schienennetzes sicherzustellen".

Die Gestaltung und die wichtigsten Merkmale des Streckennetzes werden vom Staat festgelegt. Die RFF ist ein Unternehmen der öffentlichen Hand, das von der SNCF vollständig unabhängig ist, doch das Gesetz verdeutlicht: „angesichts der wesentlichen Anforderungen an die Sicherheit und Kontinuität der öffentlichen Dienstleistung, ist der Betrieb und die Verkehrssteuerung auf dem nationalen Schienennetz sowie der Betrieb und die Instandhaltung der technischen und Sicherheitseinrichtungen des Netzes von dem Eisenbahnunternehmen, SNCF, im Namen und in Einklang mit den Zielsetzungen und Managementprinzipien der RFF zu gewährleisten. Letztere leistet eine entsprechende Vergütung an die SNCF".

In dem 1998 zwischen der RFF und der SNCF geschlossenen Vertrag zum Verkehrsmanagement auf dem nationalen Schienennetz und der Instandhaltung des Netzes ist festgelegt, dass die SNCF eine jährliche Pauschale für folgende drei Aufgaben erhält:

- Ausarbeitung des organisatorischen Systems für den gesamten Verkehr auf dem Schienennetz, Fahrplanerstellung, auch als „grafischer Fahrplan" bezeichnet,
- Management der Verkehrssteuerungs- und Sicherheitssysteme und des Zugbetriebs und
- die Überwachung, regelmäßige Instandhaltung, Reparatur und sonstige Störungsbeseitigung und Maßnahmen, die für das Funktionieren des Netzes und der Sicherheit erforderlich sind.

Das Eigentum des Fahrweg-Anlagevermögens wurde der RFF übertragen, neben einer Übertragung von Verbindlichkeiten in Höhe von € 20,5 Milliarden, die den Teil der Verbindlichkeiten der SNCF bildeten, die aus Infrastrukturinvestitionen stammten. Die Bahnhofsgebäude entlang des Streckennetzes zählten jedoch weiterhin zum Anlagevermögen der SNCF.

Das Reformgesetz und die dazugehörigen Anwendungserlasse sehen vor, dass die RFF dem Staat einen Vorschlag für die Gebühren zur Nutzung der Infrastruktur unterbreitet und dass die Höhe der Gebühr unter anderem die Infrastrukturkosten, die Verkehrsmarktsituation und die Eigenschaften von Angebot und Nachfrage sowie die Erfordernisse an eine optimale Nutzung des nationalen Schienennetzes und die Harmonisierung der Rahmenbedingungen des intermodalen Wettbewerbs (das Thema des „level playing field") berücksichtigt.

Die Texte sehen ferner vor, dass die RFF, die nun „Eigner" aller Investitionsprojekte für das Schienennetz ist, „einem Investitionsprojekt für das nationale Schienennetz nur zustimmen kann, wenn die Parteien, die eine solche Investition beantragen, ausreichend finanzielle Mittel bereitstellen, dass negative Auswirkungen auf die Bilanzen der RFF während der Phase der Amortisierung dieser Investition vermieden werden". Das Ziel war offensichtlich, eine erneute Verschuldung zu vermeiden, zu deren Tilgung die RFF nicht imstande wäre.

Schließlich wird in den Texten von 1997 hervorgehoben, dass eine Öffnung des Schienennetzes auf internationale Gruppierungen von Eisenbahnunternehmen und grenzüberschreitende Züge des kombinierten Ladungsverkehrs beschränkt sei. Es bestanden zu dem Zeitpunkt in den Gesetzen keine Pläne, eine andere Regulierungsbehörde als den Staat vorzusehen.

Die Anwendung des Ersten Eisenbahnpakets

Die Umsetzung des Ersten Eisenbahnpakets der EU in nationales französisches Recht erfolgte durch einen Erlass vom 7. März 2003. In dem Erlass heißt es zunächst, dass für internationale Güterzüge, die auf Strecken des Transeuropäischen Güterverkehrsnetzes (TERFN) verkehren, Zugangsrecht zum nationalen französischen Schienennetz besteht. Ferner sieht der Erlass vor, dass die an Eisenbahnunternehmen vergebene Betriebslizenzen vom Staat erteilt werden, der auch die Anträge bearbeitet.

Die Sicherheitsbescheinigung wird vom Verkehrsministerium erteilt „auf Empfehlung der RFF, wobei Letztere ihre Meinung auf einem technischen Bericht der SNCF aufbaut, die im Auftrag von RFF für die Steuerung des Verkehrs und des Zugbetriebs auf dem nationalen Schienennetz und den Betrieb und die Instandhaltung der technischen und Sicherheitseinrichtungen des Netzes zuständig ist". Es ist offenkundig problematisch, wenn ein öffentliches Transportunternehmen den vorgelegten Sicherheitsnachweis eines konkurrierenden Transportunternehmens beurteilt – obwohl die Kompetenz der SNCF in Sachen Eisenbahnsicherheit unbestreitbar ist, die Erstellung, Überprüfung und Durchsetzung der Sicherheitsvorschriften von einer fachlich zuständigen und eindeutig selbstständigen Organisation der SNCF mit einem Personal von 60 Mitarbeitern durchgeführt wird und das französische Verkehrsministerium sicherstellt, dass die SNCF ihre Aufgabe in nichtdiskriminierender Weise erfüllt. Die Sicherheitsbescheinigungen sollen in Zukunft von einer Behörde bearbeitet werden, die vom Infrastrukturbetreiber und allen Verkehrsbetreibern in Übereinstimmung mit dem Zweiten Eisenbahnpaket unabhängig ist. Diese Änderung wird von der SNCF unterstützt.

Die RFF muss Schienennetz-Nutzungsbedingungen veröffentlichen, die den Nutzern des Schienennetzes alle notwendigen Informationen zur Ausübung ihrer Fahrweg-Zugangsrechte geben, insbesondere eine Beschreibung der Infrastruktur, Informationen über das System der Kapazitätszuweisung, den Zeitplan und die Verfahren der Annahme und Bearbeitung von Anträgen auf Kapazitätszuweisung, die Grundsätze des Systems der Nutzungsentgelte und die Erhebung von Gebühren. Dieses Dokument wurde inzwischen erstellt und muss von SNCF und RFF ergänzt werden um die Anforderungen, die neue Verkehrsbetreiber erfüllen müssen, um Zugang zu den verschiedenen im „Umsetzungserlass" vom 7. März 2003 beschriebenen obligatorischen und fakultativen Leistungen zu erhalten.

In dem Erlass heißt es, dass die RFF für die Zuweisung von Fahrwegkapazität auf dem nationalen Schienennetz und die Vergabe von Fahrplantrassen an Antragsteller zuständig ist. Der Erlass legt auch die folgenden Prioritäten für die unterschiedlichen Arten von Verkehrsdiensten auf diesem Netz fest:

- an erster Stelle inländische und grenzüberschreitende Verkehrsdienste, deren Fahrtstrecke ganz oder teilweise auf Strecken liegt, die eigens für sie gebaut wurden;
- als nächstes internationale Güterverkehrsdienste auf dem Transeuropäischen Güterverkehrsnetz;
- und an dritter Stelle gemeinwirtschaftliche Verkehrsdienste im Rahmen eines mit einer Bestellerorganisation geschlossenen öffentlichen Verkehrsvertrags.

Um diese Aufgaben zu erfüllen, hat die RFF ein Team von 30 Fahrplanexperten angestellt, einige davon kommen von der SNCF, die weiterhin das alltägliche Trassenmanagement und die Bearbeitung von Anträgen auf Trassenvergabe durchführen.

Der Erlass schafft eine Regulierungsstelle für Schienenverkehr („mission de contrôle des activités ferroviaires"), die sich aus drei leitenden Beamten zusammensetzt, die direkt an das Verkehrsministerium berichten. Ihre grundlegende Aufgabe besteht in der Überwachung der Zugangsbedingungen zum Schienennetz und der Bearbeitung von Beschwerden für den Fall, dass es welche geben sollte.

Die SNCF und die Regionalisierung des Schienenpersonennahverkehrs

Das Gesetz über Solidarität und städtische Erneuerung (SRU-Gesetz) vom 13. Dezember 2000 legte fest, dass ab dem 1. Januar 2002 jede französische Region „in ihrer Eigenschaft als verkehrsorganisierende Behörde für öffentliche Verkehrsdienste von regionalem Interesse" für die Organisation von „Personennahverkehrsdiensten" zuständig ist. Der Umsetzung dieser Übertragung von Befugnissen für den Nahverkehr an die Regionen ging ein Versuchszeitraum voraus, in dem sechs Regionen in 1996, schnell gefolgt von einer siebten Region, die vorgeschriebene organisatorische Verantwortung übernahmen. Zuvor war es die SNCF, die die Verkehrsgestaltung entwickelte und die vom Staat eine Entschädigung für nahezu sämtliche bei der Erbringung dieser öffentlichen Verkehrsdienste anfallenden Verluste erhielt, wobei die Regionen nur marginale Änderungen an den Verkehrsdiensten vornehmen konnten.

Heute sind es die Regionen, die die Verkehrsdienste gestalten und die Tarife festlegen. Die SNCF ist damit beauftragt, ihre Entscheidungen auszuführen, und die Regionen, an die der Staat bislang jährlich € 1,5 Milliarden an staatlichen Mitteln für den Verkehrsbetrieb und die Erneuerung das Rollmaterials zahlt, leisten einen finanziellen Beitrag, der zuvor vertraglich (durch die „Convention") festgelegt wird, und subventionieren vollständig den Kauf von Rollmaterial. In dieser „Convention" müssen die jeweiligen Verpflichtungen von Region und SNCF genannt sein. In der „Convention" sind daher folgende Punkte festgelegt:

- Inhalt und Beschaffenheit der Verkehrsdienste, die von der Region bei der SNCF bestellt werden,
- Zusammensetzung der Fahrzeugflotte, die diesen Verkehrsdiensten zugeteilt wird,
- die technischen und wirtschaftlichen Bedingungen, zu denen die SNCF die Verkehrsdienste erbringen muss,
- Zielsetzungen für Niveau, Qualität und Produktivität der Verkehrsdienste,
- Art und Weise der Verhandlung über Änderungen an Verkehrsdiensten, die sich wesentlich auf den Fernverkehr der SNCF oder die vergebenen Nahverkehrsdienste auswirken könnten, und
- die finanziellen Beziehungen zwischen der Region und der SNCF.

Der Vertrag verpflichtet die Regionen als Bestellerorganisationen daher dazu, ihren Bedarf an Verkehrsdiensten klar darzulegen, und verpflichtet die SNCF dazu, ihre Kosten besser zu benennen und ihre Verpflichtungen in puncto Qualität und Quantität der Verkehrsdienste sowie der Maßnahmen zur Erfüllung der vereinbarten Aufgaben im Rahmen des Budgets sorgfältig zu definieren.

Die Regionen sind somit zu richtiggehenden verkehrsorganisierenden Behörden für regionale Verkehrsdienste geworden mit nur einer, jedoch entscheidenden Einschränkung: Sie müssen mit der SNCF verhandeln.

6.3 Das Ergebnis der Reformen

Die Wiederbelebung des Schienenpersonennahverkehrs

Den Regionen und insbesondere den „Versuchsregionen", die an der Versuchsphase vor der Umsetzung teilnahmen, war sehr an einer Erneuerung des Rollmaterials gelegen, um das Image eines veralteten Schienennahverkehrs zu verbessern, da die SNCF ihre im Nahverkehr eingesetzten Fahrzeuge über einen sehr langen Zeitraum hinweg nicht erneuert hatte. Zwischen 1997 und 2002 investierten die Regionen insgesamt € 3,7 Milliarden in die Beschaffung oder Modernisierung von Rollmaterial, und es wird erwartet, dass bis 2007 ein Drittel der Fahrzeugflotte aus modernen Fahrzeugen und ein weiteres Drittel aus modernisierten Fahrzeugen bestehen wird – ein bespielloser Modernisierungsschub in der Geschichte der französischen Eisenbahn[1]. In demselben Geiste wurden fast 400 Regionalbahnhöfe zwischen 1997 und 2001 renoviert[2].

Von 1997 bis 2002 stieg das Gesamtangebot an regionalen Verkehrsdiensten (TER) auf der Schiene um 24,6 % (32,8 % in den Versuchsregionen und 16,8 % in den übrigen Regionen) und das Angebot an TER-Verkehrsdiensten auf der Straße um 12 %. Im gleichen Zeitraum stiegen die Erträge (in konstanten Euro) um 32,8 % (36,6 % in den Versuchsregionen und 28,6 % in den übrigen Regionen), und das Verkehrsvolumen stieg um 21,4 % (25,1 % in den Versuchsregionen und 17,2 % in den übrigen Regionen[3]).

Außerdem sanken die Kosten pro Kilometer von 1997 bis 2000 in den meisten Regionen. Sie reduzierten sich um ganze 15 % im Elsass und 18 % in der Region Centre. Diese Produktivitätssteigerung kann zum einen auf die neuen Fahrzeuge, zum anderen auf die harten Verhandlungen um die Verträge zwischen den Regionen und der SNCF zurückgeführt werden.

In der Tat sind erhebliche Subventionen der öffentlichen Hand erforderlich, um

---

[1] Quelle: Bericht des Wirtschafts- und Sozialrats, Conseil Economique et Social, 15. Oktober 2003, verfasst von Jacques Chauvineau.

[2] Quelle: idem.

[3] Quelle: idem.

die Bilanzen des TER-Verkehrsbetriebs auszugleichen. In 2002 stiegen die jährlichen Gesamtaufwendungen auf € 2,04 Milliarden, die durch € 633 Millionen an Direkteinnahmen von Fahrgästen sowie für den restlichen Betrag durch staatliche und kommunale Subventionen gedeckt wurden[4].

Der nationale Rechnungsausschuss für Inlandsverkehr, Commission des comptes des transports de la Nation, hat versucht, eine sozio-ökonomische Bilanz des Regionalisierungsplans zu erstellen, und hat seine Ergebnisse im Juni 2004 in einem Bericht unter dem Titel „Les transports en 2003" veröffentlicht.

Der Bericht, mit einigen Vorbehalten in Bezug auf die angewandte Methodik, kommt zu dem Ergebnis, dass der Nutzen – weniger Staus auf den Straßen, geringere Luftverschmutzung, weniger Lärm und Unfälle auf den Straßen, Vermeidung von Treibhausgasen und geringere Wartezeiten – die gezahlten Subventionen in etwa wettmachte. In dicht bevölkerten Stadtgebieten ist die Gesamtbilanz positiv, dagegen war es in ländlichen Gebieten mit geringerer Bevölkerungsdichte nicht möglich, einen sozio-ökonomischen oder anderen Nutzen festzustellen, der den öffentlichen Ausgaben entsprochen hätte.

Es ist daher Sache der Bestellerorganisationen, eine genauere Bewertung der Effektivität geleisteter Subventionszahlungen vorzunehmen, mit der SNCF nach möglichen Produktivitätssteigerungen zu forschen und ihre Fahrpläne dementsprechend anzupassen.

Finanzielle Lage der RFF noch nicht zufriedenstellend – aber mit positiver Tendenz

In 1997 hat der Staat der RFF den Teil der Schulden der SNCF übertragen, der ihr durch Infrastrukturinvestitionen entstanden war – etwa € 20,5 Milliarden. Es wurden keine Schulden erlassen, auch nicht teilweise. Auch wurden sie nicht separat in den Bilanzen der RFF ausgewiesen. Demzufolge beläuft sich der Jahresverlust der RFF auf € 1,5 Milliarden.

Der Staat zögerte, was die Mittelzuwendungen an die RFF anging. In 1997 waren die von der SNCF gezahlten Nutzungsentgelte sehr niedrig (€ 916 Millionen). Der Staat leistete hohe Subventionszahlungen (€ 1,8 Milliarden) zum Ausgleich der Mindereinnahmen bei den Fahrwegentgelten und leistete einen jährlichen Kapitalzuschuss in Höhe desselben Betrags. Schnell wurde dem Staat klar, dass die Situation nicht tragbar war, da die buchmäßigen Einnahmen der RFF aus dem operativen Geschäft unter den staatlichen Subventionszahlungen liegen würden, was die RFF mehr zu einer öffentlichen Verwaltung als zu einem Wirtschaftsbetrieb der öffentlichen Hand (EPIC) machte.

---

[4] Quelle: idem.

Tabelle 4: Änderung der Fahrwegentgelte von 1997 bis 2008 in Mio. Euro

	1997	1998	1999	2000	2001	2002	2003	2004 (Budget)	2008 (RFF Schätzung)
GL	235	246	769	789	897	1 093	1 055	1 120	
TER	92	94	130	138	148	221	225	460	
IDF	433	447	457	470	479	490	511	523	
Güterverkehr	155	159	163	165	167	170	156	163	
GESAMT	916	946	1 519	1 562	1 691	1 974	1 947	2 266	2 768

GL = Grandes Lignes (Hauptstrecken), TER = Regionalzüge, IDF = Ile-de-France (Die Berechnung für den Zugverkehr in der Region Paris erfolgt getrennt aus anderen Regionalzügen)
Quelle: SNCF

Daher entschloss man sich dazu, die Fahrweg-Nutzungsentgelte stark anzuheben: Die erste, sehr starke Anhebung erfolgte bei den TGV-Hochgeschwindigkeitsstrecken, während den Güterzügen und Regionalzügen eine Gebühr zugestanden wurde, die unter den Grenzkosten der Fahrwegnutzung lag. Dies wird derzeit korrigiert, seit 2004 bei den Regionalzügen und über eine schrittweise Anhebung bei den Güterzügen von 2004 bis 2008.

Gleichzeitig wurden die Beiträge, die der Staat zu den Fahrwegentgelten leistete, gesenkt: In 2003 betrugen diese € 1,385 Milliarden und sollten sich auf € 1,1 Milliarden in 2004 reduzieren.

Der Staat leistet 1994 Subventionen an die RFF in Höhe von € 800 Millionen, um dieser dabei zu helfen, ihre Verbindlichkeiten zu decken, plus einem Investitionszuschuss (von € 900 Millionen an bewilligten Mittelbindungen und € 675 Millionen an Auszahlungen) zur Deckung der Kosten zur Erneuerung des Schienennetzes.

Diese neuen Elemente tragen entscheidend zur Klarstellung bei, doch sie reichen nicht aus, um eine zufriedenstellende Finanzlage zu erzielen, da die RFF immer noch einen kleinen Betriebsverlust in Höhe von € 100 Millionen in 2004 ausweisen wird, und vor allem das finanzielle Ergebnis in 2004 negativ sein und sich um einen Betrag von € 600 Millionen bewegen wird.

Verschiedene Punkte werden in den nächsten Jahren eine Verbesserung dieser Ergebnisse ermöglichen: die geplante Anhebung der Gebühren, eine bessere Produktivität bei der Instandhaltung und eine Anhebung der Mittelauszahlungen im Rahmen der Subventionen zur Erneuerung des Fahrwegs auf € 900 Millionen. Dennoch scheint es, dass sich unter den bestehenden Voraussetzungen die geerbte Schuldenlast nur langfristig tilgen lässt.

Schwierigkeiten der RFF beim Management der Instandhaltung und Erneuerung des Schienennetzes

Verschiedene Faktoren gestalten das Management der Instandhaltung und Erneuerung des Schienennetzes für die RFF schwierig. Erstens verhindert die oben beschriebene Finanzlage der RFF eine Steigerung der Rentabilitätsquote der RFF dadurch, dass mehr für die Erneuerung und Modernisierung des Netzes ausgegeben wird, als die RFF an staatlichen Subventionen erhält. Zweitens: Obwohl dieselbe Finanzlage der RFF einen starken Anreiz zur Verbesserung ihrer Produktivität bei der Instandhaltung bietet, ist diese schwer zu realisieren – da es die SNCF ist, die die Instandhaltung de facto ausführt. Die unerlässlichen intensiven Fachgespräche zu diesem Thema zwischen den beiden Unternehmen gestalten sich schwierig, bedingt durch die Tatsache, dass, wie bereits oben erwähnt, die SNCF einen Fixbetrag für diese Dienstleistungen erhält. Dies bleibt unberührt davon, dass in den Managementverträgen Performance- und Qualitätsindikatoren festgelegt sind, die die festgelegte Zahlung erhöhen oder verringern können, und davon, dass der Staat erklärt hat, dass der Fixbetrag vorläufig auf demselben aktuellen Euro-Betrag gehalten werden muss, um die SNCF dazu zu bewegen, die Produktivität zu steigern.

Die Verpflichtung der RFF, auf die Dienste der SNCF zurückzugreifen, und vor allem die feststehende Vergütung, die sie an die SNCF leisten muss, sind harte Vorgaben, die die RFF und zweifelsohne auch die SNCF daran hindern, die Instandhaltung und Erneuerung des Schienennetzes zu optimieren.

Gemäß dem aktuellen Stand der finanziellen Förderung kann davon ausgegangen werden, dass auf dem am stärksten genutzten Teil des Schienennetzes ausreichende Arbeiten zur Erneuerung des Netzes durchgeführt werden. Dies gilt nicht für viele kleine Strecken des Schienennetzes, bei denen die RFF keine Garantie geben kann, dass diese keinen Geschwindigkeitsbeschränkungen unterliegen werden oder stillgelegt werden. Eine Überprüfung des Zustands des Schienennetzes zur Bewertung des Instandhaltungs- und Erneuerungsbedarfs der unterschiedlichen Streckenkategorien ist nahezu abgeschlossen.

Eine neue Vision des Netzbetriebs

Die Gründung der RFF und in jüngster Zeit die Übertragung größerer Verantwortung für die Gestaltung des Verkehrsmanagements an sie haben eine neue Vision des Schienenverkehrsbetriebs geschaffen.

Früher waren alle französischen Eisenbahnexperten Mitarbeiter der SNCF und, ohne die hohe Kompetenz des Unternehmens hinterfragen zu wollen, muss anerkannt werden, dass die SNCF ihre Meinung auferlegt hat, insbesondere im Bereich des Netzbetriebs: Allein die SNCF entschied, welche Abschnitte und Knotenpunkte des Netzes als überlastet galten und welche Investitionen, oftmals sehr kostenintensive, unbedingt erforderlich waren, um Engpässe zu beseitigen. Den Regierungsbehörden fehlte es in diesem Bereich gänzlich an Sachkenntnis. Die Gründung der RFF, die in einigen Fällen zur Einstellung von ausländischen Experten geführt hat, hat bereits zu einigen Lösungen bei der Steigerung der Kapazität einiger Netzabschnitte gegen minimale Kosten geführt, wobei manchmal die langfristigen Gewohnheiten der Verkehrsbetreiber auf den Kopf gestellt wurden. Die Erhebung von Fahrweg-Nutzungsentgelten hat die SNCF auch dazu veranlasst, Fahrten von Kleinlokomotiven einzuschränken, insbesondere in Knotenpunkten, bei denen fast eine Überlastung erreicht ist. Vor allem die Grundsätze eines regelmäßig vertakteten Verkehrs, die die RFF einzuführen beabsichtigt, werden helfen, die Kapazität auf einigen Abschnitten deutlich zu steigern, jedoch auf Kosten einiger betrieblicher Vorgaben bei einigen Personenverkehrsdiensten.

Die bei diesen schwierigen Themen erzielten Fortschritte sind das Ergebnis eines effizienten Dialogs zwischen der SNCF und der RFF, der eine neue Dynamik entwickeln sollte, die zu einem effizienteren Netzbetrieb führt. Es ist zu erwarten, dass dieser Dialog mit den anderen EVU fortgesetzt wird, wenn sie Zugang zum Netz erhalten, da es für diese Zugverkehrsbetreiber offensichtlich wünschenswert ist, beim Eisenbahnbetrieb und den Investitionsausgaben Mitspracherecht zu haben. Zum Beispiel sollten Eisenbahnunternehmen, die Züge auf Hochgeschwindigkeitsstrecken fahren, eindeutig von der RFF Garantien erwarten können, dass sie weiterhin hochwertige Trassen für die Abschnitte ihrer Fahrtstrecken zwischen dem Hochgeschwindigkeitsnetz und den Stadtzentren erhalten.

Bessere Gestaltung von Investitionsvorhaben

Die Gegenüberstellung der Ansichten des Infrastrukturbetreibers mit denen des Verkehrsbetreibers ermöglichen dem Staat, alle Elemente eines Investitionsvorhabens besser zu erfassen, ob diese Verkehrsprognosen oder technische Probleme beim Bau oder Betrieb betreffen. Neue Vorhaben werden auf diese Weise besser, effizienter und weniger kostenaufwendig gestaltet. Es bleibt jedoch so, dass die RFF, für die die Festlegung von Investitionsplänen immer noch sehr neu ist, weiterhin erhebliche Fortschritte bei der Projektorganisation machen muss.

In Frankreich gibt es bislang keinen Wettbewerb im Schienenverkehrsmarkt

Trotz der Richtlinie 91/440 und des Ersten Eisenbahnpakets verkehren bislang keine Züge eines anderen Unternehmens auf dem französischen Schienennetz als die der SNCF. Zwei Unternehmen haben als Antwort auf jüngste Anfragen eine Lizenz für Eisenbahnunternehmen erhalten: Europorte 2, eine Tochtergesellschaft von Eurotunnel, und CFTA Cargo, eine Tochtergesellschaft von Connex. Sie haben jetzt ihre Sicherheitsbescheinigungen bekommen. Der erste Zug eines privaten Unternehmens hat seinen Verkehr im Juni 2005 aufgenommen. Einige neue außerhalb Frankreichs ansässige EVU haben ebenfalls Sicherheitsbescheinigungen beantragt, doch die Zahl der Anträge hielt sich in Grenzen. Ohne Zweifel wird die Tatsache, dass ein Konkurrent, die SNCF, die Anträge bearbeiten wird (auf dieses Thema wurde bereits an zwei Stellen hingewiesen) oder befürchtete feindliche Reaktionen französischer Eisenbahner Verkehrsbetreiber davon abhalten, sich Zugang zum französischen Markt zu verschaffen. Jedoch sind bislang keine Beschwerden bei der Eisenbahn-Regulierungsstelle eingegangen. Und was potenzielle Verkehrsbetreiber am meisten davon abhält, ist zweifelsohne der Markt selbst, die Furcht, dass es ihnen nicht gelingen könnte, wirklich substanzielle und stabile Schienengüterverkehrsdienste zu betreiben, die sie mit der Zeit mit Zugtrassen von durchgehend guter Qualität realisieren könnten, durch die sich ihre Investitionen amortisieren ließen und sie Geld verdienen könnten.

Die großen Spediteure und Frachtführer sprechen sich zugunsten einer Öffnung des Marktes für Konkurrenten des historischen Verkehrsbetreibers aus, doch bisher haben sie sich auf das Ablegen von Lippenbekenntnissen beschränkt. Dies ist keine Überraschung in einem Schienengüterverkehrsmarkt, bei dem in den letzten 30 Jahren ein konstanter Rückgang zu verzeichnen war, und wenn man weiß, dass die SNCF außerdem eine Umstrukturierung ihres eigenen Güterverkehrs vorgenommen hat (vgl. weiter unten).

In einigen an Frankreich angrenzenden Ländern wurde der Güterverkehrsmarkt geöffnet, jedoch nur marginal, abgesehen von dem Verkehr zwischen Deutschland und Italien. Bis zu einer Öffnung des Güterverkehrsmarktes in Frankreich, die von Bedeutung ist, wird es wahrscheinlich mehrere Jahren dauern.

Ein SNCF-Unternehmen, das für seine wirtschaftliche Effizienz, Produktivität und seine Bilanzen voll verantwortlich ist

Für ein Unternehmen, das mit Schulden in Höhe von fast € 32 Milliarden belastet ist und einem Defizit von mehr als € 2 Milliarden, gibt es keine Hoffnung auf eine Wende, egal wie sich sein Personal bemüht. Verglichen damit beliefen sich die Schulden der SNCF, die 1997 von ihren Infrastruktur-Schulden entlastet wurde, auf € 7,6 Milliarden und der von der SNCF erwirtschaftete Verlust auf € 146 Millionen. Ein Aufschwung ist daher in Sicht, trotz des hohen Niveaus der Fahrwegentgelte.

Die SNCF hat somit seit 1997 ihre aktive Geschäftspolitik im Schienenpersonenverkehrsmarkt fortgesetzt und verschärft – eine Politik, die Früchte getragen

Tabelle 5: Intercity-Verkehr (ausgenommen Ile-de-France und andere Regionalverkehre)

	1997	1998	1999	2000	2001	2002	2003 (1)
Mrd. Personen-km	45,10	47,60	49,20	51,60	52,90	54,20	53,10

(1) Das Jahr 2003 war gekennzeichnet durch große Streiks.

hat, da die Zahl der Personenkilometer auf den Hauptstrecken, wie unten dargestellt, gestiegen ist:

Ausgehend von der Kostenrechnung waren die Geschäfte der SNCF auf den „Hauptstrecken" gewinnbringend, trotz eines Niveaus an Fahrwegentgelten (für Personenzüge), das zu den höchsten in Europa zählt (etwas unterhalb der Fahrweggebühren im Vereinigten Königreich, doch wesentlich über dem Niveau in Deutschland).

Tabelle 6: Geschäftsberichte der SNCF 1997-2004

	1997	2000	2003	2004 (vorl.)
Aktuelles Ergebnis (in Mio. Euro)	- 97	101	- 204	- 91
Nettogewinn/-verlust (in Mio. Euro)	- 146	68	50	
Nettoverlust zum Jahresende (in Mrd. Euro)	7,6	6,5	7	7,2

Quelle: SNCF

Erkennbar ist, dass sich die Verschuldung stabilisiert hat und das aktuelle Ergebnis (Betriebsgewinn/-verlust) und das Endergebnis sich am Breakeven-Punkt befinden oder diesen fast erreicht haben (das aktuelle Defizit in 2003 ist zum Großteil auf die Streiks zurückzuführen). Dennoch sind die Bilanzen der SNCF belastet durch Verluste auf bestimmten Personenverkehrsstrecken und vor allem durch den Güterverkehr.

Die SNCF, die wie ein Wirtschaftsunternehmen gehandelt hat, hat angedeutet, dass sie ihre verlustreichsten Verkehrsdienste vollständig auf den Prüfstand stellen würde, wenn die staatlichen Behörden oder Kommunalverwaltungen keine öffentlichen Dienstleistungsverträge für diese Strecken schließen.

Der im Güterverkehr eingefahrene riesige Verlust verringert den Gesamt-Cash Flow des Unternehmens und somit seine Investitionsmöglichkeiten und bringt es in eine schwierige Situation, wenn der Güterverkehrsmarkt für den Wettbewerb geöffnet wird. Auch wenn man davon ausgeht, dass die Anzahl der Wettbewerber nicht groß sein wird, führt die bloße Androhung des Marktzugangs eines Wettbewerbers dazu, dass das Unternehmen sich so verhalten wird, als ob es sich in einem offenen Marktumfeld befände. So lautet die Theorie von Baumol, Panzar und Willig zu den „Märkten ohne Zutritts -und Austrittsschranken".

Der Umstrukturierungsplan des Güterverkehrs setzt sich aus vier Komponenten zusammen:

- die Reorganisation der Produktion zur Wiederherstellung der Verkehrsqualität,
- eine Verbesserung der Produktivität durch eine Maßnahme zur 20-prozentigen Reduzierung der Kosten für den Zugverkehr und die Verkaufsadministration,
- Konzentration der Geschäftspolitik auf Güterverkehre und Verkehrsströme, für die sich der Verkehrsträger Schiene besonders eignet und bei denen er Gewinne erwirtschaften kann, und
- Organisation internationaler Schienenverkehre nach Grundsätzen der Qualitätssicherung.

Dieser Plan ist darauf ausgerichtet, die Servicequalität und die finanzielle Solidität im Güterverkehrsbetrieb der SNCF wieder einzuführen, so dass neues Wachstum ausgehend von einer gesunden Basis vorstellbar ist. Diesen Plan zum Erfolg zu führen, ist für die Zukunft des Schienengüterverkehrs von entscheidender Bedeutung.

Allgemeiner ausgedrückt, die SNCF hat eine Managementkampagne begonnen, um das Bewusstsein und die Bereitschaft der Mitarbeiter zu verbessern, die Änderungen im Eisenbahnumfeld in Europa und an der institutionellen und wirtschaftlichen Stellung des Unternehmens zu akzeptieren. Es ist eine Frage ihrer Vorbereitung auf den Wettbewerb in Frankreich und auch des Umgangs mit den Schienenverkehrsmärkten in anderen europäischen Staaten, wenn die Strategien zur Kooperation zwischen Eisenbahnunternehmen versagen.

Der sozialen Komponente ins Auge sehen

Marktöffnung und Systemreformen lassen sich nicht ohne Handhabung der sozialen Komponente und ihrer wirtschaftlichen Aspekte erfolgreich realisieren. Es wurden einige wichtige Schritte auf europäischer Ebene unternommen mit der Unterzeichnung der beiden Vereinbarungen zwischen den Transportarbeiter-Gewerkschaften und der CER, die in einem Richtlinienentwurf zur Zertifizierung von Triebfahrzeugführern und in einer zukünftigen Richtlinie zu den Arbeits- und Ruhezeiten besondere Berücksichtigung finden. Das Ziel der Richtlinien besteht in der Tat darin, ein „Sozialdumping" zu vermeiden.

Zur Kenntnis genommen werden sollte die vor Kurzem in Frankreich erfolgte Unterzeichnung einer Arbeitgeber-/Arbeitnehmer-Vereinbarung zur „Konfliktvermeidung und Verbesserung des sozialen Dialogs" bei der SNCF, die zu einem effizienteren sozialen Dialog zur Vermeidung von Streiks und der damit verbundenen Auswirkungen auf die Qualität der Leistungserbringung an die Kunden beitragen müsste.

Auf dem Weg zu einer staatlichen Planung und Programmierung von Verkehrsinfrastrukturinvestitionen mit besonderem Augenmerk auf den Ausbau des Schienennetzes

Die neue französische Regierung, die 2002 die Regierungsgeschäfte übernahm, beschloss, die Planung und Programmierung von Investitionen in Verkehrsinfrastrukturen vollständig zu überprüfen, da sie der Ansicht war, dass Entscheidungen der früheren Regierungen unrealistisch waren. Im Anschluss an eine sozioökonomische Überprüfung und einen Bericht zu einer vorausschauenden Studie forderte die Regierung das Parlament dazu auf, diese Themen im Parlament zu diskutieren, und fällte dann am 18. Dezember 2003 einen wichtigen Beschluss, in dem sie Folgendes forderte:

- Planung von großen Verkehrsinfrastrukturvorhaben auf 20-jährige Sicht,
- detaillierte zeitliche Planung von Vorhaben im Zeitrahmen von 2005 bis 2012 und
- einen ursprünglichen Finanzierungsplan.

Der Finanzierungsplan besteht darin, dass Dividenden-Einnahmen des Staates aus Beteiligungen an Autobahngesellschaften und Einnahmen aus Abgabenzahlungen der Autobahnbetreiber für konzessionierte Anlagen an eine „Agentur für die Finanzierung von großen Verkehrsinfrastrukturen" fließen. Zu diesen großen Infrastrukturen zählen Autobahnen, Schieneninfrastruktur für Hochgeschwindigkeitszüge, artreine (oder gemischte) Schienengüterverkehrsstrecken, Binnenwasserstraßen und Hochgeschwindigkeits-Seeverkehrsstrecken. Der Straßenverkehr wird daher Infrastrukturvorhaben für alle Verkehrsträger finanzieren.

Außerdem ist bei dem vorgeschlagenen Programm für die Jahre 2004-2012 vorgesehen, dass ungefähr zwei Drittel der Ausgaben der Agentur auf Eisenbahninfrastrukturen entfallen.

6.4 Schlussfolgerungen – was bleibt noch zu tun?

Viele institutionelle Reformen wurden durchgeführt und werden mit der Umsetzung des Zweiten Eisenbahnpakets ergänzt. Die Umsetzung des Pakets im französischen Recht wird unter anderem potenziellen neuen Verkehrsunternehmen auf dem französischen Schienennetz, die Anträge auf Sicherheitsbescheinigungen stellen, ermöglichen, mit einer Stelle zu verhandeln, die von der SNCF unabhängig ist.

Doch was wirklich erforderlich ist, ist, das Beste aus den bislang durchgeführten Reformen zu machen. Bereits sehr positive Ergebnisse sind durch die Dezentralisierung des Personenverkehrs zu erkennen. Hingegen verfügt die RFF, was die Instandhaltung und Erneuerung der Infrastruktur angeht, nicht über die Ressourcen, um ihrem Vorstand eine wirklich neue Politik vorzuschlagen. Die derzeit laufende Überprüfung des Schienennetzes sollte einige Beiträge von entscheidender Bedeutung für die Gestaltung dieser Politik liefern. Doch um eine Politik vorzuschlagen, sollte die RFF mehr Kontrolle über dieses wichtige Thema erhalten, als sie heute hat.

Die RFF beginnt erst damit, die Grundlagen des Infrastrukturbetriebs zu definieren. Sie tut dies mit einem kleinen hochrangigen Team von Mitarbeitern. Einige Nutzeneffekte der Reform lassen sich bereits erkennen, doch es ist noch zu früh, um abschätzen zu können, ob diese ausreichend sind.

Obwohl der Güterverkehrsmarkt theoretisch geöffnet wurde, ist es unwahrscheinlich, dass es in den nächsten Jahren neue Marktteilnehmer von Bedeutung geben wird. Jedoch hat die Öffnung des Marktes die SNCF dazu veranlasst, ihren Güterverkehr neu zu strukturieren, und dies ist an sich schon ein sehr positives Ergebnis. Ein schwieriger Aspekt dieser Umstrukturierung ist die Organisation des grenzüberschreitenden Schienenverkehrs. Es wird interessant sein, in diesem Zusammenhang die Strategie der unterschiedlichen Eisenbahnunternehmen zu betrachten und zu verfolgen, wie stark ihr Interesse ist, sich im Wettbewerb zu behaupten und/oder Partnerschaften zu schließen. Die Qualität der Leistung und die Wettbewerbsfähigkeit des grenzüberschreitenden Schienenverkehrs sind wahrscheinlich die wichtigsten Eckpfeiler der beschlossenen Reformen.

Ziel der Europäischen Union ist die Wiederbelebung des Verkehrsträgers Schiene durch größere Klarheit und Transparenz ihrer Rechnungsführung, intramodalen Wettbewerb und Infrastrukturinvestitionen sowie Interoperabilität zwischen den Schienennetzen. Diese Reformen haben den riesigen Vorteil, einen Änderungsprozess in Gang zu setzen, der an sich Fortschritte verspricht. Es ist jedoch noch zu früh, etwas über die Ergebnisse zu sagen.

CER

Quelle: Railway Gazette International

7. Italien

Professor Mario Sebastiani
University of Rome „Tor Vergata"

Fläche des Landes (km²) 301 336

	2003		2003
Bevölkerung[a] (Mio.)	57,3	Fracht t/km	20,3
Bruttoinlandsprodukt (BIP) (Mrd. Euro)	1300,9	Personen-km (Mrd.)	46,1
Länge des Streckennetzes (1000 km)	16,3	Modaler Anteil – Güterverkehr[b] (%)	10,4
		Modaler Anteil – Personenverkehr[c] (%)	5,4

[a] Am 01. Januar
[b] Basiert auf Eurostat 2003 Straße, Schiene und Binnenwasserstraßen
[c] Basiert auf Eurostat 2002, Schiene, öffentlicher Verkehr auf der Straße, private PKW

7.1 Die italienischen Bahnen in den 90er Jahren

Zu Beginn der 90er Jahre besaßen die italienischen Bahnen ein staatliches Doppelmonopol: Sie traten als Monopolisten beim Angebot von Eisenbahn- und Verkehrsdienstleistungen und als Monopolisten bei der Nachfrage nach verschiedenen Vermögenswerten (vom Rollmaterial über den Bau von Infrastruktur bis hin zum Personal, etc.) auf. Sie waren Monopolisten in zweifacher Hinsicht, doch atypische Monopolisten: Jeder klassische Monopolist nutzt die von ihm ausgeübte Macht zu seinem Vorteil. Er verkauft zu Preisen, die über denen liegen, die er in einem Wettbewerbsmarkt erzielen kann, und kauft zu Preisen, die unter denen liegen, die er zahlen müsste. Wenn es keine starke Regulierungsbehörde gibt, tut er dies mit Erfolg. Auch in dieser Hinsicht erwiesen sich die italienischen Bahnen als ziemlich einzigartig: Sie verkauften unter dem Marktwert und kauften zu anormal hohen Preisen.

Es existieren verschiedene Gründe für eine derartige Situation, doch gibt es eine unmittelbare Ursache im Sinne einer *causa causans*, die das Ergebnis eines weitgehenden Zusammenflusses von Interessen und schließlich tief verwurzelter kultureller Rückständigkeit ist. In der italienischen Gesellschaft bestand die weit verbreitete Überzeugung, dass der Schienenverkehr eine Universaldienstleistung anstelle einer marktorientierter Dienstleistungen erbringen sollte und dass die Einführung einer Marktlogik seine „natürliche" Bestimmung gefährdet hätte. Dieser stillschweigende soziale Kontrakt machte die Bahn zu einem protektierten Wirtschaftszweig.

Diese allgemeine Auffassung, die noch durch die staatliche Natur der Ferrovie dello Stato (FS) genährt wurde, machte es möglich, dass die italienischen Bahnen in der italienischen Gesellschaft weitgehend, wenn auch stillschweigend, als Subventionsgeber im Auftrag des Staates betrachtet wurden, wobei die Subventionen aus dem Verkauf von Dienstleistungen zu niedrigen Preisen und dem Einkauf (von Personal, Infrastruktur und Material) zu hohen Preisen resultierten. Somit handelte es sich um einen geschützten Sektor, jedoch auch um einen „fürsorglichen" Sektor: einen großzügigen Sektor.

Dieses Phänomen wurde auch durch die Asymmetrien der europäischen Rechtsvorschriften zu den Subventionen und staatlichen Beihilfen gefördert, die sich bis vor kurzem gegenüber den Bahnen als tolerant zeigten, gegenüber anderen Sektoren jedoch Härte bewiesen. Dadurch wurden für den Staat die Voraussetzungen geschaffen, um über den Kanal der Eisenbahn Subventionen an Empfänger zu verteilen, die ansonsten nicht berechtigt gewesen wären, offen von diesen zu profitieren. Auch darf man nicht vergessen, dass bis vor einigen Jahren (obwohl dies zum Teil auch noch heute gilt) der italienische Staat Anteilseigner an Unternehmen war, die auf beiden Seiten des Marktes tätig waren, so dass geschäftliche Transaktionen unter diesen in gewisser Weise systemintern waren und ein Ausgleich von Kosten und Nutzen über die öffentlichen Finanzen erfolgte.

Diese Situation war in vielen europäischen Staaten bis zu den frühen 90er Jahren weit verbreitet. Europäische Bahnen blieben im Allgemeinen von der ausländischen Konkurrenz verschont, traten konkret nicht in den Wettbewerb mit anderen Verkehrsträgern und unterstützten nur die Förderung begrenzter Kooperationsformen (im Wesentlichen Austausch der Traktion an den Grenzen) und gleichzeitig die Förderung der technologischen Rivalität unter den einzelstaatlichen Bahnunternehmen – eine Politik, die auch auf nationale Interessen an der Verteidigung der Zulieferindustrie zurückzuführen war. Man wäre überrascht, wenn die Ergebnisse anderes gewesen wären.

Zumindest einige europäische Staaten zeigten sich jedoch sehr engagiert im Bereich des Ausbaus der Schieneninfrastruktur, insbesondere bei der Realisierung von Hochgeschwindigkeitsnetzen. Mit anderen Worten, die Eisenbahnen waren in puncto Management ineffizient, doch ihre Position wurde im Bereich der Infrastruktur gestärkt. In Italien hingegen wurden staatliche Investitionen in den Verkehrsträger Schiene zugunsten der Straße vernachlässigt, was einer Industriepolitik entsprach, die im Gegensatz zu ihren erklärten Zielen darauf ausgerichtet war, den Individualverkehr statt den öffentlichen Verkehr zu fördern. Es ist kein Zufall, dass das Schienennetz heute immer noch dem des Zeitraums nach dem zweiten Weltkrieg entspricht und dass der Bau der Hochgeschwindigkeitsstrecke, der 2008 Turin mit Mailand und Neapel verbinden soll, erst in den späten 90er Jahren begonnen hatte. Erst in den nächsten fünf Jahren ist die Inbetriebnahme der Strecke zwischen Mailand und Venedig geplant. Sobald die Regierung verstanden hatte, dass nach dem ursprünglichen Projekt-Finanzierungsansatz (60 % staatlich und 40 % privat) die gesamte Last vom Staat getragen werden musste, da er verpflichtet war, privaten Anteilseignern eine angemessene Kapitalrendite (sowohl während der Bau- als auch der Betriebsphase) zu garantieren, musste ein neues Modell eingeführt werden. Im Rahmen dieses Modells wird die Infrastruktur vollständig von einem staatlichen Unternehmen (Ispa) finanziert, das später Rückzahlungen in Form von zukünftigen Gebühren für die Nutzung der Infrastruktur erhält. Es ist überflüssig zu erwähnen, dass die Erfüllung dieser Erwartung sehr fraglich ist, doch dies ist in ganz Europa ein weit verbreitetes Phänomen.

Es überrascht nicht, dass bis zu den späten 90er Jahren beim italienischen Eisenbahnsystem:

- Verkehr auf einem Netz durchgeführt wurde, das sich seit Beginn der Phase nach dem zweiten Weltkrieg weitgehend nicht verändert hatte, über nicht viel mehr als 16.000 Streckenkilometer verfügte, von denen weniger als 40 Prozent zweigleisig und nicht viel mehr als 65 Prozent elektrifiziert waren;
- sich der inländische Marktanteil von 1970 bis 2004 halbierte: von 21 auf 10,7 Prozent im Güterverkehr und von 10,2 auf 5,15 Prozent im Personenfern- und -mittelstreckenverkehr. Der Rückgang der Marktanteile resultierte mehr oder weniger aus einem konstanten absoluten Schienenverkehrsvolumen in einem Zeitraum, in dem die Gesamtverkehrsnachfrage in einem noch nie vorher da gewesenen Maße anstieg;
- die Märkte für Personenfern- und -mittelstreckenverkehr und die Güterverkehrsmärkte ausschließlich von der FS bedient wurden, die auch Nahverkehrsdienste leistete, wobei die restlichen Verkehrsdienste von regionalen und lokalen Eisenbahnunternehmen erbracht wurden;
- die FS erst im Jahr 1985 eine vom Verkehrsministerium unabhängige Funktion übernehmen konnte durch die Schaffung der öffentlich-rechtlichen Körperschaft „Ferrovie dello Stato" und diese erst 1992 in eine zu 100 % staatliche Aktiengesellschaft umgewandelt wurde; und
- die FS bis 2001 für den Bau und das Management des Schienennetzes, den Güter- und Personenverkehr, den öffentlichen Nahverkehr und eine große

Anzahl von Aktivitäten zuständig war, die nicht sehr eng mit dem Kerngeschäft in Verbindung standen: ein Ungetüm, bei dem eine riesige Zahl von Mitarbeitern beschäftigt war, die während der 90er Jahre schrittweise gesenkt wurde von 220.000 auf derzeit 100.000.

7.2 Die Reformen

Welches Wettbewerbsmodell?

Da der Verkehrssektor als Ganzes schnell gewachsen ist, ist der Rückgang im Eisenbahnsektor darauf zurückzuführen, dass versäumt wurde, sich im Wettbewerb mit anderen Verkehrsträgern zu behaupten. Obwohl es weltweit viele Modelle gibt, die dieses Problem zu lösen versuchen, teilen sie alle die Überzeugung, dass der notwendige Wandel nicht nur ein wirtschaftliches Problem ist – d.h. ein Problem, das sich mit Business Plänen handhaben lässt, wie radikal sie auch immer sein mögen und wie stark sie auch von öffentlichen Quellen unterstützt werden –, sondern zunächst eine umfassende Überarbeitung der institutionellen Architektur und der Spielregeln sowohl innerhalb des Sektors als auch in den Beziehungen zu den anderen Sektoren erfordert.

Der heutige Verkehrsmarkt ist gekennzeichnet durch das unterschiedliche Maß der Öffnung für die Konkurrenz: Nach der Liberalisierung des Flugverkehrs, der Küstenschifffahrt und des Straßenverkehrs könnte es sein, dass, wenn die Eisenbahn weiterhin als ein Monopol ausgestaltet ist, sich die Protektion zu einem Käfig entwickelt. Obwohl der Wettbewerb ein wesentlicher Faktor der wirtschaftlichen Entwicklung ist, kann die Liberalisierung der Märkte nach unterschiedlichen Modellen realisiert werden, deren Bewertung einem pragmatischen Ansatz folgen sollte. Obwohl natürlich viele unterschiedliche Modelle der Liberalisierung des Schienenverkehrs in den verschiedenen Ländern angewandt wurden, wird im Grunde genommen entweder ein Wettbewerb „im Markt" oder ein Wettbewerb „um den Markt" eingeführt.

Es wird oft als selbstverständlich angesehen, dass der Wettbewerb im Markt, der in einer Reihe von Ländern auf dem europäischen Festland vorherrscht, besser und umfassender ist als der Wettbewerb um den Markt. Tatsächlich ist eine Lösung, die auf einen kontinuierlichen Wettbewerb gerichtet ist, einer Lösung vorzuziehen, die nur einen „gelegentlichen" Wettbewerb garantiert. Der Wettbewerb im Markt ist enger auf die Präferenzen der Öffentlichkeit abgestimmt, da er zwischen den Kunden und den Unternehmen ein direktes Vertragsverhältnis schafft, die Rechte eines freien Unternehmens nicht beschränkt und die Effizienz durch Schaffung eines direkten und kontinuierlichen Wettbewerbs zwischen den Verkehrsbetreibern fördert. Er ist auch „umfassender" in dem Sinne, dass er auch den Wettbewerb um den Markt mit einschließt, da man, um in einem Markt präsent zu sein, zunächst in diesen vordringen muss, und dazu muss man miteinander um den Markt konkurrieren.

Infolgedessen empfiehlt sich der Wettbewerb um den Markt als letzte Option, wenn man den anderen Weg nicht verfolgen kann: im Wesentlichen beim Management von Infrastrukturen als natürliche Monopole und der Erbringung subventionierter Dienstleistungen. Kurz gesagt, ein Wettbewerb um den Markt sollte nur herrschen im Fall eines natürlichen Monopols und der Universaldienstleistungen. Dementsprechend lässt sich die Überlegenheit des einen Modells im Vergleich zu dem anderen nur beurteilen, wenn beide existieren können – d.h. ein Markt besteht, in dem sich die Kosten durch Markteinnahmen decken lassen.

Die Gesetzesreformen im Einzelnen

Italien hat im Personenfern- und -mittelstreckenverkehr sowie im Güterverkehr das Modell des Wettbewerbs „im Markt" verfolgt und im Nahverkehr das des Wettbewerbs „um den Markt". Anfänglich teilte Italien jedoch die in den europäischen Staaten vorherrschende Ansicht, die von der Europäischen Union geförderte Liberalisierung nur widerstrebend zu akzeptieren, wie durch die Verzögerungen bei der Umsetzung europäischer Richtlinien in nationales Recht, die Verzögerungen zwischen der offiziellen Verabschiedung und dem Erlass von Ausführungsvorschriften sowie den weit verbreiteten Erfolg von „Sozialklauseln" und Übergangsregelungen und die Einführung von Reziprozitätsbestimmungen belegt wird.

Jedoch ungefähr ab 1999-2000 wurde die Marktöffnung aktiver verfolgt, insbesondere durch das Gesetz Nr. 388/2000 (das weit über die Zielsetzungen der EU-Richtlinie 91/440 und des Ersten Eisenbahnpakets hinausging), das allen Eisenbahnunternehmen der Gemeinschaft offenen Zugang zur Eisenbahninfrastruktur zur Erbringung aller Dienstleistungen gewährte, vorbehaltlich einer Genehmigung des Verkehrsministeriums und des Prinzips der Reziprozität im Fall von im Ausland niedergelassenen Firmen. Somit war auch die FS als Eisenbahnverkehrsbetreiber (umbenannt in Trenitalia in 2000) nicht länger Konzessionsinhaber, sondern ein lizenziertes Eisenbahnunternehmen ebenso wie die anderen Wettbewerber.

Das Gesetz Nr. 388/2000 legt den Grundsatz des offenen Zugangs fest. Es war ein weiteres Gesetz, das Dekret (Decreto Legislativo) Nr. 188/2003, erforderlich, um festzulegen, wie dies in der Praxis realisiert werden (und gleichzeitig das Erste Eisenbahnpaket offiziell umgesetzt werden) sollte, indem es

- Zugang zu den regionalen und nationalen Schienennetzen (gemäß dem Prinzip der Reziprozität) gewährte;
- konventionellen internationalen Güterverkehrsunternehmen Zugang zum gesamten Eisenbahnnetz gewährte und damit über die Anforderungen des Ersten Eisenbahnpakets der EU hinausging;
- das Zugangsrecht zum Netz ausweitete auf befugte Antragsteller, d. h. natürliche oder juristische Personen mit einzelwirtschaftlichem oder gemeinwirtschaftlichem Interesse am Erwerb von Fahrwegkapazität – zum Beispiel Verlader, Spediteure oder kombinierte Güterverkehrsbetreiber;
- langfristige Verträge über Fahrwegkapazität außer Kraft setzte und sie durch Rahmenverträge ersetzte; und
- die Grundlage schuf zur Beseitigung der verbliebenen, potenziell diskriminierenden Bedingungen durch Übertragung der Erbringung wesentlicher Dienstleistungen (wie zum Beispiel Zugbildung in Güterterminals und Bahnhöfen und Güterumschlag in Terminals) von Trenitalia an den Infrastrukturbetreiber, der dann entscheiden kann, die Dienstleistungen an andere Firmen weiter zu vergeben, vorausgesetzt dass diese von Eisenbahnunternehmen unabhängig sind.

Theoretisch ist es daher weit vor Ablauf der von der Europäischen Gemeinschaft gesetzten Fristen möglich, den Schluss zu ziehen, dass der italienische Eisenbahnsektor ein offener Markt ist. Es bleiben aber dennoch verschiedene Hindernisse auf dem Weg zu einem effektiven Wettbewerb im Markt, wie weiter unten erörtert wird. Das Ergebnis dieses Prozesses lässt sich wie folgt zusammenfassen: 35 Lizenzen wurden an Eisenbahnunternehmen vergeben, von denen 16 auch eine Sicherheitsbescheinigung erhielten. Von diesen 16 betreiben 13 tatsächlich Verkehr (2 auf dem Personenverkehrsmarkt und 11 auf dem Güterverkehrsmarkt). Der Anteil neuer Verkehrsunternehmen auf dem Güterverkehrsmarkt beträgt ungefähr 5 %, wohingegen im Personenfern- und -mittelstreckenverkehr der Anteil neuer Verkehrsunternehmen verschwindend gering ist.

Beim Personenverkehr besteht weiterhin ein Wettbewerb um den Markt bei Dienstleistungen, bei denen gemäß den europäischen Rechtsvorschriften Unternehmen kein Interesse haben, diese allein zu Gewinnzwecken zu erbringen, und diese daher von staatlichen Subventionen profitieren. Zu diesen zählen Nahverkehrsdienste sowie nächtliche Personenverkehrsdienste auf Fern- und Mittelstrecken. Mit Letzteren hat man vorübergehend Trenitalia betraut, während die Befugnis zur Durchführung von Ausschreibungen für Nahverkehrsdienste auf Franchisebasis schrittweise Kommunal- und Regionalbehörden übertragen wurde, obwohl – ausgenommen im Fall der Lombardei, Liguriens und Venetiens – dabei bislang keine Fortschritte erzielt wurden. Es bestehen verschiedene

Gründe für diese Verzögerung: Die Peripherie ist oftmals langsamer und nicht so gut vorbereitet wie die staatliche Verwaltung; zudem ist das Thema eng verknüpft mit der Liberalisierung anderer Nahverkehrsträger (mit der Möglichkeit von Vergabeverfahren, die mehr als einen Verkehrsträger betreffen); und schließlich die Existenz von Markteintrittsschranken, beginnend mit der schwierigen Beschaffung von Rollmaterial und der fürsorglichen Arbeitnehmer-Gesetzgebung, die oftmals Garantien zur Aufrechterhaltung aktueller Beschäftigungsniveaus gibt und die gleichen Vertragsbedingungen verlangt wie die, die dem Personal des etablierten Verkehrsbetreibers (Incumbent) eingeräumt wurden.

Die Umstrukturierung der Ferrovie dello Stato

Gemeinsam mit der Marktöffnung erfolgte die Umstrukturierung der FS mit zwei gleichzeitigen Zielsetzungen:

• die Notwendigkeit zur Erfüllung der Verpflichtungen der Gemeinschaft zur Schaffung einer gesunden finanziellen und wirtschaftlichen Basis für den Infrastrukturbetreiber (unter Berücksichtigung der Instandhaltungs- und Investitionskosten für die Infrastruktur) und zur Abschaffung von Subventionen an Trenitalia, es sei denn, dass diese durch gemeinwirtschaftliche Verpflichtungen gerechtfertigt sind; und

• die Zuweisung der in Bezug auf das Thema Wettbewerb heikelsten Funktionen an eine Einrichtung, die von dem etablierten Verkehrsbetreiber (Incumbent) unabhängig ist. Es wurde auch eine von den europäischen Rechtsvorschriften geforderte Regulierungsbehörde geschaffen, mit der wir uns weiter unten befassen werden.

Die Reorganisation der FS wurde durch zwei Richtlinien des Premierministers (aus dem Jahr 1997 und dann dem Jahr 1999) notwendig, die unter anderem folgende Forderungen enthielten:

• die Trennung des Infrastrukturbetreibers (RFI) von Trenitalia[1];

• die Unterteilung der geschäftlichen Tätigkeiten von Trenitalia in vier Abteilungen: Personenfern- und -mittelstreckenverkehr, Güterverkehr – vor kurzem umbenannt in Global Logistics –, Nah- und Regionalverkehr und eine für Technologie und Rollmaterial zuständige Abteilung, UTMR;

• die Erreichung der Zielsetzungen eines wirtschaftlichen Aufschwungs und der mit europäischen Niveaus vergleichbaren Qualitätsstandards;

• eine Preispolitik basierend auf einer Preisobergrenze (price cap);

• intensive Bemühungen um eine Erhöhung des Verkehrsvolumens.

All diese Ziele wurden erreicht mit Ausnahme des letzten, bei dem es sich in der Tat um das letztendliche Ziel handelte. Aus wirtschaftlicher und finanzieller Sicht

---

[1] De facto wurde die frühere FS offiziell in die RFI umgewandelt, die wiederum zur FS Holding Group wurde.

wurde de facto zwischen 1997 und 2001 eine radikale Wende vollzogen durch die Trennung des Infrastrukturunternehmens von dem, das die Verkehrsdienste erbringt, die Teilung des Letzteren in die oben genannten getrennten Bereiche, die Optimierung des Beschaffungswesens und der Verträge, die Erneuerung des Rollmaterials, die gestiegene Produktivität der Mitarbeiter, auch durch eine weitere Reduzierung des Mitarbeiterbestands und durch Abstoßen oder Optimierung nicht-strategischer Vermögenswerte.

Die Rolle des Staates bestand darin, die erforderlichen Ressourcen für Investitionen und Infrastrukturinstandhaltung zu gewährleisten und die Kosten für das Programm zur Mitarbeiter-Vorruhestandsregelung zu übernehmen. Gleichzeitig konnte sich die Geschäftsführung der FS immer mehr vor Eingriffen der Politik und der Gewerkschaften schützen dank der neu ernannten Manager, aber auch der Regierungen, die seit Mitte der 90er Jahre an der Macht waren. Die FS verfolgte tatsächlich als Monopolist einen ungewöhnlichen Weg, sie erfüllte prompt die Richtlinien der Regierung, da sie wusste, dass nur eine Marktöffnung die Hindernisse auf dem Weg zum Wiederaufschwung und zur Weiterentwicklung des Unternehmens beseitigen würde.

Die Ergebnisse sind deutlich zu erkennen: Bereits im Jahr 2001 erfüllten sowohl der Infrastruktur- als auch der Transportbereich die von der Europäischen Union gemachten Vorgaben bezüglich eines wirtschaftlichen und finanziellen Gleichgewichts. Es sollte jedoch darauf hingewiesen werden, dass die Verbesserungen im Prinzip durch Kontrolle der Kosten und (in 1999-2000) durch Anhebung der Tarife im Personenverkehr erzielt wurden. Es war fast überhaupt kein Zuwachs beim Verkehr zu verzeichnen, was, wie bereits oben erwähnt, das letztendliche Ziel aller verkehrspolitischen Maßnahmen sein sollte. Außerdem wurde Trenitalias Rückkehr zur Rentabilität wettgemacht durch substanzielle und strukturelle Verluste im Güterverkehrsbereich, die durch den Personenverkehr indirekt subventioniert wurden: Dies schafft, was den Wettbewerb angeht, heikle Probleme, wenn man berücksichtigt, dass das Unternehmen *de facto* Monopolist im Personenfern- und -mittelstreckenverkehr und von Rechts wegen weiterhin Monopolist im Nahverkehr in nahezu allen Regionen des Landes ist.

Die Rolle des Infrastrukturbetreibers wurde RFI als staatlichem Konzessionsinhaber übertragen. Doch die RFI wird vollends von der FS Holding kontrolliert, die auch Eigentümer der Trenitalia ist. Der italienische Weg bestand somit in einer Trennung der Rechnungsführung anstelle einer formellen eigentumsrechtlichen Trennung.

Es bestehen potenzielle Interessenskonflikte zwischen RFI, die mit staatlichen Befugnissen zur Gewährleistung eines lauteren Wettbewerbs ausgestattet wurde, und demselben Unternehmen als Teil eines Konzerns, der Eigentümer des etablierten Verkehrsbetreibers ist, ein Punkt, auf den wir an späterer Stelle zurückkommen. Die in Bezug auf den Wettbewerb sensiblen Funktionen, die von der RFI wahrgenommen werden, sind im Wesentlichen:

- die Ausarbeitung und Bereitstellung der Schienennetz-Nutzungsbedingungen;
- die Zuweisung der Fahrwegkapazität unter den verschiedenen Antragstellern;
- die Prüfung des Rollmaterials und die Ausstellung der Sicherheitsbescheinigungen, die Überprüfung des Standards der Mitarbeiter, die für Eisenbahnunternehmen arbeiten, und ihrer internen Organisation im Hinblick auf die Sicherheit (obwohl einige dieser Funktionen gemäß dem Zweiten Eisenbahnpaket abgeschafft werden);
- Bereitstellung von Zugbildungs- und anderen Einrichtungen in Güterterminals in Übereinstimmung mit dem Gesetzesdekret 188/2003;
- Ausbau der Schienennetzkapazität und Weiterentwicklung von Technologien, die den etablierten Betreiber, der zu demselben Konzern gehört, möglicherweise begünstigen. Jedoch sollte darauf hingewiesen werden, dass Ersteres von der CIPE (dem Interministeriellen Ausschuss für Wirtschaftsplanung) genehmigt werden muss und Letzteres stets mehr an die europäischen Interoperabilitäts- und Sicherheitsvorschriften gebunden ist.

Das Ministerium und die Regierung

Das Ministerium für Infrastruktur und Verkehr erfüllt mehrere Funktionen. Erstens koordiniert die *Direktion Eisenbahnverkehr* die Investitionspolitik, reguliert die Ausstellung von Lizenzen an Eisenbahnunternehmen, reguliert die Trassenpreise und Tarife, legt Qualitätsstandards für regulierte Verkehrsdienste und Infrastrukturen fest und definiert die Normen und Standards für die Sicherheit und Interoperabilität.

Zweitens erstattet die *Regulierungsbehörde für Eisenbahnverkehr* direkt Bericht an das Ministerium und nimmt die Aufgaben der Regulierungsbehörde gemäß den Rechtsvorschriften der Gemeinschaft wahr. Die Behörde erstellt ordnungspolitische Leitlinien und sorgt für die Einhaltung eines lauteren Wettbewerbs von der RFI. Sie überwacht RFI insbesondere was die Einhaltung der Grundsätze der Transparenz, Gleichbehandlung und Nichtdiskriminierung angeht. Sie entscheidet auch über Beschwerden bezüglich der Zuweisung von Kapazität, Sicherheitsbescheinigungen und andere Aspekte von Normen und Sicherheitsstandards. Anzumerken ist, dass sich verschiedene der Regulierungsbehörde anvertraute Aufgaben mit denen der Kartellbehörde überschneiden können. Es ist daher wichtig, ihre jeweiligen Zuständigkeiten genauer zu definieren.

Schließlich genehmigt der *Interministerielle Ausschuss für Wirtschaftsplanung* die Investitionspläne für das nationale Schienennetz, die Fahrwegentgelte und Transporttarife für die Verkehrsdienste, die einer Regulierung unterliegen, d. h. die des Personenfern- und des Personenmittelstreckenverkehrs.

Abschließend ergibt sich, was die in Bezug auf den Wettbewerb sensiblen Funktionen angeht, folgendes Bild:

- die Ausstellung von Lizenzen, die Festlegung von Gebühren und die Überwachung der Diskriminierung zwischen den Schienenverkehrsbetreibern wurde staatlichen Einrichtungen übertragen;
- die Zuweisung von Fahrwegkapazität, die Ausstellung von Fahrzeug-Zulassungen und die Sicherheitsbescheinigung, die unmittelbare Überwachung von Eisenbahnunternehmen in puncto Sicherheit und die Erbringung einer Reihe zusätzlicher Dienstleistungen unterstehen alle dem Infrastrukturbetreiber.

Schlussendlich muss RFI die Vorschriften des Ministeriums einhalten und wird von diesem überwacht und hat ein Chinese Walls eingeführt, um zu vermeiden, dass Trenitalia sich einmischt. Somit scheint RFI zumindest theoretisch ausreichend vor Einmischung seitens der Holding-Gesellschaft, zu der sie gehört, geschützt zu sein. Trotz der erheblichen Konzentration von Funktionen bei der RFI entspricht der dargestellte Rahmen den Gemeinschaftsvorschriften, und derzeit scheint die weitreichende Unabhängigkeit des Infrastrukturbetreibers von der FS durch eine minimale Anzahl von Beschwerden bestätigt zu werden.

7.3 Weitere Schritte und Unzulänglichkeiten

Laut der Organisation für wirtschaftliche Zusammenarbeit und Entwicklung (OECD) brachte der Liberalisierungsprozess, der obwohl er spät begonnen hatte, Italien weiter als die meisten europäischen Staaten[2]. Es handele sich um „nahezu das einzige Land in Europa, das alle Segmente des Eisenbahnverkehrs vollständig liberalisiert hat"[3]. Tatsächlich ist Italien zumindest theoretisch nahezu allen großen Staaten auf dem europäischen Festland voraus, mit Ausnahme von Deutschland.

Die obige Diskussion hat einige Zweifel an der Auswirkung der Reformen aufkommen lassen, die zumindest bis heute nicht dazu beigetragen haben, den Marktanteil der Bahn zu erhöhen. Drei Elemente fehlen oder sind nur in abgeschwächter Form Bestandteil der Reformen, und diese zusammengenommen könnten langfristig auf ihr Scheitern hindeuten. Dabei handelt es sich um die

---

[2] OECD, Regulatory Reform in Italy, März 2001, S. 4.
[3] Ib., Seite 93.

Vorschriften für den intermodalen Wettbewerb, die Rolle des Staates und schließlich das Verhältnis zwischen RFI und Trenitalia.

Wettbewerb zwischen den Verkehrsträgern

Es wird allgemein anerkannt, dass selbst wenn alle gesetzlichen Beschränkungen aufgehoben würden, der Eisenbahnsektor weiterhin voller Hindernisse für den Wettbewerb bliebe: nicht verfügbares Rollmaterial, fehlende Sekundärmärkte und unzureichende Interoperabilität, verlorene Kosten („sunk costs"), strategische Reaktionen etablierter Betreiber und staatliche Subventionen (ob als solche deklariert oder versteckt). Die größte Hürde ist jedoch die Nachfrageschwäche, da die tatsächliche Bestreitbarkeit („contestability") eines Marktes in erster Linie von seinen Wachstumsaussichten abhängig ist. Fehlt diese Voraussetzung, läuft der Wettbewerb Gefahr, zu einem „Nullsummenspiel" zu werden und aufgrund von Schranken, die von den etablierten Betreibern aufgebaut werden, zu scheitern. Da der Verkehrssektor als Ganzes sehr stark gewachsen ist, ist das Haupthindernis für die Weiterentwicklung der Bahnen die Konkurrenz von anderen Verkehrsträgern, vor allem der des Straßengüterverkehrs.

Der Straßengüterverkehr ist nicht so kostenintensiv wie der Schienenverkehr, insbesondere wenn die Zeitkosten berücksichtigt werden. Seine Preisstruktur ist flexibler, es treten weniger Unteilbarkeiten auf und die Markteintritts-/-austrittskosten sind niedriger. Jedoch sind in den Preisen die externen Kosten nicht enthalten, und somit profitieren die Straßengüterverkehrsunternehmen oft von mehr oder weniger versteckten Subventionen und einer fehlenden Übereinstimmung mit Arbeits- und Sicherheitsvorschriften und bezahlen Infrastruktur-Zugangsentgelte, die um einiges niedriger sind. Der Wettbewerb im Straßengüterverkehr ist extrem lebhaft, und trotz weit verbreiteter Ineffizienzen führt er zu einem Kostendruck nach unten. Folglich bestimmt der Straßengüterverkehr den Preis, wenn Raum für Wettbewerb zwischen den beiden Verkehrsträgern besteht. Daher ist es oft der Fall, dass die Bahnen defizitären Verkehr betreiben oder den Markt verlassen müssen.

Ziel der Europäischen Kommission[4] ist es, den Anteil der auf der Schiene transportierten Güter in 2010 auf 8 Prozent zu halten. Diese Zielsetzung mag konservativ erscheinen, doch ist sie eigentlich sehr (zu?) ehrgeizig. Tatsächlich wird erwartet, dass der gesamte Güterverkehr zwischen heute und 2010 um 40 Prozent zunimmt; daher werden die Bahnen daran anknüpfen müssen, um den heutigen Marktanteil zu halten.

Wenn man nah an das oben genannte Ziel herankommen will, müssen die Re-

---

[4] Europäische Kommission, 2001, *Weißbuch – Die Europäische Verkehrspolitik bis 2010: Weichenstellungen für die Zukunft.*

geln des Wettbewerbs zwischen dem Straßen- und dem Schienengüterverkehr mit Hilfe einer starken Industriepolitik, die mit der erklärten Zielsetzung des intermodalen Gleichgewichts kohärent ist, reformiert werden. Der von der Kommission entwickelten Strategie zufolge muss die Unterstützung des Eisenbahnsektors mit Schritten zur Reduzierung der Verzerrungen des intermodalen Wettbewerbs gekoppelt sein, die teilweise von einem Preissystem stammen, das die Summe der sozialen Kosten der unterschiedlichen Verkehrsträger nicht widerspiegelt. Die Kommission hat eigens eine Reform der Zugangsentgelte für alle Verkehrsinfrastrukturen auf der Grundlage der sozialen Grenzkosten vorgeschlagen, um die externen Kosten der verschiedenen Verkehrsträger zu internalisieren[5]. Ohne diesen Schritt – neben anderen – kann die Bahn nicht mit dem Straßengüterverkehr konkurrieren.

Keine dieser Maßnahmen wurde bislang in Italien umgesetzt. Außerdem gestaltet der derzeitige Mangel an Fahrwegkapazität, der einhergeht mit einer Verkehrsüberlastung der wichtigeren Segmente, die Erreichung der Zielsetzung, den derzeitigen Marktanteil des Güterverkehrs aufrechtzuerhalten, extrem schwierig.

Es mag paradox erscheinen, dass der Schienengüterverkehr, was den Wettbewerb anbelangt, das dynamischste Segment ist: Unglücklicherweise handelt es sich dabei lediglich um den Wettbewerb innerhalb des Eisenbahnverkehrssektors, durch den die Nachfrage weg von Trenitalia (Global Logistics) zu anderen Eisenbahnunternehmen geleitet wird, was jedoch nicht die Entstehung von zusätzlichem Verkehr impliziert. Außerdem entsteht Wettbewerb nur auf den rentabelsten Segmenten, wodurch dem etablierten staatlichen Betreiber die Verpflichtung überlassen wird, die Verkehrsdienste zu erbringen, die weniger rentabel sind.

Durch das Gesetz Nr. 166/2002 hat der italienische Staat einen Dreijahresplan für eine Subventionierung des kombinierten Verkehrs finanziert (ungefähr € 350 Millionen), der hauptsächlich das Ziel einer direkten Aufrechterhaltung der Nachfrage hat. Dies ist zweifelsohne ein hilfreicher Schritt, doch er reduziert keineswegs die Kosten des Eisenbahnverkehrs, so dass man hoffen könnte, eine Umkehr des wirtschaftlichen Rückgangs zu bewirken. Andere Elemente sind erforderlich: eine Politik zur Festlegung von Preisen, die mit den Gesamtkosten (internen und externen Kosten) der verschiedenen Verkehrsträger kohärent sind, intermodale Terminals, die einen Umschlag auf andere Verkehrsträger ermöglichen, eine bessere Logistik (Ressourcen, an denen es Italien weit mehr fehlt als seinen europäischen Wettbewerbern), Allianzen und eine wesentliche Marktkonsolidierung, wenn auch auf Kosten eines Pluralismus, der heute nicht

---

[5] Europäische Kommission, 2001, *Weißbuch – Die Europäische Verkehrspolitik bis 2010: Weichenstellungen für die Zukunft.*

mehr als kosmetischer Natur ist: Die Verteidigung des Wettbewerbs impliziert tatsächlich das Überleben der Wettbewerber. Dies erfordert eine Koordination unter den nationalen Kartellbehörden.

Die Rolle des Staates

Das System der staatlichen Funktionen im Verkehrssektor ist kompliziert, nicht transparent und unterliegt Interessenskonflikten. Kurz gesagt, es ist ineffizient. Hier mehr als anderswo scheint der italienische Staat viele „Seelen in der Brust" zu haben: er ist Anteilseigner, Lizenzgeber, Investor, Garant für Nutzer, Mitarbeiter, Lieferanten und Steuerzahler. Des Weiteren und im Allgemeineren ist er verantwortlich für die Schaffung eines Gleichgewichts in den öffentlichen Finanzen. Jede dieser Seelen birgt widersprüchliche Zielsetzungen in sich, wobei der Staat zu mühsamen Vermittlungen zwischen ihnen verpflichtet ist, die nicht immer mit den angeblichen Prioritäten, wie dem Wettbewerb, kohärent sind.

Natürlich ist dieser Zustand weit verbreitet, da in allen Ländern der Staat Funktionen auf sich vereinigt, die potenziell im Widerspruch zueinander stehen, und die Suche nach einem Gleichgewicht zwischen den widersprüchlichen Interessen das Fundament der Politik bildet. Die italienische Besonderheit besteht nicht in den vielen dem Staat zugeteilten Funktionen, sondern in der Identifizierung des „Staates" mit der „Regierung", insbesondere aufgrund eines Mangels an Bürokratie, die die notwendige Unabhängigkeit und Kontinuität besitzt, um sich gegenüber dem einem und dem anderen durchzusetzen. Außerdem werden die den zuständigen Ministerien institutionell übertragenen Funktionen durch die Regierung mit Hilfe einer komplexen Kette an Rechtsvorschriften, die andernorts möglicherweise nicht bekannt sind, insgesamt abgeschwächt.

Ein geeignetes Beispiel, um das Wirrwarr an Zuständigkeiten und die daraus resultierende Inaktivität zu erläutern, lässt sich dem Verfahren zur Bestimmung der Tarife für den Personenfern- und den Personenmittelstreckenverkehr entnehmen.

Auf der einen Seite führte die ordnungspolitische Reform der Tarife, die 1999 stattfand, zur Einführung eines grundlegenden Prinzips: der Anerkennung des Rechtes eines Unternehmens, eine angemessene marktübliche Kapitalrendite zu erwirtschaften. Die Reform ist von Bedeutung, da Gewinne erforderlich sind, um Investitionen in Rollmaterial zu finanzieren, und auch, um langfristig das Interesse privater Investoren zu gewinnen.

In den meisten europäischen Staaten werden die Preise für den Personenfern- und den -mittelstreckenverkehr nicht reguliert, mit Ausnahme einer ex-post-Kontrolle durch die Regierungen. In Italien hingegen werden die Tarife strikt mit Hilfe einer Preisobergrenze (price cap) reguliert. Obwohl ich, wie bereits oben dargelegt, der Ansicht bin, dass der italienische Ansatz im Prinzip richtig ist, wenn man berücksichtigt, dass Trenitalia de facto immer noch ein Monopolist ist, sollte die Preisregulierung das Unternehmen nicht – wie es in Italien tatsächlich der Fall ist – davon abhalten, eine effektive Marketingpolitik zu betreiben.

Auf der anderen Seite wurde die für den Zeitraum 1999-2002 genehmigte Tariferhöhung (3,5 % über der geplanten Inflationsrate) tatsächlich nur für 1999 und 2000 zugelassen und seitdem eingefroren, ohne offizielle Gründe zu nennen. Zwischenzeitlich sind die Fahrweggebühren gestiegen. Trenitalia konnte diese zusätzlichen Kosten nicht an den Kunden weitergeben.

In dieser Hinsicht können die wichtigsten europäischen Wettbewerber Punkte zu ihren Gunsten sammeln da (i) sie ein größeres Maß an Freiheit bei der Preisbildung genießen und somit marktorientierte – nicht politisch orientierte – Tarife festlegen können, (ii) das, was bei Entscheidungen zu den Tarifen durch die Regulierungsbehörde erreicht wurde, nicht durch die „Tyrannei" des Kreislaufs der Politik gefährdet wird, und da (iii) die derzeit erhobenen Tarife die von Trenitalia um ca. 40 % übersteigen.

In einem liberalisierten Umfeld funktioniert der Wettbewerb nicht nur über die Preise, sondern auch über Investitionen, vorausgesetzt, dass angemessene Gewinnspannen erreicht werden. Die Chancengleichheit, auf die der Wettbewerb ausgerichtet sein sollte und die die Regulierungsbehörde gewährleisten sollte, sollten nicht paradoxerweise von einem Anteilseigner verweigert werden, der als Garant einer Politik zur Eindämmung der Inflation fungiert.

Eine unabhängige Regulierungsstelle könnte dabei eine Rolle spielen. Jedoch waren in dem politischen und institutionellen System Italiens unabhängige Behörden nie sehr populär: Das Primat der Politik lehnt die Vorstellung von der Existenz autonomer Organe ab, die die Anordnungen der amtierenden Regierung umgehen könnten. Zum Beispiel scheiterte ein 1995 vorgelegter Vorschlag zur Bildung einer unabhängigen Verkehrsbehörde nach Stellungnahme der parlamentarischen Kommission, die der Ansicht war, dass die Zeit noch nicht „reif" war. Selbst der Verkehrsmasterplan aus dem Jahre 1999 war, was die erneute Inangriffnahme des Vorschlags anging, sehr vorsichtig, möglicherweise absichtlich kompliziert. Und es lässt sich nicht anders erklären, warum selbst die nicht-autonomen Behörden, deren Ziel es ist, die verschiedenen Segmente des Verkehrsmarktes zu regulieren, aufgrund von Personalmangel, mangelnder Professionalität und finanzieller Ressourcen nicht in der Lage sind, effizient zu arbeiten.

Das Verhältnis zwischen RFI und Trenitalia

In den letzten Jahren konzentrierte sich die Diskussion über die Organisation des italienischen Schienenverkehrssystems fast ausschließlich auf die Frage der Integration im Vergleich zu einer vollständigen eigentumsrechtlichen Trennung der RFI von der FS: Eine Debatte, bei der sich die erstgenannte Möglichkeit in der Regierung durchsetzte. Die Befürworter einer vollständigen eigentumsrechtlichen Trennung befürworteten dies als die einzige Möglichkeit, eine Unabhängigkeit des Infrastrukturbetreibers von dem wichtigsten Verkehrsbetreiber zu gewährleisten. Diejenigen, die die andere Lösung befürworteten, betonten die Vorteile für die Branche.

Der Hauptgrund, warum die Europäische Union es bevorzugte, den Staaten zu ermöglichen, ein unterschiedliches Maß an Trennung einzuführen, besteht darin, Flexibilität zuzulassen, um den Wettbewerbsschutz mit den Erfordernissen der Branche zu kombinieren, insbesondere im Hinblick auf die erforderliche Erhöhung von Investitionen in Infrastrukturen und die Stimulierung der Aufschwungsbemühungen der Unternehmen. Die Vorteile der Integration bestehen in größeren Skaleneffekten, Kosteneinsparungen bei der Information und der Transaktion sowie der Koordination von Investitionen sowohl in die Netzkapazität als auch in Technologien. Diese Vorteile treten noch mehr zutage für den Fall, dass der Infrastrukturbetreiber und der etablierte Betreiber (Incumbent) sich auf Verträge mit unbedingter Zahlungsverpflichtung einigen – bei denen die Käufer bezahlen, auch wenn sie das Netz nicht benutzen – oder auf langfristige Rahmenverträge, die beide eine Rendite bei Infrastrukturinvestitionen garantieren.

Die zentrale Frage ist, ob diese Vorteile für die Branche automatisch an alle Wettbewerber weitergegeben werden oder ob sie nur die etablierten Betreiber begünstigen. Mit anderen Worten, Ursache von Diskriminierung kann die Aufrechterhaltung der auf Einheit gerichteten Eigentumsverhältnisse sein. Vorteile, die für den Infrastrukturbetreiber entstehen, werden möglicherweise geteilt (zum Beispiel Skaleneffekte, die sich in niedrigeren Gebühren niederschlagen, die Optimierung der Kapazität des Netzes, die größere Spielräume für alle Verkehrsbetreiber eröffnet). Dies ist möglicherweise nicht der Fall, zumindest nicht automatisch, soweit dem integrierten Verkehrsbetreiber Vorteile entstehen, wie Vorteile, die aus einer technologischen Kooperation hervorgehen. Theoretisch ließen sich selbst Investitionen in die Netzkapazität nach den Prioritäten des integrierten Verkehrsbetreibers planen, indem die Strecken, auf denen er plant, seine Verkehrsdienste zu erhöhen, ausgebaut werden und der Ausbau anderer Strecken reduziert wird, wann immer er dies wünscht, um andere Wettbewerber davon abzuhalten, in den Markt vorzudringen. Man sollte jedoch beachten, dass das diskriminierende Verhalten in der oben erwähnten Form unwahrscheinlich erscheint, da Investitionen in Infrastrukturen in ganz Europa mit staatlichen Ressourcen finanziert werden und daher auf der Grundlage von Anweisungen der Regierung geplant werden.

Um aber zu einer Verteilung der Integrationsvorteile beizutragen und die Risiken von wettbewerbsausschließenden Absprachen zu reduzieren, sollte der Infrastrukturbetreiber Konsultationsverfahren mit allen existierenden Verkehrsbetreibern, auch in Bezug auf Investitionspläne in Netzkapazität und Technologie, durchführen: besser noch, sich mit Vertreterverbänden der Eisenbahnunternehmen besprechen, wenn man berücksichtigt, dass die bereits etablierten Unternehmen bestrebt sein könnten, den Status Quo der Infrastruktur als Markteintrittsschranke für Wettbewerber zu erhalten. Gleichzeitig sollten die Mitgliedsstaaten von den Infrastrukturbetreibern verlangen, bestimmte Zielsetzungen und Anreize zu erzielen, um sie zu einer Maximierung der Auslastung der Netzkapazität zu veranlassen und somit die Bedingungen für gegensätzliche Interessen zwischen ihnen und den Eisenbahnunternehmen, mit denen sie integriert sind, zu schaffen.

Man darf nicht vergessen, dass neue Verkehrsunternehmen gegenüber den etablierten Verkehrsunternehmen andere Vorteile genießen. Die etablierten erben Altlasten, obwohl diese mit der Zeit verschwinden sollten. Kurz gesagt, diejenigen, die spät in den Markt vordringen, haben Nachteile, was ihre Positionierung auf dem Markt angeht, doch auch Vorteile, da sie in der Lage sind, ihren Betrieb aufzunehmen, ohne von der Vergangenheit abhängig zu sein.

Abschließend ist festzuhalten, dass die radikale Lösung einer eigentumsrechtlichen Trennung der zwei Bereiche unvollkommen ist, wenn der Schienenverkehrsbetreiber in öffentlicher Hand, d.h. nicht privatisiert ist. Bis zur Privatisierung sind sowohl der Verkehrsbetreiber als auch der Infrastrukturbetreiber Eigentum eines einzigen Anteilseigners (des italienischen Wirtschafts- und Finanzministeriums), wodurch eine gemeinsame Nabelschnur erhalten bleibt, die nicht frei ist von den Versuchungen der Parteilichkeit.

CER

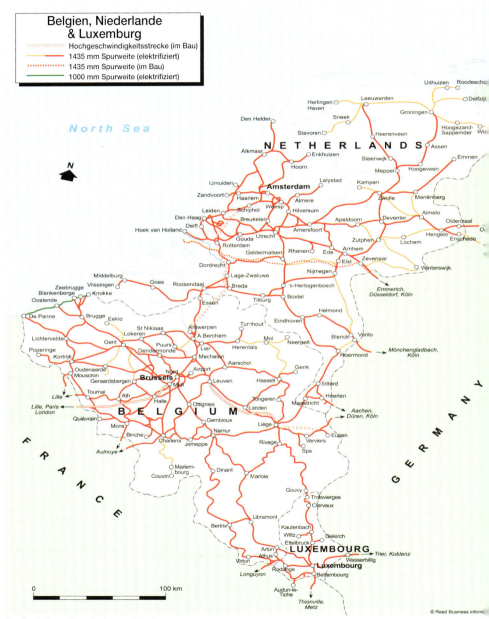

Belgien, Niederlande
& Luxemburg

Hochgeschwindigkeitsstrecke (im Bau)
1435 mm Spurweite (elektrifiziert)
1435 mm Spurweite (im Bau)
1000 mm Spurweite (elektrifiziert)

Quelle: Railway Gazette International

142

© Reed Business Inform

8. Niederlande

Didier van de Velde
NEA Transport Research Consultancy / Delft University of Technology

Fläche des Landes (km²)   41 526

	2003		2003
Bevölkerung[a] (Mio.)	16,2	Fracht t/km	4,4
Bruttoinlandsprodukt (BIP) (Mrd. Euro)	453,8	Personen km (Mrd.)	13,9
Länge des Streckennetzes (1000 km)	2,8	Modaler Anteil – Güterverkehr[b] (%) Modaler Anteil – Personenverkehr[c] (%)	4,1 8,5

[a] Am 01. Januar
[b] Basiert auf Eurostat 2003 Straße, Schiene und Binnenwasserstraßen
[c] Basiert auf Eurostat 2002, Schiene, öffentlicher Verkehr auf der Straße, private PKW

8.1 Die Eisenbahnreform 1995[1]

Mit der 1995 in den Niederlanden eingeleiteten Eisenbahnreform wurde das Ziel verfolgt, den Marktanteil der Eisenbahn im Transportsektor zu erhöhen und gleichzeitig die öffentlichen Finanzen zu entlasten. Sie basierte auf dem Rat eines 1991 vom Verkehrsminister eingesetzten Sonderausschusses.[2] Dessen Hauptempfehlung war die Abhängigkeit des nationalen Eisenbahnunternehmens Nederlandse Spoorwegen (NS) von Subventionen zu beseitigen. Das Unternehmensmanagement sollte sich ganz auf den Kunden als Einnahmequelle konzentrieren. Hierfür war eine Umstrukturierung der NS nötig, die Hand in Hand ging mit der Autonomie für NS, selbst über Investitionen, Finanzen, Leistungen, Fahrpreise und Personalpolitik zu bestimmen. Dazu gehörte auch die Neuorientierung künftiger staatlicher Eingriffe allein in strategische Eisenbahnangelegenheiten, u. a. was Infrastrukturleistungen, die relativen Preise der verschiedenen Transportmittel und die Garantie eines angemessenen Serviceangebots für die Öffentlichkeit betrifft.

---

[1]   Die Beschreibung der Reform bis 2000 basiert teilweise auf einem früheren Aufsatz, den der Autor in Japan Railway & Transport Review (van de Velde, 2000) veröffentlichte.

[2]   Commissie Wijffels, 1992.

Übergangsvertrag und Reform der NS

Zwischen dem Ministerium und der NS wurde für den Zeitraum 1996-2000 ein Übergangsvertrag geschlossen. In dieser Zeit sollte eine neue Eisenbahngesetzgebung ausgearbeitet werden, die das Eisenbahngesetz von 1875 ablösen sollte. Gleichzeitig war der Vertrag auch eine Reaktion auf die Europäische Richtlinie 91/440. 1995 fand eine organisatorische Trennung innerhalb des NS Konzerns durch Gründung von Tochtergesellschaften statt: die *NS Groep*, drei „Aufgabenbereiche" und NS *Railinfratrust* (siehe unten). Es sollte angemerkt werden, dass diese Reform weder eine Umwandlung in eine Gesellschaft noch eine Privatisierung des NS Konzerns beinhaltete, da die NS schon seit ihrer Gründung in den 1930ern eine Aktiengesellschaft war (*Naamloze Vennootschap* oder *NV*), an der der Staat alle Aktien hält.

Die „Marktsektor"-Bereiche (Betrieb nach Marktregeln) waren in der NS Groep angesiedelt. Zu ihnen zählten hauptsächlich *NS Reizigers* (Passagiere) als Betreiber von Personenverkehrsleistungen, *NS Stations* (Bahnhöfe), zuständig für die Weiterentwicklung und den Betrieb von Bahnhöfen, und *NS Vastgoed* (Immobilien) für den Bereich Verwaltung und Entwicklung von Immobilien und Grundstücken. Die NS war auch Eigentümerin von NS Cargo, doch diese fusionierte 1999 mit DB Cargo zu Railion. Eine 50-% Beteiligung an Telfort, einem Telekom-Betreiber, wurde 2000 verkauft. Eine Privatisierung von NS wurde angestrebt und das Management der *NS Groep* setzte sich selbst 10 % ROI zum Ziel. Es erwies sich jedoch als unmöglich, dieses Ziel zu erreichen.

NS Reizigers war weiterhin verantwortlich für die Intercity-, Express-, und Nahverkehrszugverbindungen auf dem Hauptnetz, wobei internationale Verbindungen nach Belgien und Deutschland in der üblichen Form der Zusammenarbeit mit den benachbarten Eisenbahngesellschaften unter dem Namen *NS Internationaal* angeboten wurden. Die Hochgeschwindigkeitsverbindungen nach Brüssel und Paris wurden gemeinschaftlich von NS, SNCF, SNCB und DB AG von einer separaten Gesellschaft namens *Thalys* betrieben.

Infrastruktur

Bei den drei 1995 eingerichteten „Aufgabenbereichen" handelte es sich um *Railned; NS Verkeersleiding* (Zugleitung/Zugsicherung) und *NS Railinfrabeheer* (Infrastrukturmanagement). Ihre Kosten wurden direkt vom Verkehrsministerium gedeckt, obwohl die Bereiche noch Teil des NS Konzerns waren. *Railned* war zuständig für die Erteilung von Genehmigungen an Zugbetreiber, für die Zuweisung von Kapazitäten (Fahrwege für Personenverkehr, Güterverkehr und Infrastrukturwartung), für die Überwachung der Eisenbahnsicherheit und für Beratungsleistungen zu Infrastrukturinvestitionen und Infrastrukturunterhaltung an das Verkehrsministerium. Bei dieser Aufgabe spielten die politischen Prioritäten der Regierung, die Bedürfnisse der Betreiber und die Innovationsmöglichkeiten eine Rolle. Ein dem niederländischen Modell eigener Aspekt zu dieser Zeit war die Trennung von *Railned* und *NS Railinfrabeheer*. Letztere war verantwortlich für den Bau, den Unterhalt und die Verwaltung der Eisenbahninfrastruktur, d. h. u. a. auch für die Überwachung von Großprojekten wie dem Bau der Hochgeschwindigkeitslinie oder der neuen reinen Güterverkehrsstrecke nach Deutschland (die so genannte Betuwe Linie). *NS Verkeersleiding* wurde die Aufgabe der täglichen Zuglaufkontrolle und Verkehrsabwicklung sowie der Information der Reisenden in Echtzeit übertragen. Rein rechtlich gesehen gehörte die gesamte Infrastruktur weiterhin *NS Railinfratrust*.

In der ersten Phase bis zum Jahr 2000 wurden die Gebühren zur Nutzung der Infrastruktur auf null festgesetzt. Im Gegenzug wurden die staatlichen Subventionen an NS für den Zugbetrieb in Höhe von € 130 Millionen im Jahr 1995 (bei einem Gesamtumsatz von rund € 950 Millionen bei der Personenbeförderung) bis zum Jahr 2000 auf null reduziert. In Abstimmung mit dem Ministerium umriss die NS das Personenverkehrsnetz, das die gesamten Betriebskosten decken würde (unter Verwendung interner Quersubventionen zwischen den Strecken, jedoch unter Ausschluss der Infrastrukturkosten). Die Verbindungen auf rund 30 Nebenstrecken und Nebenfernstrecken außerhalb des Intercitynetzes konnten unter diesem Vertrag nicht aufrechterhalten werden. Die verlustbringenden Linien (rund 15 % des gesamten Schienenpersonenverkehrsgeschäfts) wurden vom Verkehrsministerium separat an NS vergeben. Dieser so genannte „vertraglich geregelte Sektor" für „gesellschaftlich wünschenswerte Strecken" belief sich auf ca. € 82 Millionen pro Jahr. Damals wurden durch den Vertrag die Betriebssubventionen für den Zugbetrieb bei gleichzeitiger Aufrechterhaltung der Versorgung fast halbiert. Außerdem war die NS damals sogar in der Lage, dem Aktionär, also dem niederländischen Staat, eine kleine Dividende zu bezahlen.

Ein Bericht des niederländischen Rechnungshofs (Algemene Rekenkamer, 1999) kam jedoch zu dem Schluss, dass das Ministerium seinen Kontroll- und Steuerungspflichten bei den „Aufgabenbereichen" nicht nachgekommen war, da es die zu erledigenden Aufgaben nicht klar dargelegt und auch kein Anreizzahlungssystem für die Betreffenden eingerichtet hatte. Dabei wurde angemerkt, dass eine Reihe von vertraglich zulässigen direkten Eingriffen durch den Vorstand der NS in die Angelegenheiten der „Aufgabenbereiche" zwar zu einer Effizienzsteigerung geführt hatten, auch wenn diese Eingriffe in manchen Fällen dazu führten, dass die Unabhängigkeit der „Aufgabenbereiche" in einigen Situationen nicht mehr gewährleistet war, und deshalb entsprechende Korrekturmaßnahmen durch das Ministerium fällig gewesen wären. Eine Einmischung hing z. B. mit der Prioritiätensetzung zur Pünktlichkeitsverbesserung bei der Arbeit der Aufgabenbereiche zusammen. Diese Kritikpunke zeigen, wie wichtig und gleichzeitig schwierig es für das Ministerium war, die neue Kontroll- und Leitfunktion auszufüllen.

Wettbewerb um den Markt

Der ursprüngliche Bericht des Sonderausschusses schlug nicht explizit die Einführung von Wettbewerb bei den Personenverkehrsleistungen vor. Aber durch die Reformen 1995 wurde Wettbewerb möglich, und es tauchten einige neue Betreiber auf dem Markt auf.

Die größten Veränderungen, was Wettbewerb betrifft, ergaben sich bei den regionalen Zugverbindungen.[3] Die Schritte hin zu einer Vergabe des Personenverkehrs durch Verträge in Ausschreibungen sind hauptsächlich das Ergebnis von Erfahrungen im Zusammenhang mit dem neuen Personenbeförderungsgesetz 2000 (Wet Personenvervoer 2000), mit dem Ausschreibungen für das gesamte öffentliche Transportwesen in den Niederlanden eingeführt wurden. Anfangs ging es jedoch nicht direkt um mehr Wettbewerb, sondern es wurde nur mit Ausschreibungen gedroht, falls die Incumbents (etablierte staatliche Nahverkehrsbusunternehmen und NS) nicht einer Zusammenarbeit und der Schaffung eines integrierten Bus- und Schienennetzes zustimmen sollten. Interessanterweise starteten die Joint Ventures zwischen den etablierten staatlichen Unternehmen zwar sehr verhalten, doch im Lauf der Zeit bekam sogar NS Reizigers so unterschiedliche Partner wie einen privaten britischen Busbetreiber (Arriva) oder eine Tochtergesellschaft der SNCF Gruppe (Keolis).

Die Erfahrungen mit unterschiedlichen Verkehrsmitteln, für die Ausschreibungen durchgeführt oder auch nicht durchgeführt wurden, zeigen die im Rahmen des neuen rechtlichen Umfelds eröffneten Möglichkeiten. Serviceverbesserungen und niedrigere Kosten (teils durch Ein-Mann-Betriebe) konnten realisiert werden. Eine bessere Koordinierung und Integration von Regionalzügen und Bussen gelang bei gleichbleibenden Subventionen, und es wird berichtet, dass dadurch auch die Fahrgastzahlen beträchtlich stiegen.

3) Für den Ostteil der Niederlande bekam der größte staatliche Busbetreiber ConneXXion (durch den Vorgänger Oostnet) in einer Ausschreibung 1997 den Zuschlag für den Betrieb einer kurzen und stark verlustbringenden Nahverkehrseisenbahnlinie, die vorher von NS Reizigers betrieben worden war und eigentlich stillgelegt werden sollte. In der gleichen Region gründete NS Reizigers mit ConneXXion und Cariane Multimodal International (Teil einer SNCF Beteiligung, später Keolis) das Joint Venture Syntus, um im Rahmen eines mit der Provinz Gelderland ausgehandelten Vertrags ein integriertes Bus/Bahnnetz zu betreiben. Syntus erhielt später den Zuschlag für den Betrieb eines zweiten integrierten Bus/Bahnnetzes in einer Nachbarregion. Eine ähnliche Entwicklung fand im Norden statt, wo NS Reizigers, Arriva und eine Bank sich zum Unternehmen NoordNed zusammenschlossen (später zu 100% im Besitz von Arriva), das ohne Wettbewerb einen ausgehandelten Vertrag von der Provinz Fryslân (Friesland) für den Betrieb eines integrierten Bus/Bahnnetzes in der Provinz bekam. Später bekam NoordNed in einer Ausschreibung auch den Zuschlag für den Betrieb von Regionalstrecken in der benachbarten Provinz Groningen. 2003 verkaufte NS seine Beteiligung an NoordNed an Arriva. In einer zweiten Ausschreibung 2005 bekam Arriva den Vertrag für die nördlichen Strecken in Fryslân und Groningen.

Wettbewerb im Markt

Ein sehr viel weniger orthodoxes Experiment war der direkte Wettbewerb „auf den Trassen" zwischen Lovers Rail (ein Newcomer, der den niederländischen Familiennamen des Besitzers trägt) und NS Reizigers (dem etablierten Unternehmen) zwischen Amsterdam und Haarlem.

Unter Ausnutzung der Bestimmungen des alten Personenbeförderungsgesetzes zu Marktinitiativen[4] beantragte Lovers Rail 1996 beim Verkehrsministerium eine Genehmigung für den Betrieb mehrerer Strecken in den am dichtesten besiedelten Gegenden der Niederlande. Lovers Rail hatte zwar keine Erfahrung mit dem konventionellen fahrplanmäßigen Schienenpersonenverkehr, erhielt aber trotzdem die Genehmigung für Personenbeförderungsleistungen (gesetzliches Genehmigungsverfahren), die zum Wettbewerb im Markt[5] auf dem Streckenabschnitt Amsterdam-Haarlem (19 km und 17 Minuten lange Reise) führte. In der Praxis stockte Lovers Rail die bestehenden sechs Verbindungen pro Stunde von NS Reizigers um zwei weitere Verbindungen auf. Trotz einiger Serviceneuerungen erwies sich die mangelnde Fahrkartenintegration mit NS schließlich als gravierendes Manko. Die meisten Passagiere auf dieser Strecke hatten in irgendeiner Form eine Fahrpreisermäßigung von NS oder fuhren eine längere Strecke, d.h. sie hatten wenig Anreiz, den neuen Dienst zu nutzen. Also wurde der Betrieb Anfang 1999 nach heftigen Verlusten wieder eingestellt, ohne überhaupt den Betrieb auf anderen Strecken, für die Genehmigungen erteilt worden waren, aufzunehmen[6].

In der Zwischenzeit war eine neue Regierung an der Macht, und wachsender Unmut im Parlament über das „Lovers Experiment" führte zu einem Richtungswechsel, wobei weiterer Wettbewerb im Markt so lange unterbleiben sollte, bis das Verkehrsministerium eine neue Eisenbahnpolitik ausgearbeitet hatte.

Hochgeschwindigkeitslinien

Die momentan im Bau befindliche Hochgeschwindigkeitslinie Amsterdam-Rotterdam-Brüssel soll 2007 an die bereits bestehende Verbindung Brüssel-Paris an-

---

[4] Das alte Verkehrsgesetz basierte auf dem Prinzip der „Marktinitiative", wohingegen das neue Verkehrsgesetz 2000 auf dem Prinzip der „Behördeninitiative" beruht (siehe van de Velde, 1999).

[5] Die neue Verbindung wurde auf der Strecke Amsterdam-Haarlem-IJmuiden angeboten, wodurch die 1970 von NS stillgelegte Nebenstrecke in staatlichem Besitz von 6 km in Richtung IJmuiden wieder geöffnet werden musste. Da im Übergangsvertrag zwischen Verkehrsministerium und NS das Verleasen von Rollmaterial nicht vorgesehen war, stand Lovers Rail nicht genügend angemessenes Rollmaterial für das niederländische Netz zur Verfügung. Deshalb musste das Unternehmen auf veraltetes Secondhand-Rollmaterial aus Belgien und von NS Cargo gemietete Dieselloks zurückgreifen. Das Unternehmen hatte gehofft, Expresszüge auf der lukrativen Strecke Utrecht-Amsterdam-Den Haag-Rotterdam betreiben zu können, doch wegen mangelnder Kapazitäten aufgrund des NS-Fahrplans war dies außer auf einigen wenigen Streckenabschnitten nicht möglich.

[6] Es war wahrscheinlich abzusehen, dass NS zwischenzeitlich die Verbindungen auf bestimmten Strecken zwischen den größeren Städten im westlichen Teil des Landes ausbauen würde – wodurch Konkurrenten effektiv von diesen möglicherweise lukrativen Strecken ferngehalten wurden.

geschlossen werden. Im Jahr 2000 gab es eine internationale Ausschreibung für ihren Betrieb.[7] Zu den Mitbietern gehörten u. a. NS/KLM, CGEA/SJ/Connexion und DB/Arriva. 2001 wurde NS und KLM eine 15-jährige Exklusivkonzession erteilt. NS und KLM wollen die Konzession ab 2007 unter dem Namen HSA (High Speed Alliance), an der NS einen Anteil von 90 % und KLM von 10 % hält, ausüben. Beim Ausschreibungsverfahren wurde auch ein jährliches Nutzungsentgelt von € 148 Millionen festgelegt, das genau genommen eigentlich ein Beitrag zur Deckung der Infrastrukturkosten ist und von HSA an den Staat entrichtet werden muss.

Die Tiefbauarbeiten zur Errichtung der Strecke wurden in mehreren Losen ausgeschrieben. Außerdem wurde eine Public-Private-Partnership für den Oberbau der Strecke (Gleise, Signalanlagen und Fahrleitungen) eingerichtet. Für die Erstellung des Oberbaus auf dem niederländischen Teil der Strecke erhielt das Konsortium InfraSpeed (Fluor, Royal BAM Group, Siemens, Innisfree and HSBC) den Zuschlag. Der PPP-Vertrag umfasst eine fünfjährige Bauzeit gefolgt von einer 25-jährigen Unterhaltungszeit. Nach Abschluss der Bauleistungen und für die Lebenszeit der Konzession (bis 2031) erhält InfraSpeed vom niederländischen Staat feste Einnahmen, die nach Leistungsgrundlage variieren, aber nicht vom Beförderungsaufkommen abhängig sind.

8.2 Die Eisenbahnreform 2000

1999 wurde vom neuen Verkehrsminister (Ministerie van Verkeer en Waterstaat, 1999) der Partei für Arbeit das lange erwartete Politikdokument „De Derde Eeuw Spoor" („Das dritte Jahrhundert auf Schienen") zu Wettbewerb und Entwicklung im Eisenbahnsektor veröffentlicht. Es brach mit einigen der Vorhaben des vorherigen liberalen Ministers, sowohl was das Lovers Rail Experiment als auch was Franchising nach britischem Muster angeht, wie es für das gesamte oder zumindest einen Teil des nationalen Schienennetzes ursprünglich geplant war.

Die neue Regierung hielt 2000 für zu früh für einen Beginn des Franchising und hielt es für klüger, damit so lange zu warten, bis sich das neue bestehende profitable Hauptnetz im neuen Umfeld (Trennung von der Infrastruktur) ohne Konkurrenz eingespielt hat. Im Gegensatz dazu sollte es für verlustbringende regionale Personenverkehrsdienste mehr und mehr Ausschreibungen geben, da die

---

[7] 1999 arrangierte das Verkehrsministerium einen internationalen Beratungs- und Ausschreibungsprozess, der sich in ein Paket für die internationalen Verbindungen und ein nationales „Shuttle"-Paket für den Betrieb des niederländischen Teils der Linien untergliederte. In einem ersten Schritt wurde NS Reizigers das Recht der ersten Angebotsabgabe für ein integriertes nationales Hochgeschwindigkeits-/Intercitynetz zugestanden. Das Angebot wurde im November 1999 von einem „Ausschuss der Weisen" bewertet, aber aus verschiedenen Gründen verworfen, u. a. weil es nach Meinung der Regierung einen zu niedrigen Konzessionspreis an den Staat beinhaltete. Der Ausschuss beschloss schließlich eine internationale Ausschreibung, die Ende 2000 auch tatsächlich durchgeführt wurde.

regionalen Regierungen durch die Dezentralisierung weiter reichende Befugnisse und besser ausgestattete Haushalte erhielten. Man hoffte, so den Spagat zwischen Notwendigkeit von Regulierung und dem Wunsch einer Stimulierung des Wettbewerbs unter den Personenverkehrsbetreibern schaffen und gleichzeitig im gesamten Netz koordinierten Zugverkehr anbieten zu können. Ursprünglich sah die Politik eine Bewertung der Ergebnisse nach einigen Jahren vor.

Das Hauptnetz

Es war vorgesehen, der NS 2001 eine 10-Jahres-Konzession zum Betrieb auf dem Hauptnetz zu erteilen (Intercity-, Express- und Nahverkehrszüge auf den Hauptstrecken). Die Konzession sollte Leistungsverpflichtungen mit finanziellen Anreizen im Zusammenhang mit einem Ausbau der Personenbeförderung zu den Stoßzeiten und im Zusammenhang mit Pünktlichkeits-Levels enthalten. Sie sollte auch eine Reihe von Bedingungen im Hinblick auf Mindestservice, maximale Fahrpreiserhöhung, integrierten Fahrkartenvertrieb mit anderen Betreibern und barrierefreien Zugang für Menschen mit eingeschränkter Mobilität einschließen. Auf diese Weise sollte die NS maximale Management-Freiheit bekommen und es dem Ministerium möglich sein, klarere Ziele für gesellschaftlich nötige Beförderungsdienste zu setzen. Die Vertragsbedingungen sollten im Januar 2005 – teilweise auf Basis internationaler Benchmarking-Indikatoren – überprüft werden. Eine vollständige Bewertung des 2010 umzusetzenden Systems sollte 2008 vorbereitet werden. Der Bericht sah als logischen Abschluss des Reformprozesses immer noch die Privatisierung von NS vor. Diese Idee wurde jedoch später aufgrund des starken politischen Widerstands, hauptsächlich wegen der als negativ wahrgenommenen Privatisierungseffekte in anderen Sektoren der niederländischen Wirtschaft und auch in anderen Ländern, wieder verworfen.

Die NS und das Ministerium einigten sich auf den Entwurf für einen ersten Dienstleistungsvertrag (Oktober 1999) und eine gemeinsame Absichtserklärung (September 2000), die in eine Konzession umgewandelt werden sollte. Durch Unstimmigkeiten zwischen Parlament und Verkehrsministerium wurden jedoch das erwartete Eisenbahngesetz und das erwartete Konzessionsgesetz weiter hinaus geschoben, wodurch das Ministerium 2000 gezwungen war, einen Übergangsvertrag mit NS abzuschließen. Der Vertrag, der im Grunde genommen der gemeinsamen Absichtserklärung entsprach, galt nur für sechs Monate. Da die Streitigkeiten nicht beigelegt werden konnten, musste der Vertrag zweimal um jeweils sechs Monate verlängert werden.

Zwischenzeitlich war die Pünktlichkeit auf ein Niveau abgesunken, das nicht mehr mit dem zweiten Übergangsvertrag zu vereinbaren war. Das Ministerium folgerte, die Geschäftsleitungen der verschiedenen Eisenbahnorganisationen würden sich jetzt, wo die Produktionsprozesse wegen der getrennten Strukturen von Infrastruktur und Betrieb komplexer und anfälliger wären, nicht genügend auf die zusammenhängende Qualität konzentrieren. Wegen der Dringlichkeit der Lage leitete das Ministerium im Sommer einen politischen Wandel namens *„Herbezinning Spoor"* („Neubesinnung Eisenbahn") in die Wege. Die geforderte Pünktlichkeit wurde von 88% (auf 3-Minuten-Basis) auf 80 % gesenkt. Als sich Ende 2001 zeigte, dass die Pünktlichkeit von NS nunmehr nur noch 79,9 % betrug, waren der gesamte Vorstand *(Raad van Commissarissen)* und zwei Geschäftsführer gezwungen, zurückzutreten.

Vor diesem Hintergrund wurde der zweite Übergangsvertrag um weitere sechs Monate verlängert, nachfolgend sogar noch um ein Jahr bis Juli 2003 oder den „Beginn der neuen Konzession".

Regionallinien

Die Reform 2000 zielte auf eine schrittweise, kontrollierte und flexible Übergabe der Regionallinien an die Provinzen in Form neu geschaffener Regionalverkehrsbehörden ab. Das schloss auch den allmählichen Übergang von ausgehandelten Verträgen zu Ausschreibungen sowohl für die Regionallinien als auch für den Nahverkehr und die regionalen Buslinien gemäß dem neuen Personenbeförderungsgesetz von 2000 mit ein.[8]

In der Praxis fand in dieser Zeit jedoch nur eine Entwicklung hin zu Ausschreibungen für die regionalen (Neben-)Linien statt, die mehr oder weniger unabhängig vom Hauptnetz funktionierten. Ein erster Plan, all diese Linien schon 2003 auszuschreiben, wurde nicht in die Tat umgesetzt. Ein Modell für die Weiterentwicklung war die Konzessionierung eines integrierten Bus- und Bahnnetzes. Alles deutete darauf hin, dass mit gleich hohen Subventionen so eine sehr viel bessere Beförderungsleistung erreicht werden könnte. Der Widerwille gegen Ausschreibungen beruht zum Teil auf den finanziellen Verflechtungen zwischen Zentral- und Regionalregierung.[9]

Vollständige Trennung von Infrastruktur und Betrieb

2002 erfolgte durch eine Ausgliederung der drei „Aufgabenbereiche" aus der NS eine vollständige institutionelle Trennung von Infrastrukturmanagement und

---

[8] Ähnliche Schritte waren auch für die Vorort-Zugverbindungen vorgesehen, sobald ein Ausbau der Infrastruktur eine Trennung dieser Verbindungen von den von NS angebotenen Langstreckenverbindungen zulassen würde. Das Ziel wurde später im Einklang mit dem Grundsatz der Exklusivrechte aufgegeben, die einen Eckpfeiler des neuen gesetzlichen Rahmens darstellten.

[9] Das öffentliche Transportwesen in den Niederlanden wird durch Geldtransfer von der Zentralregierung an die Provinzen finanziert. Es gibt keine lokalen Steuereinnahmen oder Verkehrssteuereinnahmen, mit denen die Provinzen den öffentlichen Verkehr subventionieren könnten, so dass sie zu einem hohen Grad von der ungewissen zentralen Finanzierung abhängig sind.

Bahnbetrieb. Primär um die Zusammenarbeit zu verbessern, schlossen sich die drei „Aufgabenbereiche" NS Railinfrabeheer, Railned und NS Railverkeerslei-ding danach am 1. Januar 2003 zum neuen Unternehmen ProRail zusammen. Das Unternehmen befindet sich zu 100 % in Staatsbesitz, besteht aber völlig getrennt von NS. Es ist zuständig für die Verwaltung der Fahrwegkapazitäten, Echtzeit-Information von Reisenden, Verwaltung der Umsteigemöglichkeiten an Bahnhöfen sowie Infrastrukturunterhalt und -ausbau. Am 1. Januar 2005 ist NS offiziell aus dem Eigentum des Verkehrsministeriums an das Finanzministerium übergegangen, um die Rollen von Regulierer und Eigentum zu trennen.

ProRail agiert innerhalb des allgemeinen Rahmens, den das Verkehrsministerium für Schienennutzung und Netzausbau vorgibt. Ein Erlass aus dem Jahr 2000 reguliert die Zuweisung von Kapazitäten durch ProRail. Dieser Erlass legt Mindestkapazitäten für unterschiedliche Marktsegmente fest, die grob dem Fahrplan 2000/2001 entsprechen, und auch eine Reihe von Verfahren, mit denen mögliche Konflikte um Kapazitätsansprüche schon bei der Planung ausgeräumt werden sollen. Teil davon ist eine Prioritätenliste für die Kapazitätszuweisung in den unterschiedlichen Marktsegmenten. Die Infrastrukturwartung wird an verschiedene Unternehmen vergeben, immer häufiger in Form von Dienstleistungsverträgen.[10]

Die Bahnhofsverwaltung ist unter dem neuen System recht komplex geworden. ProRail verwaltet die Gleise und Bahnsteige sowie den Grund und Boden unter den Gleisen und Bahnsteigen. Das Unternehmen ist gleichzeitig aber auch wirtschaftlicher Eigentümer aller Umsteigeräume in den Bahnhöfen (Wegstrecke zu den Bahnsteigen und durch die Bahnhofshalle), aber die NS Real Estate ist Eigentümerin der Bahnhofsgebäude, des Grund und Bodens unter den Gebäuden und bestimmter Bereiche um die Bahnhöfe herum. Die Verwaltung des gesamten Bahnhofs obliegt ProRail, ist aber wiederum an die NS Stations untervergeben, die für die Verwaltung, kommerzielle Entwicklung der Nicht-Umsteigeräume, Fahrkartenverkauf und Service und Information der Reisenden mit Ausnahme des öffentlichen Lautsprechersystems verantwortlich zeichnet.

Im Zuge der institutionellen Trennung ging die Kontrolle für Eisenbahnsicherheit mit Fokus auf Unfallverhütung von der ehemaligen Railned an die Eisenbahnabteilung des Verkehrsinspektorats im Verkehrsministerium über. Die 1999 eingerichtete Verkehrssicherheitsbehörde führt im Falle von Unfällen oder anderen

---

[10] Durch die Vergabe entstand eine bessere Koordination des Unterhalts und der Wartung von Schienen-, Signalisierungs- und Energiesystemen verglichen mit den traditionellen firmeneigenen Lösungen. Ein wichtiger Punkt für das Umfeld, in dem die Wartung der Infrastruktur stattfindet, ist die wachsende Aufmerksamkeit, die in den letzten Jahren der Sicherheit der Wartungsarbeiter gezollt wird. Dadurch gibt es weniger Möglichkeiten der Infrastrukturwartung bei Zugbetrieb und einem zunehmenden Zeitdruck bei den Wartungsarbeiten. Zum ersten Mal wurden deshalb sogar die Fahrbewegungen während des Tages auf einigen wenigen Strecken reduziert.

Zwischenfällen im Eisenbahnwesen (und allen anderen Verkehrssektoren) unabhängige Untersuchungen durch. Die *Behörde für Verkehrsregulierung* ist Teil der Niederländischen Wettbewerbsbehörde (NMa) und wurde 2004 eingerichtet, um den Eisenbahnsektor im Hinblick auf die vom Verkehrsministerium erteilten Vorgaben zu überwachen. Es konzentriert sich auf die Einhaltung der gesetzlich festgelegten Standards und Verpflichtungen im Hinblick auf die Nicht-Diskriminierungsvorschrift bei Leistungen im Verkehrssektor und führt zudem Studien über das Marktverhalten der in diesem Sektor vertretenen Unternehmen durch. Eine seiner Aufgaben besteht in der Gewährleistung neutraler und nicht diskriminierender Zuweisung von Infrastrukturkapazitäten durch ProRail.

Preisgestaltungspolitik für Infrastrukturnutzung

Durch die Reform 2000 wurde die Preisgestaltung für Infrastruktur der Europäischen Richtlinie 2001/14 angenähert. Noch bis zum Jahr 2000 war die Nutzung der Infrastruktur kostenlos. Durch die Reform wurden Nutzungsgebühren eingeführt, die bis zum Jahr 2007 € 200 Millionen Einnahmen einbringen sollen. Die heutigen Tarife (Schienennetz-Nutzungsbedingungen 2005) werden vom Ministerium auf Basis von Kostenschätzungen von ProRail festgesetzt. Die Gebühren hängen in hohem Maß von den Zugkilometern ab, wobei zwischen Güterverkehr und Personenverkehr unterschieden wird. Mit den heutigen Infrastrukturnutzungsgebühren wird das Verkehrsministerium auch weiterhin rund 80 % der gesamten Unterhaltungs- und Betriebskosten (ohne Neuinvestitionen) übernehmen müssen.

Engere Kooperation zwischen Infrastruktur- und Bahnbetrieb

Das System finanzieller Anreize zwischen Infrastrukturbetreiber und Bahnbetreiber steckt noch in den Kinderschuhen. Bislang besteht nur eine Vereinbarung dazu, in der sich ProRail verpflichtet, der NS 50% der Kosten des NS-Verspätungssystems zu erstatten. Das System wurde von NS als Teil des zweiten Übergangsvertrags eingeführt und ist, an internationalen Maßstäben gemessen, recht großzügig ausgestattet. Der gesamte Fahrkartenpreis (oder ein entsprechender Teil der Zeitkarte) wird bei allen Verspätungen der Reisenden von mehr als 60 Minuten an den Zielbahnhöfen unabhängig vom Grund der Verspätung erstattet. Bei Verspätungen zwischen 30 und 60 Minuten wird der halbe Fahrkartenpreis rückerstattet. Ein Leistungssteigerungsplan für die Zielgruppe der Güterverkehrsbetreiber wird gerade in Beratung mit dem Sektor entwickelt.

In den letzten Jahren erfolgte eine Wandlung von der dogmatischen Trennung von Infrastrukturbetrieb und Bahnbetrieb, die zu unkoordinierter Unabhängigkeit führte, zu einem etwas kooperativeren Ansatz. Dies wurde auch von der vom Ministerium 2001 eingeläuteten Politik der Neubesinnung *(Herbezinning Spoor)* als Folge des dramatischen Nachlassens der Pünktlichkeit in jenem Jahr unterstützt.

Die gemeinsam von ProRail, NS, Railion und dem Verkehrsministerium entwickelte und im September 2003 vorgestellte Vision *„Benutten en Bouwen"* („Nutzung und Bau") ist ein Beispiel für die neue Zusammenarbeit. Der Vision zufolge ist ein umfassendes Wachstum des Personenverkehrs und des Güterverkehrs zusammen mit besserer Pünktlichkeit mit nur geringem Ausbau der Infrastruktur möglich. Der Plan spricht sich für eine bessere Kapazitätsauslastung zur Aufnahme des künftigen Wachstums aus und unterstreicht die Notwendigkeit einer Verbesserung der Zuverlässigkeit des gesamten Eisenbahnwesens durch eine stärkere Konzentration auf die Vorbeugung des Ausfalls von Rollmaterial und bestehender Infrastruktur. Eine Begleiterscheinung ist, dass somit „konkurrierende" Pläne von Railned und NS für den zukünftigen Personenverkehrsmarkt von Anfang an vermieden werden.

Ein weiteres Beispiel für die neuen Formen der Kooperation sind auch die vierteljährlichen Besprechungen der Direktoren von ProRail, NS, Railion und eines Vertreters der anderen Gütertransportbetreiber unter dem Namen *„Samensporen"* („Zusammenarbeiten"). Bei diesen Besprechungen geht es z. B. um die Schnittstellen zwischen den drei Parteien und die Fortschrittskontrolle der Vision „Nutzung und Bau", aber insbesondere auch um die Verbesserung und Vereinfachung der bestehenden Fahrpläne.

8.3 Die Eisenbahnreform 2005 – Konzessionen für NS und ProRail

Das neue Eisenbahngesetz und das neue Konzessionsgesetz wurden schließlich im April 2003 vom Parlament verabschiedet. Eine endgültige Einigung auf die Konzessionstexte im Parlament wurde erst im Dezember 2004 erzielt, das neue System trat schließlich 2005 in Kraft, d. h. fünf Jahre nach dem ursprünglichen Reformplan.

Dem neuen System liegt eine engere Zusammenarbeit zwischen Infrastrukturbetreibern und Bahnbetreibern zugrunde, die als vielversprechendster Weg zur Leistungsverbesserung gesehen wird. Dabei bildet das Dreieck aus Ministerium, Bahnbetreiber und Infrastrukturanbieter das Herzstück dieses Systems. Der Verkehrsminister bestimmt, was im öffentlichen Interesse ist, und vergibt zwei Konzessionen: eine an das Unternehmen, das die Infrastruktur verwaltet, und eine an den Betreiber auf dem Hauptnetz. Die Konzessionen legen allgemein fest, was der Staat von Bahnbetreiber und Infrastrukturbetreiber erwartet, die beide dem Ministerium zusätzlich Jahrespläne zur Zustimmung vorlegen müssen. Die Schnittstellen zwischen Infrastruktur und Betrieb werden über „Schienennetz-Nutzungsbedingungen", Rahmenverträge und „Schienennutzungsvereinbarungen" abgedeckt. Die Schienennetz-Nutzungsbedingungen enthalten alle Informationen, die ein Betreiber für die Einreichung von Kapazitätsanträgen benötigen könnte. Die Kapazitäten werden nach den in den Verordnungen festgelegten Regeln zugeteilt. Dies mündet in einer Schienennutzungsvereinbarung, die den dritten Schenkel des Dreiecks darstellt, und detaillierte Angaben über die für den einzelnen Betreiber verfügbare Kapazitätsqualität und Kapazitätsmenge und die dafür zu entrichtenden Schienennutzungsgebühren enthält. Die Parteien werden auch ein Leistungssystem gemäß den EU-Auflagen einrichten. Durch klare Aussagen über die gegenseitigen Verpflichtungen soll vermieden werden, dass man sich wie früher gegenseitig die Schuld zuschieben kann. Da dies teilweise auch auf einen Nachholbedarf an Infrastrukturmaßnahmen zurückzuführen war, stellte das Ministerium weitere Finanzmittel zum Abbau des Rückstands und zur leichteren Umsetzung der Vereinbarungen zur Verfügung.

Ziel des neuen Systems ist ein verlässliches Eisenbahnwesen. Dem Ministerium ist durchaus bewusst, dass dieses Ziel nicht kurzfristig zu erreichen ist. Deshalb basiert das neue Konzessionswesen auf zwei Phasen mit realistischen Zielen, immer mit der Perspektive der „kontinuierlichen Verbesserungen", bei denen von Bahnbetreiber und Infrastrukturbetreiber jedes Jahr eine Verbesserung der Leistung erwartet wird. Die jährlichen Verkehrs- und Infrastrukturpläne müssen alle Gründe für das Nichterreichen der Verbesserungen erklären.

Das Leistungssystem der neuen Konzessionen wird auf Zielen und Schwellen beruhen. Die erste Phase der Konzessionen basiert auf dem so genannten „Input Management", da sowohl der Sektor als auch das Ministerium anerkennen, dass NS und ProRail jetzt noch nicht strengen Leistungsvereinbarungen und Anreizsystemen unterworfen werden können, wie sich in der schlechten Erfahrung mit dem zweiten Übergangsvertrag erwies. Eine allmähliche Annäherung an ein „Output und Outcome Management" ist ein Muss und soll spätestens bis 2008 erfolgen. Bis dann, so wird erwartet, werden die Managements von NS und Pro-Rail (sowohl intern als auch gegenseitig) so professionell geworden sein, dass dieser Schritt möglich ist. Daneben sind beide Konzessionäre verpflichtet, ihre Leistungen in den verschiedenen Bereichen mit denen ausländischer Unternehmen zu benchmarken. Die Ergebnisse werden zur Leistungsbewertung und Stimulierung der kontinuierlichen Verbesserungen herangezogen.

In der ersten Phase wird sich das Ministerium möglicherweise noch stark in die Angelegenheiten der Konzessionäre einmischen. In dieser Zeit wird die Leistung durch indikative Ziele in Jahresplänen festgelegt, flankiert von Maßnahmen, die zum Erreichen der Ziele umgesetzt werden müssen. Mit Beginn der zweiten Phase soll die Einmischung des Ministeriums sehr viel geringer werden. Bis dann sollen mehrjährige Leistungsstandards in Form strikter Schwellen die Leistungsziele abgelöst haben.

Die Konzessionen enthalten genaue Umsetzungsklauseln. Dazu gehören vier In-strumente (in aufsteigender Reihenfolge): die Pflicht zur Information und Ab-sprache mit dem Ministerium, die Pflicht zur Umsetzung der vom Ministerium angeordneten Korrekturmaßnahmen, die Pflicht zur Umsetzung von Korrektur-maßnahmen unter Strafandrohung und die teilweise oder vollständige Entzie-hung der Konzession.

Konzession für den Personenverkehr

Das Eisenbahnkonzessionsgesetz besagt, dass NS exklusiv die erste Betriebskon-zession für nationale Verbindungen auf dem Hauptnetz für eine bis 1. Januar 2015 befristete Laufzeit gewährt wird. Diese Verbindungen liegen im öffent-lichen Interesse, das grob definiert wird durch die geographische Abdeckung, Qualität und Verfügbarkeit der Verbindungen einschließlich Pünktlichkeit (mit der gemeinschaftlichen Verpflichtung für NS und ProRail, dass bis 2007 mindes-tens 87 % der Züge auf 3-Minuten Basis pünktlich sind), verbunden mit der Auflage, dass alle Züge spätestens ab 2030 auch von Mobilitätsbehinderten be-nutzt werden können. Es wurde zudem eine maximale Fahrpreiserhöhung fest-gesetzt, um zu gewährleisten, dass die Zugverbindungen auch bezahlbar sind, und eine Mindestzahl von Verbindungen pro Bahnhof festgelegt mit der Ver-pflichtung, durchgehende Fahrkarten von allen Bahnhöfen des Landes anzubie-ten. Wegen der nicht zufriedenstellenden Erfahrungen wurden in die Konzessio-nen keine engen Wachstumsziele für den Personenverkehr aufgenommen. Der Preis für die Personenverkehrskonzession auf dem Fernstreckennetz liegt mo-mentan bei null, das kann sich aber nach Ablauf der ersten Konzessionsphase 2015 ändern.

Die NS muss einen jährlichen Verkehrsplan mit Angaben über die Pünktlichkeits-ziele, die Chancen während der Stoßzeiten einen Sitzplatz zu bekommen, Sicher-heit, Sauberkeit, usw. vorlegen. Daneben gibt es verbindliche Beratungen mit Or-ganisationen, die die Interessen der Reisenden vertreten, und den regionalen Verkehrsbehörden. Das Ministerium hat das Recht, den Verkehrsplan abzuleh-nen, wenn er nicht befriedigend erscheint. Einige Ziele wurden von der NS auch schon im Plan 2004 als Schwellen formuliert. Noch vor 2008 soll es eine weitere Verschiebung von Zielen zu Schwellen geben, um in jenem Jahr den Sprung vom „Input Management" zum „Output und Outcome Management" zu schaffen.

Infrastrukturkonzession

In der ersten dem Parlament vorgelegten Version sollte die Infrastrukturkonzes-sion wegen der Langlebigkeit der Eisenbahninfrastruktur (30 bis 70 Jahre) und dem Wunsch der Stimulierung eines Lebenszyklusmanagements auf unbe-grenzte Zeit erteilt werden. Auf Druck des Parlaments wurde die Laufzeit jedoch auf zehn Jahre gesenkt, also die gleiche Laufzeit wie die Konzession für NS.

Die Konzession wurde ProRail infolge einer parlamentarischen Änderung des Eisenbahngesetzes erteilt, das erfordert, dass der Infrastrukturbetreiber zu 100 % dem niederländischen Staat gehören muss. Im Grunde genommen entschied man sich für diese Lösung, um nur einen Infrastrukturbetreiber für das gesamte Schienennetz zu haben. Folglich ist keine Dezentralisierung von Teilen der Infrastruktur geplant, mit Ausnahme von zwei Fällen: die Güterverkehrslinie Betuwe, die eine dezidierte Schienengüterverkehrslinie vom Rotterdamer Hafen nach Deutschland ist, und das Nahverkehrsnetz RandstadRail.

Die Infrastrukturkonzession und der damit zusammenhängende jährliche Infrastrukturplan werden das für die Infrastruktur erwartete Qualitätsniveau vorgeben. Dem Ministerium ist bewusst, dass die Qualität der Infrastruktur nicht gewährleistet werden kann, solange es keine klar umrissene Beziehung zwischen Infrastrukturbetreiber und Bahnbetreiber gibt. Das ist der Grund dafür, dass das Ministerium den Schwerpunkt auf eine weitere Professionalisierung und die Einführung des Lebenszyklusprinzips im gesamten Sektor gelegt hat. Im Zeitraum bis 2008 geht es deshalb hauptsächlich um die Aufarbeitung des Wartungs- und Unterhaltungsrückstands.

Die Regierung beschließt den Haushalt für den Eisenbahnsektor. Der Sektor macht daraufhin Vorschläge, wie die Mittel am besten verteilt werden sollten, unter Berücksichtigung des öffentlichen Interesses, wie in den vom Ministerium angenommenen jährlichen Infrastrukturmanagementplänen und Verkehrsplänen definiert. Dann überprüft die Regierung, ob die Vorschläge dem Text der Konzessionen und dem verfügbaren Haushalt entsprechen. Bei dieser Vorgehensweise wird eine Mehrjahresperspektive berücksichtigt.

Im erst kürzlich veröffentlichten Weißbuch der Regierung zu Mobilität *(Nota Mobiliteit 2004)* verpflichtet sich die Regierung zu einer Verbesserung der Infrastrukturqualität und strebt bis 2010 durch ein stärkeres Engagement im Infrastrukturunterhalt und -erhalt eine Pünktlichkeit von 89-91 % (auf 3-Minuten-Basis) an. ProRail und die Betreiber wollen die zur Verfügung stehenden Mittel der Regierung gemäß der Vision „Nutzung und Bau" einsetzen. Aufgrund des Drucks durch das Parlament enthalten die Konzessionen jetzt die Verpflichtung einer mindestens 87-prozentigen Pünktlichkeit durch Zusammenarbeit bis 2007 (unter Zugrundelegung des heutigen Budgets für Infrastrukturunterhalt und -erhalt).

Offene Punkte

Das Gesetz fordert eine Bewertung des neuen Systems im Jahr 2008. Eine Art Ausschreibungssystem wäre nach der ersten Konzessionsphase eine Alternative. Die Konzessionen selbst erfordern von NS und ProRail die Zusammenarbeit an einer Studie zur Bewertung des Gesetzes und der Konzessionen, die zu einer Änderung der Konzessionen führen könnte. Die Konzession fordert von NS auch einen Beitrag zu einer Studie zur Bewertung der Möglichkeit der Implementierung eines Systems, bei dem nur das Management des Eisenbahnbetriebs über Ausschreibungen vergeben wird. Das allgemeine System der Vergabe über Ausschreibungen, das für den Personenverkehr gilt (mit Übergang von Arbeitskräften und Geräten an die neuen Betreiber), bleibt eine zweite Alternative, falls sich eine Vergabe nur des Managements über Ausschreibungen als unrealistisch erweist. Eine Reintegration von Infrastrukturmanagement und Bahnbetrieb wäre eine dritte zu untersuchende Alternative, wie in einem parlamentarischen Antrag gefordert. Hierzu sind jedoch viele nicht geneigt, da sie eher eine Notwendigkeit für Beständigkeit und Stabilität sehen.

8.4 Beurteilung der Reformen

Die erste Phase der Reformen (1995-2000) brachte an heutigen Standards gemessen einen hohen Grad an Freiheit für das NS-Management. In dieser ersten Übergangsphase fand tatsächlich eine substantielle Deregulierung statt, jedoch ohne echte Vertragsbeziehungen zwischen Infrastrukturmanagement und Bahnbetreibern. Als die Perspektive der Privatisierung noch bestand, konzentrierte sich das NS-Management stark auf Effizienzsteigerungen, leider jedoch ohne wirkliches Verständnis für den tatsächlichen Investitions- und Unterhaltbedarf des gesamten Systems. Einige der damals eingeführten Veränderungen waren zweifelsohne nützlich, andere erwiesen sich mittelfristig als weniger nützlich. Die Zuverlässigkeit des Rollmaterials und insbesondere der Infrastruktur begann wegen der exzessiven Rationalisierungen zu leiden, was zu Unzuverlässigkeit und mangelnder Pünktlichkeit führte. Infrastruktur- und Bahnbetreibermanagement schoben sich angesichts der fehlenden angemessenen vertraglichen und finanziellen Anreize zwischen den Parteien gegenseitig den schwarzen Peter zu, wodurch die Situation sich weiter verschlechterte.

Trotzdem nahm die Zahl der Zugbewegungen in dieser Zeit zu,[11] auch wenn die Pünktlichkeit nachließ. Die Wachstumsperiode führte zu einem verstärkten Mangel an Zugkapazitäten, wodurch zeitweise veraltetes ausländisches Rollmaterial angemietet werden musste. Verschärft wurde die Situation noch durch die frühere Verschiebung von Investitionen in Rollmaterial, weil es keine klare Perspektive für das Unternehmen (Wettbewerb oder nicht, Privatisierung oder nicht) gab.

Erste Versuche der Einführung einer Konzession für den Personenverkehr auf dem Hauptnetz ungefähr im Jahr 2000 zeichneten sich durch Überoptimismus, Dog-

---

[11] NS setzte die langfristigen Pläne für eine höhere Frequenz im dicht besiedelten Westteil des Landes um, wahrscheinlich beschleunigt durch die drohende Konkurrenz anhand des Beispiels des (letztendlich nicht erfolgreichen) Konkurrenten Lovers Rail auf dem Markt.

matik und zu idealistische Verträge aus. Die Suche nach dem perfekt funktionierenden Vertrag auf Basis von Output-Leistungsvereinbarungen erwies sich als illusorisch. Trotz Vertragsvereinbarungen zur Steigerung der Pünktlichkeit nahm diese rapide ab und die Eisenbahnpolitik der Regierung musste korrigiert werden, d.h. es fand ein Wechsel von Konfrontation hin zu vertraglicher Kooperation statt, was den Traditionen des Eisenbahnsektors und des Landes auch viel eher entspricht.

Das Fahrgastaufkommen der Bahn nahm während dieser zweiten Phase ab und fiel sogar auf das Niveau von 1995 zurück. Kapazitätsbeschränkungen im Netz, das im internationalen Vergleich verhältnismäßig stark ausgelastet ist, und die zunehmenden Forderungen nach mehr Kapazitäten, um den Rückstand beim Infrastrukturunterhalt aufzuholen, verschärften die Lage weiter. Zudem litt die Bahn darunter, dass die Politik ganz klar große Infrastrukturprojekte mit ihren ausufernden Kosten bevorzugte (z. B. die Hochgeschwindigkeitslinie und die Güterzugstrecke Betuwe), was den verfügbaren Haushalt zum Abbau des politisch weniger attraktiven Infrastrukturunterhaltungsrückstands weiter reduzierte. Durch weniger Konfrontation im Miteinander im Sektor sowie bessere Management-Mitarbeiterbeziehungen konnte die Pünktlichkeit langsam wieder verbessert werden, d. h. rund 86 % aller Züge waren pünktlich (bei Ankunft weniger als 3 Minuten verspätet). Gemessen an internationalen Standards ist das eine sehr gute Leistung, liegt aber dennoch hinter den eigenen Bestmarken von NS zurück.

Im Rückblick ist klar, dass man sich in dieser ersten Reformphase nicht genügend auf die Probleme des Übergangs von einem Regulierungsansatz auf den anderen konzentrierte. Die letzte Reform im Sektor umfasste die Einführung des neuen Konzessionssystems für Bahnbetrieb und Infrastrukturmanagement und stellte einen bedeutenden Wandel des Regulierungsansatzes durch das Ministerium dar. Der für die Konzessionsverträge gewählte zweistufige Ansatz macht den Übergang leichter, wobei das Augenmerk auf einer „Professionalisierung" von NS und ProRail und ihren gegenseitigen Beziehungen liegt. Alles geschah jedoch sehr langsam, nachdem ja nun doch schon zehn Jahre Reformprozess hinter uns liegen. Es überrascht deshalb wohl kaum, dass Medien, Verbraucherschutzorganisationen und Parlament jetzt einen schnelleren Übergang zu einem echten Leistungssystem fordern.

Seit dem Beginn der Reform des niederländischen Eisenbahnsektors sind in der Zwischenzeit zehn Jahre vergangen. Ein Prozess, der ursprünglich nach fünf Jahren abgeschlossen sein sollte, dauert nun schon doppelt so lange. Das spiegelt die mangelnde Initiative des Ministeriums während der ersten fünf Reformjahre wider sowie die unterschiedlichen politischen Meinungen zur Zukunft des Bereichs hinsichtlich Privatisierung, offenem Zugang, Ausschreibungen, Aufspaltung oder Zusammenschluss, Dezentralisierung, usw. Die mangelnde Klarheit schuf ein suboptimales Umfeld für das Management des Bahnbetriebs, und es bestand Besorgnis, wie das NS-Management auf diese unsichere Lage reagieren würde. In der politischen Debatte wurde vieles dem Zufall überlassen, weiter zugespitzt durch übermäßige Aufmerksamkeit der Medien. Das wahre Problem war jedoch das Fehlen einer funktionierenden Definition des „öffentlichen Interesses", dem die Bahn dienen sollte, und wie dieses finanziert werden sollte. Es bleibt zu hoffen, dass das heutige System von Konzessionen und Jahresplänen besser funktionieren wird als die vorherigen Maßnahmen.

Eisenbahnen sind eine komplexe Welt mit starken Traditionen. Die 1995 eingeleiteten Reformen läuteten eine neue Ära ein, die teilweise mit diesen Traditionen nicht zu vereinbaren war, denn schlussendlich entschieden sich die Niederlande für eine eher unflexible Umsetzung der nötigen Trennung von Infrastruktur und Zugbetrieb. Interessante Parallelen und Unterschiede dazu kann man in der heutigen Entwicklung des britischen und des niederländischen Eisenbahnsektors beobachten. Die Parallele ist, dass sich beide hin zu einer stärkeren Kooperation von Infrastruktur und Bahnbetrieb entwickeln und hin zu einer Dreiecksbeziehung bestehend aus Ministerium, Bahnbetreibern und Infrastrukturmanagement. Im Unterschied zum britischen Eisenbahnsektor, der sich aus einem exzessiv vertraglich geregelten Umfeld weiterentwickelt, litt der niederländische Eisenbahnsektor an einem Mangel an vertraglichen Regelungen. In beiden Fällen wurde das jeweilige System als ein System der gegenseitigen Schuldzuweisungen kritisiert, bei dem sich Infrastrukturbetreiber und Bahnbetreiber gegenseitig den schwarzen Peter für die immer schlechtere Qualität zuschieben.

Es wird noch einige Jahre dauern, bis feststeht, ob das neu eingeführte System den Erwartungen entspricht und wie das Hauptnetz mit getrenntem Management von Infrastruktur und Betrieb gedeihen wird. In der Zwischenzeit werden der offene Zugang im Güterverkehr und die Ausschreibungen im regionalen Personenverkehr (mit der Möglichkeit einer Reintegration der Infrastruktur auf regionaler Ebene) wichtige Benchmarks liefern. Eines ist im Bereich Personenverkehr jetzt schon klar: Der heutige Stand der Reformen hat in mancherlei Hinsicht sogar zu einer stärkeren Regulierung als früher geführt.

Literaturangaben

Algemene Rekenkamer (1999), "Toezicht op het Spoor", 26 615, nr. 2, Tweede Kamer, Den Haag.

Commissie Wijffels (1992), "Sporen voor Straks", Commissie Wijffels, Den Haag.

Ministerie van Verkeer en Waterstaat (1999), "De Derde Eeuw Spoor", 26 464, nr. 1, Tweede Kamer, Den Haag.

van de Velde, D.M. (1999), "Organisational forms and entrepreneurship in public transport (Part 1: classifying organisational forms)", Transport Policy, 6, 147-157.

van de Velde, D.M. (2000), "Dutch and Japanese Railway Reforms and Exchanges", Japan Railway & Transport Review, 24, 10-16.

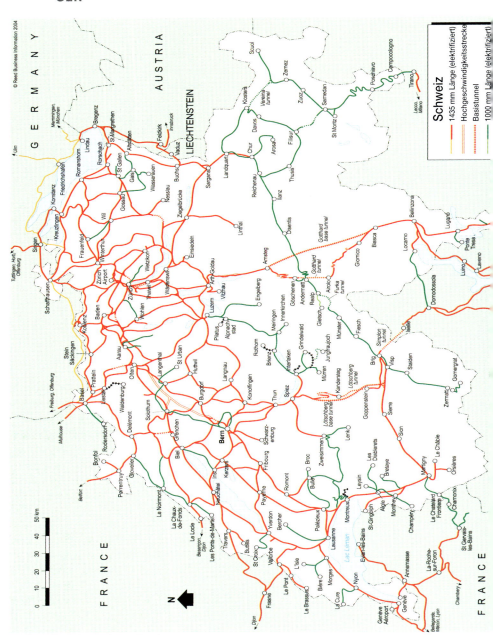

Quelle: Railway Gazette International

9. Schweiz

Dr. Benedikt Weibel
Vorsitzender der Geschäftsleitung der Schweizerischen Bundesbahnen, SBB

Fläche des Landes (km²)   41 285

	2003		2003
Bevölkerung[a] (Mio.)	7,3	Fracht t/km	9,3
Bruttoinlandsprodukt (BIP) (Mrd. Euro)	205,0	Personen-km (Mrd.)	12,3
Länge des Streckennetzes (1000 km)	5,2	Modaler Anteil – Güterverkehr[b] (%)	34,2
		Modaler Anteil – Personenverkehr[c] (%)	14,7

[a] Am 01. Januar
[b] Basiert auf Eurostat 2002 Straße, Schiene und Binnenwasserstraßen
[c] Basiert auf Eurostat 2002, Schiene, öffentlicher Verkehr auf der Straße, private PKW

9.1 Einleitung

Ursprünglich waren die Eisenbahnen in der Schweiz private Aktiengesellschaften, doch die meisten von ihnen hatten schon wenige Jahrzehnte nach ihrer Gründung ernsthafte Finanzprobleme. 1877 betrug der Nominalwert aller Eisenbahnaktien zusammen CHF 803 Millionen (oder € 520 Millionen) verglichen mit ihrem Marktwert von knapp CHF 528 Millionen. Daneben hatten die Kunden unter der zwischen den Unternehmen nicht abgestimmten Angebotspolitik zu leiden. So gab es z. B. keine Vereinbarungen über eine gemeinsame Fahrpreisstruktur. Deshalb wurden nach einer Volksabstimmung im Jahr 1898 die fünf größten privaten Bahnunternehmen mit einer überwältigenden Mehrheit der Stimmen verstaatlicht.

1902 nahm die Schweizerische Bundesbahn (SBB) den Betrieb auf. Rein rechtlich gesehen handelte es sich um „eine unabhängige Behörde des Bundes", deren Aufgaben, Befugnisse und Finanzierung in einem Bundesgesetz geregelt wurden. Bis heute gibt es daneben noch rund 60 private Bahnunternehmen, die umgangssprachlich als „Privatbahnen" bezeichnet werden. Der korrekte rechtliche Terminus wäre „konzessionierte Transportunternehmungen". Die Mehrheit der Aktien praktisch aller dieser Unternehmen werden von der öffentlichen Hand gehalten, nämlich von Eidgenossenschaft, Kantonen und Gemeinden.

Das Schienennetz der Schweiz erstreckt sich über 5.000 Kilometer, ein Drittel davon in Schmalspur. Als Spiegelbild der zugrunde liegenden Geographie ist das Netz besonders dicht und verflochten. Der SBB-Anteil am Schienennetz ist 3.000 Kilometer lang. Abgesehen von einer unbedeutenden Ausnahme benutzt die SBB ein Normalspurnetz mit 100 % Elektrifizierung. Fast 90 % der Personenkilometer auf der Schiene und über 90 % der gesamten Tonnenkilometer auf der Schiene laufen über das SBB-Netz. Dies ist eine Folge des Erbes der SBB von den relativ größeren Privatbahnen im 19. Jahrhundert.

Seit ihrer Gründung hat die SBB die „Systemführerschaft" für alle Bahntransportanbieter übernommen. Die größten Errungenschaften der staatlich geführten Eisenbahn im Vergleich zu den früher privat organisierten Bahnen sind der „Direktverkehr" und die landesweite Abstimmung aller Fahrpläne. „Direktverkehr" bedeutet, ein Reisender kann heute eine Fahrkarte für ein beliebiges Ziel im Netz kaufen, ohne dabei unbedingt direkt etwas mit den Besitzern der dabei benutzten Linien zu tun zu haben. In der Folge wurde ein einheitliches Preissystem für das gesamte Schienennetz in der Schweiz eingeführt. Bis heute steht die SBB der so genannten Kommerziellen Konferenz vor, in der die größeren konzessionierten Transportunternehmungen vertreten sind. Im Wesentlichen gilt ein Konsensprinzip – Beschlüsse der Konferenz zu Tarifveränderungen erfordern die qualifizierte Mehrheit aller Transportunternehmen.

Dieses System bringt eine Besonderheit mit sich, die sich anderswo kaum so findet: eine außergewöhnlich hohe Marktdurchdringung von Ermäßigungskarten und Abonnements, wie 1,9 Millionen Besitzer eines Halbtax-Abonnements, 280.000 Besitzer eines General-Abonnements und 80.810 Besitzer von „Gleis 7"-Karten illustrieren. Das Halbtax-Abo für ein Jahr kostet CHF 150 (ca. € 100), für 2 Jahre CHF 250 (€ 160) und für 3 Jahre CHF 350 (€ 230). Mit dem Halbtax-Abo kostet jede Reise ausnahmslos die Hälfte. Dies gilt auch für den Fahrpreis von einigen Überlandbussen und die Preise vieler Reiseeinrichtungen. Mit dem General-Abo können alle öffentlichen Verkehrsmittel in der Schweiz kostenlos genutzt werden, also Bahn, Bus, Straßenbahn und auch viele touristische Verkehrsmittel. Es kostet für die erste Klasse CHF 4.700 (€ 3000) und für die 2. Klasse 2.990 (€ 1950) pro Jahr. „Gleis 7" ist ein Fahrausweis für junge Menschen bis 25 Jahre. In Kombination mit einem Halbtax-Abo ermöglicht er die kostenlose Fahrt nach 19.00 Uhr abends. Wenn man sich die Bevölkerungszahl von 7 Millionen vor Augen hält, ist es sicher nicht übertrieben zu sagen, dass kein anderes Land eine vergleichbare Marktdurchdringung hat. Ein Beweis dafür sind auch die vielen Abonnenten der „MobilBonus"-Angebote.

Dabei muss erwähnt werden, dass ein Fahrpreissystem dieser Art in Verbindung mit einer komplexen Eigentumsstruktur des Netzes einen immensen Aufwand erfordert, um ein gleichberechtigtes System für die Einnahmenverteilung und Verbuchung zu schaffen.

Beim Güterverkehr betreibt die schweizerische Bahn zwei praktisch unabhängige Systeme. Das Wagenladungssystem für den innerschweizerischen Verkehr sowie den Import- und Exportverkehr hängt von der hohen Dichte an privaten Nebengleisen und Rangierbahnhöfen ab. Trotz der schweiztypischen kurzen Entfernungen ist der Marktanteil überraschend hoch. Im Jahr 2004 wurden z.B. noch über 80 % der Zuckerrübenernte, d. h. fast 1 Millionen Tonnen, über den Schienenweg zu den Zuckerraffinerien gebracht. Selbst die Tiere des Nationalzirkus Knie wurden in den letzten 100 Jahren mit der Bahn befördert. Beim zweiten System handelt es sich um den Transitverkehr. Seit 1882 die Gotthardtrasse eröffnet wurde, spielte der alpenquerende Verkehr immer eine zentrale Rolle für die Schweiz. Insgesamt handelt es sich bei 85 % des Güterverkehrs der schweizerischen Bahn um grenzüberschreitenden Verkehr. Schon früh wurde so die Aufmerksamkeit auf das Problem einer effizienten Leistung im grenzüberschreitenden Verkehr gerichtet.

Der öffentliche Verkehr im Allgemeinen und die SBB im Besonderen hatten in der Schweiz immer eine wichtige Funktion. Das Qualitätsniveau ist hoch, was sich sicher positiv auf die Einstellung der Öffentlichkeit gegenüber der Bahn auswirkt. Das spiegelt sich auch in der Marktposition der Bahn wider. Beim Personenverkehr liegt der Marktanteil bei Fahrten über 3 km bei ca. 30 %. Der Marktanteil beim Güterverkehr liegt ungefähr in der gleichen Größenordnung. Beim Transitverkehr steigt die Zahl auf 70 %, beim alpenquerenden Verkehr (einschließlich Verkehr innerhalb der Schweiz von und aus dem Kanton Tessin) auf 60 %. Es gibt wohl kaum einen anderen Transitkorridor in den Industrieländern, bei dem der Anteil der Bahn ähnlich hoch ist.

9.2 Hohe Kontinuität bei Verkehrspolitik und Management

In den letzten 30 Jahren gestalteten vier Verkehrsminister die Verkehrspolitik der Schweiz. Im gleichen Zeitraum hatte die SBB vier Vorsitzende der Geschäftsleitung – obwohl in keinem Fall sich der Vorsitz der Geschäftsleitung der SBB wegen eines neuen Verkehrsministers änderte. Die Unabhängigkeit der SBB-Führung ist innerhalb der gesetzlich vorgegebenen Grenzen immer garantiert.

Wie bekannt ist, gibt es in der Schweiz eine hoch entwickelte direkte Demokratie. Ein Beispiel davon sahen wir bei der Gründung der SBB. Auch in den letzten Jahren hat die schweizerische Bevölkerung entscheidende verkehrspolitische Entscheidungen getroffen.

Die Bevölkerung sprach sich 1987 für den Gesetzesentwurf „Bahn 2000" aus.

„Das Konzept Bahn 2000 ist ein neuer Ansatz für ein landesweit besseres Angebot der Schweizer Bahnen, das schrittweise bis zum Jahre 2000 verwirklicht werden soll. Häufigere und vermehrt umsteigefreie Verbindungen, bessere Anschlüsse in den Knotenbahnhöfen, Verkürzung der Gesamtreisezeit und attraktive zusätzliche Dienstleistungen sind die Ziele von Bahn 2000." [1]

Das Programm umfasst rund 130 Bauprojekte mit einem Gesamtkostenvolumen von CHF 5,4 Milliarden (€ 3,5 Mrd.), zu Preisen von 1984. Die Bevölkerung genehmigte 1992 den Bau neuer Alpentransversalen („AlpTransit") mit zwei Fernstrecken durch die Basis der Alpen, einmal unter dem Gotthardmassiv und einmal unter dem Lötschbergmassiv hindurch.

Diesmal ging der Wandel in der Verkehrspolitik weder vom Bundesrat noch vom Parlament, sondern vom demokratischen Instrument der „Volksinitiative" aus. Umweltgruppierungen starteten die Volksinitiative „zum Schutze des Alpengebietes vor dem Transitverkehr" ohne Unterstützung von Bundesrat und Parlament. Trotzdem genoss sie bei der Volksabstimmung 1994 große öffentliche Unterstützung. Der entsprechende Artikel 84 der schweizerischen Verfassung besagt Folgendes:

„....Der alpenquerende Gütertransitverkehr von Grenze zu Grenze erfolgt auf der Schiene..."

1998 war das Jahr der maßgeblichen verkehrspolitischen Entscheidungen. Nachdem Befürworter und Gegner sich einen harten Kampf zur Überzeugung der Öffentlichkeit geleistet hatten, wurde im September das Gesetz zur leistungsbezogenen Schwerverkehrsabgabe genehmigt. Zur gleichen Zeit musste ein Mythos der schweizerischen Verkehrspolitik begraben werden: die 28-Tonnen-Grenze für Lkws. Die Schwerverkehrsabgabe war so gestaltet, dass die aus der Erhöhung der Gewichtsgrenzen erwirtschafteten Produktivitätsgewinne abgeschöpft werden sollten, so dass insgesamt gesehen die Kosten des Straßentransports dadurch nicht beeinträchtigt werden. In der Praxis gibt es natürlich Abweichungen, denn die höheren Zuladungsgrenzen können nicht für alle Warenklassen gleich gut in Gewinne umgesetzt werden. Ein Drittel der Einnahmen aus der Schwerverkehrsabgabe wird an die Kantone abgeführt, der Rest wird für die Modernisierung des Schienennetzes verwendet.

Im November folgte eine Volksabstimmung zur Finanzierung des öffentlichen Verkehrs.

„Der ‚Bundesbeschluss über Bau und Finanzierung der Infrastrukturvorhaben des öffentlichen Verkehrs' sichert die Finanzierung für Bahn 2000, die NEAT, den

---

[1]   Offizieller Bericht zum Konzept Bahn 2000 und Botschaft (an das Parlament) vom 16. Dezember 1985.

Anschluss der Ost- und der Westschweiz an das europäische Hochgeschwindigkeitsnetz und den Lärmschutz entlang der Eisenbahnstrecken. Die Modernisierung der Schweizer Bahnen verbessert das Angebot im öffentlichen Verkehr und ermöglicht die Verlagerung des Schwerverkehrs auf die Schiene. Das entlastet Umwelt und Straßen, stärkt die Wirtschaft und schafft in verschiedenen Branchen hochwertige Arbeitsplätze."[2]

Zur Finanzierung des Projekts wurde ein Fonds eingerichtet, der genährt wird aus den Einnahmen der Schwerverkehrsabgabe, aus Mitteln der Mineralölsteuer, aus einer 0,1-%-Erhöhung der Mehrwertsteuer und aus rückzahlbaren Bundesanleihen, auf die Zinsen bezahlt werden müssen.

Im Dezember 1998 beschlossen schließlich beide Kammern des Parlaments einhellig eine Gesetzesvorlage mit dem Titel „Bahnreform". Die Reform basiert im Kern auf der EU-Richtlinie 91/440, obwohl die Schweiz natürlich nicht Mitglied der EU ist.

Durch die Reform sollen die Instrumente für eine bessere Trennung von politischen und unternehmerischen Funktionen geschaffen werden, um die Kosten-Nutzen-Relation für die öffentlichen Behörden zu verbessern und um Konkurrenzaspekte in das Eisenbahnwesen einzuführen. Außerdem soll die Frage der Entschuldung der SBB geklärt werden und durch die Anwendung neuer Finanzierungsmethoden mehr Transparenz erreicht werden. Mit der Gesetzesvorlage ist jedoch die Bahnreform noch lange nicht abgeschlossen. Dem vorliegenden, ersten Maßnahmenpaket müssen im Sinne einer ‚rollenden Reform' weitere Maßnahmen folgen."[3]

Das entsprechende Gesetzespaket war sehr umfassend. Die wichtigste Änderung bezüglich des Eisenbahngesetzes war jedoch die Einführung und Regulierung des nicht diskriminierenden Zugangs zum Schienennetz.

Die SBB wurde durch ein neues SBB-Gesetz in eine spezialrechtliche Aktiengesellschaft umgewandelt. Neben den allgemeinen Bestimmungen zu Zweck und Grundsätzen des Unternehmens, Aktienkapital und Aktionären, Organen und Verantwortlichkeiten enthält das Gesetz auch die Bestimmung, dass der Bundesrat mit der SBB eine für vier Jahre geltende Leistungsvereinbarung erarbeitet und abschließt. Diese Leistungsvereinbarung muss vom Parlament genehmigt werden.

Angesichts des Finanzregimes der SBB beschließen die Kammern der Bundesregierung auch den Zahlungsrahmen für diesen Zeitraum. Als Basis hierfür dient Artikel 20 des neuen SBB-Gesetzes zu den Grundsätzen der Investitionsfinanzierung.

[2] Kommentare des Bundesrats zur Volksabstimmung am 29. November 1988.
[3] Botschaft (an das Parlament) zur Bahnreform vom 13. November 1996.

Das letzte, aber zentrale Element der Gesetzesvorlage war das „Bundesgesetz über die Refinanzierung der Schweizerischen Bundesbahnen". So konnte wie folgt ein Schuldenabbau bei der SBB erreicht werden:

- Der Bilanzfehlbetrag Ende des Jahres 1998 wird getilgt durch Verrechnung mit Forderungen des Bundes
- Der Bund übernimmt die Verzinsung und Rückzahlung von Darlehen der Pensionskasse an die SBB in Höhe von CHF 5.910 Millionen (€ 3.840 Millionen)
- Umwandlung von Bundesdarlehen an die SBB in Höhe von CHF 8.000 Millionen (€ 5.200 Millionen) in Eigenkapital der SBB
- Umwandlung von CHF 3.328 Millionen (€ 2.160 Millionen) der verbleibenden Darlehen in variabel verzinsliche, bedingt rückzahlbare Darlehen
- Die Rückzahlung des Fehlbetrags der Pensionskasse in Höhe von CHF 5.157 Millionen (€ 3.350 Millionen) erfolgt über einen Zeitraum von sechs Jahren.

Insgesamt gesehen war die Entschuldung der SBB großzügig. Das Instrument der Leistungsvereinbarung ist nun schon in der zweiten Anwendungsperiode. Es wird durch detaillierte Eignerziele des Bundes ergänzt mit ehrgeizigen Vorgaben in den Bereichen Finanzen, Produktivität, Sicherheit und sonstigen Bereichen.

9.3 Die SBB im Herzen des schweizerischen Eisenbahnsystems

Der Grundstein für den Turnaround der SBB wurde schon 1993 gelegt. Zunächst wurden Arbeitskräfte abgebaut und das Investitionsvolumen gesenkt. Die gesamte Verkehrsinfrastruktur wurde neu geordnet, um die Zuwendungen für gemeinwirtschaftliche Verpflichtungen zu senken. Diese Maßnahmen wurden 1996 noch um eine Reduzierung von Bestandteilen der Löhne und einen Stopp für Lohnerhöhungen für drei Jahre ergänzt.

Bis zur Umwandlung in ein Aktienunternehmen war die SBB nach Funktionen organisiert (wie fast alle europäischen Bahnunternehmen) und dabei in drei Funktionsbereiche untergliedert.

Schon 1998, also noch vor der formalen Umwandlung in ein Aktienunternehmen, beschloss der Verwaltungsrat eine grundlegende Umstrukturierung des Unternehmens in Divisionen. Gleichzeitig wurden die Funktionsbereiche abgeschafft. Heute hat die SBB eine sehr einfache Organisationsstruktur, in deren Zentrum die drei Divisionen Personenverkehr, Güterverkehr (SBB Cargo) und Infrastruktur plus der Geschäftsbereich Immobilien stehen. Alle Betriebsmittel wie Lokomotiven, Lokomotivführer, Werkstätten für Wartung und Instandhaltung etc. sind den einzelnen Divisionen zugeordnet.

Die Divisionen erstellen ihre eigenen Bilanzen und Gewinn- und Verlustrechnungen. Dabei fungiert die SBB AG als Muttergesellschaft, nur SBB Cargo ist eine Aktiengesellschaft, die zu 100 % im Besitz der SBB AG ist.

Die Mitarbeiterzahlen der SBB lagen 1992 bei knapp 39.000 verglichen mit heute rund 27.000. Im gleichen Zeitraum stiegen die Personenkilometer um 18 %, die Tonnenkilometer um 32 % und die Zugkilometer um 11 %.

Seit 20 Jahren konzentriert sich die Personenverkehrsstrategie der SBB auf Bahn 2000. Am 12. Dezember 2004 erfolgte der letzte große Schritt der Umsetzung mit der Inbetriebnahme einer neu gebauten Linie im Herzen des Netzes. Es war mit Sicherheit das erste Mal in der Geschichte der Eisenbahn, dass der Betrieb eines gesamten komplexen Netzes mit einem einzigen Schritt auf ein wesentlich höheres Niveau gehoben wurde: 12 % mehr Züge, 14 % mehr Zugkilometer und wesentliche Fahrzeitreduzierungen um mehr als 50 % auf allen möglichen Reiserouten. Das alles in einem Schienennetz, das auch zuvor das mit Abstand am stärksten ausgelastete Netz mit Mischverkehr in Europa war. Die neue Strecke hatte so große Auswirkungen auf das Gesamtnetz, dass 90 % der Fahrzeiten aller Züge geändert werden mussten. In großen Teilen des Netzes erfolgen die Verbindungen jetzt im Halbstundentakt – mit erheblich kürzeren Reisezeiten. Um nur ein Beispiel zu nennen: Die Fahrt Bern–Basel dauerte früher 67 Minuten, wobei eine Verbindung pro Stunde angeboten wurde. Heute dauert die Fahrt nur noch 55 Minuten und es gibt zwei Verbindungen pro Stunde.

Im Dezember 2004 wurde der Schritt „12.12." zum Top-Medienereignis. Schon vorher wurde gefragt: „Wird das Chaos ausbrechen?" Hinterher lauteten die Schlagzeilen: „Bahn 2000 funktioniert wie am Schnürchen". Der Übergang verlief in der Tat fast reibungslos. Am erstaunlichsten war aber wohl die Erfahrung, dass sich der neue Fahrplan als stabiler als der alte erwies!

Bahn 2000 wurde vier Jahre später als das 1985 angenommene Zieldatum abgeschlossen. Der Grund waren einige Schwierigkeiten im Projekt an sich, aber hauptsächlich die 7000 Einsprüche, die gegen genau eines der vielen Bauprojekte, die neue Strecke Mattstetten-Rothrist, eingereicht wurden.

Heute können wir nicht nur sagen, dass der Betrieb völlig reibungslos verläuft, sondern auch, dass die Nachfrage die Erwartungen bei Weitem übertrifft. Die Anzahl von abreisenden Fernreisenden in den fünf größten Knotenbahnöfen ist um über 10 % gestiegen. Die Fahrgastzahlen zwischen Bern und Zürich liegen 12 % höher. Zum großen Erfolg von Bahn 2000 trugen wie oben erwähnt nicht nur eine konsequente Verkehrspolitik und Projektleitung bei, sondern in hohem Maß auch die vertikale Integration der SBB als Unternehmen mit klar hierarchisch geordneten Verantwortlichkeiten. Der Erfolg beruht auf einer außergewöhnlich guten Abstimmung der Fahrpläne von Personenzügen und Güterzügen, dem Rollmaterial und dem Stand des Ausbaus der Infrastruktur. In einem zersplitterteren Strukturmodell wäre es kaum möglich gewesen, die unvermeidlichen Konflikte zu bewältigen und alle Unternehmensbereiche auf ein so anspruchvolles Ziel auszurichten.

Die künftige Strategie im Regional- und Nahverkehr zielt auf eine Vergabe der Leistungen in Ausschreibungen ab, was schlicht und einfach „Wettbewerbsfähigkeit" heißt. Die SBB gab für zwei Ausschreibungsverfahren in Süddeutschland Gebote ab und bekam einmal den Zuschlag. Seither betreibt die SBB die Wiesentallinie im Bereich der Basler S-Bahn. Momentan streben wir keine weiteren Aktivitäten in diesem Bereich an, nicht zuletzt weil uns die schon jetzt recht hohen Investitionsraten im Personenverkehr und die daraus resultierende Cashflow-Situation gewisse Grenzen setzen.

Im internationalen Fernreiseverkehr spielte die SBB zusammen mit der FS eine Vorreiterrolle. Mit der Gründung der Cisalpino AG für den Verkehr zwischen der Schweiz und Italien wurde ein sehr erfolgreiches Modell geschaffen, sowohl was die Marktseite als auch was die kommerzielle Seite betrifft. Das Gleiche kann man über Lyria sagen, die gemeinsame Tochtergesellschaft von SNCF und SBB für die TGV-Verbindungen zwischen der Schweiz und Frankreich. Die Verkehrsverbindungen von und nach Deutschland werden in Kooperation mit der DB AG betrieben.

Schon direkt nach der erfolgten Bahnreform wurde 1999 mit dem „offenen Zugang" zum Güterverkehr begonnen. Die SBB war sich schon Mitte der 1990er Jahre der bevorstehenden neuen Situation bewusst und unterzog deshalb ihre Position im europäischen Schienengüterverkehr einer kritischen Bewertung. Ursprünglich war eine Fusion des SBB-Güterverkehrs mit dem Güterverkehr von Trenitalia geplant. Schwierigkeiten in der praktischen Umsetzung veranlassten die SBB jedoch dazu, ihr früheres Vorhaben, zu einem der großen Akteure im europäischen Schienengüterverkehr zu werden, aufzugeben und sich ganz auf den Nord-Süd-Korridor zu konzentrieren. Die Gründungen von SBB Cargo Deutschland und SBB Cargo Italia wurden zur Basis eines neuen industriellen Produktionskonzepts, um Kunden internationale Transportdienste aus einer Hand anbieten zu können.

Seit der großen Fahrplanänderung im Jahr 2004 konnte die SBB die Anzahl der in Deutschland betriebenen Züge vervierfachen und die Anzahl der in Norditalien betriebenen Züge sogar verfünffachen. Gleichzeitig sank durch die Konkurrenz ihr Marktanteil am Transitverkehr durch die Schweiz auf knapp 55 %.

Seit 1999 hat die SBB alles in allem die in der Leistungsvereinbarung und den Eignervorgaben festgelegten ehrgeizigen Ziele erreicht. Die SBB hat einen starken Markennahmen und steht auch kontinuierlich in Meinungsumfragen zur

Beliebtheit schweizerischer Unternehmen ganz oben. Die Werte „Pünktlichkeit, Sauberkeit, Sicherheit und Effizienz" sind typisch für die Schweiz, und die SBB pflegt diese deshalb gewissenhaft.

9.4 Die BLS Lötschbergbahn AG

Unter den zahlreichen konzessionierten Transportunternehmungen sticht die BLS (mehrheitlich im Besitz des Kantons Bern) schon wegen ihrer Größe und Bedeutung hervor. Sie war anfangs eine „Universalbahn", die sich in allen Verkehrsbereichen engagierte, konzentriert sich aber heute nur noch auf den Betrieb der gesamten Berner S-Bahn und auf die Abwicklung von Güterverkehr. Sie besitzt eigene Infrastruktur, und eine Tochtergesellschaft baut den Lötschberg-Basistunnel. Ein bedeutender Teil der Verbindungen der S-Bahn Bern nutzt die Infrastruktur der SBB.

Die DB AG hält eine Beteiligung von 20 % an BLS Cargo AG. Die BLS hat große Teile des traditionell von SBB in Zusammenarbeit mit der DB abgewickelten Verkehrs übernommen. Somit ist die BLS mit Railion eine direkte Konkurrentin der SBB. Als solche betreibt sie innerhalb der Schweiz auch Ganzzüge, wohingegen der Systemverkehr der Wagenladungen bei der SBB verblieb. Schließlich betreibt die BLS auch die rollende Landstraße zwischen Basel und Novara in Italien. Infolge dieser Aktivitäten erlebte das Güterverkehrsaufkommen von BLS Cargo AG in den letzten Jahren einen starken Aufschwung.

9.5 Stand der Liberalisierung in der Schweiz

Diskriminierungsfreier Trassenzugang ist das Kernelement der Bahnreform 1. Die Fahrwegzuweisung erfolgt durch eine Abteilung, die zwar rein organisatorisch Teil von SBB Infrastruktur ist, aber die BLS ist darin auch vertreten. Die Tatsache, dass SBB und BLS Konkurrentinnen sind, garantiert eine Fahrwegzuweisung ohne Diskriminierung. Außerdem kann man sich bei Streitigkeiten an einen unabhängigen Schlichtungsausschuss, der im Ministerium angesiedelt ist, wenden. Im IBM Lib-Index liegt die Schweiz in der Spitzengruppe.[4]

In der Praxis erweist sich jedoch der diskriminierungsfreie Zugang zu den Fahrwegen nicht als das entscheidende Hindernis für „offenen Zugang". Die SBB kann in der Zwischenzeit aus eigener Erfahrung berichten, wie zeitintensiv, bürokratisch und teuer Genehmigungs- und Zertifizierungsverfahren sein können. Eine von der deutschen Bahnzulieferindustrie und der DB durchgeführte Studie ergab, dass die Typzulassung für Lokomotiven fast überall zwei Jahre dauert. In der Schweiz dauert sie noch nicht einmal sechs Monate. Wie weit die Liberalisierung in der Schweiz gediehen ist, zeigt sich schon allein in der Tatsache, dass

---

[4] IBM-Kirchner Lib-Index (2004).

der Incumbent im relevanten Markt fast 50 % der Marktanteile verlor. Neben SBB und DB/BLS ist auch TX Logistik im „offenen Zugang" auf der Nord-Süd-Achse zu finden.

Bei der Konkurrenz über Ausschreibungen für Regional- und Nahverkehrsverbindungen gibt es noch keine großen Fortschritte. Für die Vergabe dieser Verbindungen sind die Kantone zuständig, obwohl der Bund für mehr als die Hälfte der Kosten aufkommt. Die Kantone haben zwar die gesetzliche Möglichkeit, diese Verbindungen auszuschreiben, haben diese aber bislang nicht genutzt. Eigentlich ist dies auch eher theoretisch als praktisch umsetzbar, da in diesem Bereich nach derzeitiger Gesetzeslage keine Gewinne ausgewiesen werden dürfen. Trotzdem gibt es einen gewissen Benchmarking-Druck, da die Leistungen von BLS und SBB im Nahverkehr einander gegenübergestellt werden.

9.6 Weitere Schritte: Bahnreform 2

Wie bereits erwähnt, wird die Bahnreform in der Schweiz als „rollendes Abenteuer" gesehen, das auf den Erfahrungen in den früheren Phasen aufbaut. Noch 2005 will der Bundesrat eine Botschaft an das Parlament zur Bahnreform 2 geben. Ein zentrales Anliegen der zweiten Phase ist eine Standardisierung der Finanzierungsmodalitäten zwischen SBB und den konzessionierten Transportunternehmungen. Der diskriminierungsfreie Zugang steht erneut auf der Tagesordnung. Die Europäische Kommission gab den Bundesbehörden zu verstehen, dass die bestehenden Regelungen nicht der EU-Richtlinie entsprechen, wenngleich die Europäische Kommission keinesfalls die Diskriminierungsfreiheit bezweifelt. Obwohl die Schweiz, dies sei hier wiederholt, nicht der EU angehört, sind das Ministerium und die Bahnen zu dem Schluss gekommen, dass ein Alleingang nicht vorteilhaft wäre. Deshalb wurde im Rahmen der Bahnreform 2 die Schaffung einer unabhängigen Stelle zur Fahrwegzuweisung vorgeschlagen. Ansonsten baut die Bahnreform 2 auf der Prämisse auf, dass die in der ersten Phase der Bahnreform geschaffenen Instrumente insgesamt ihr Ziel erreichten.

Eurail press präsentiert: Fachbücher zur Bahngesetzgebung

Kommentar zum Allgemeinen Eisenbahngesetz (AEG)

1. Auflage 2004

In diesem Werk findet der Leser eine umfassende Kommentierung des für den Schienenverkehr in Deutschland grundlegenden Allgemeinen Eisenbahngesetzes (AEG) und der Eisenbahnbetriebsleiterverordnung (EBV).

Technische Daten:
276 Seiten,
Format: 148 x 215 mm,
Hardcover,
Preis € 44,- (inkl. MwSt., zzgl. Versandkosten)
ISBN 3-7771-0313-6

Kommentar zur Eisenbahn-Bau- und Betriebsordnung (EBO)

4. Auflage 2001

Der Kommentar zur EBO ist unersetzlich für die Bewältigung der vielfältigen Aufgaben der Bahnen, Aufsichtsbehörden, Besteller von Schienenverkehrsleistungen, der Bahnbau- und Schienenfahrzeugindustrie oder der Sachverständigen.

Technische Daten:
640 Seiten,
Format: 148 x 215 mm,
Hardcover,
Preis € 78,- (inkl. MwSt., zzgl. Versandkosten)
ISBN 3-7771-0295-4

Das offizielle "Handbuch der Europäischen Eisenbahn-Gesetzgebung"

1. Auflage 2004

Für alle, die im europäischen Bahn-Business auch in Zukunft erfolgreich tätig sein wollen, ist dieses Standardwerk eine unverzichtbare, tägliche Arbeitsgrundlage. Sowohl das Vorwort der Herausgeber als auch der umfangreiche Einführungsteil erscheinen dreisprachig in englisch, deutsch und französisch. Der Gesetzesteil mit allen wichtigen europäischen Gesetzen und Direktiven erscheint in englischer Sprache.

Technische Daten:
560 Seiten,
Format: 148 x 215 mm,
Hardcover,
Preis € 64,- (inkl. MwSt., zzgl. Versandkosten)
ISBN 3-7771-0314-4

Taschenbuch der Eisenbahn-Gesetze

Neuauflage: Nov. 2005

Sie finden hier, wonach Sie woanders vermutlich lange suchen: Rund 75 nationale und internationale Vorschriften. 13 Gesetze, Richtlinien oder Verordnungen sind neu hinzugekommen, 21 wurden aktualisiert. Ein unverzichtbarer Helfer in Rechtsfragen für die gesamte Schienenverkehrswirtschaft.

Eurailpress
Tetzlaff-Hestra GmbH & Co. KG
Postfach 10 16 09 · D-20010 Hamburg

Fax: + 49 40/237 14 - 243
E-Mail: service@eurailpress.com
Internet: www. eurailpress.com

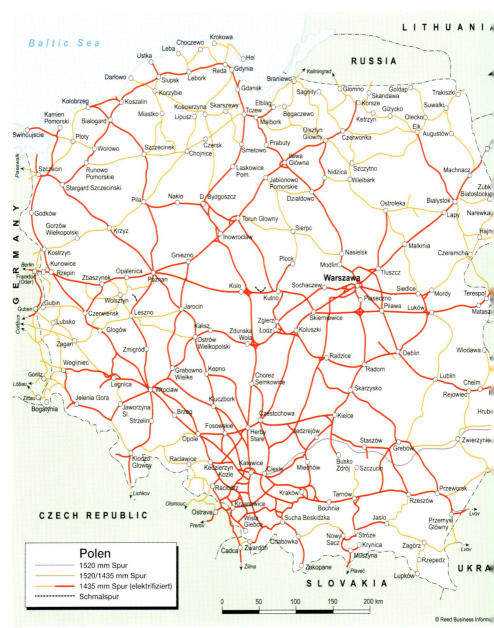

Polen

- 1520 mm Spur
- 1520/1435 mm Spur
- 1435 mm Spur (elektrifiziert)
- Schmalspur

0   50   100   150   200 km

© Reed Business Inform

Quelle: Railway Gazette International

10. Polen

Professor Juliusz Engelhardt
Szczecin University, Polen

Fläche des Landes (km²) 312 685

	2003		2003
Bevölkerung[a] (Mio)	38,3	Fracht t/km	47,4
Bruttoinlandsprodukt (BIP) (Mrd. Euro)	185,2	Personen-km (Mrd.)	19,6
Länge des Streckennetzes (1000 km)	19,9	Modaler Anteil – Güterverkehr[b] (%)	38,6
		Modaler Anteil – Personenverkehr[c] (%)	8,1

[a] Am 01. Januar
[b] Basiert auf Eurostat 2003 Straße, Schiene und Binnenwasserstraßen
[c] Basiert auf Eurostat 2002, Schiene, öffentlicher Verkehr auf der Straße, private PKW

10.1 Die sich ändernden Anforderungen an den Bahntransport

Die Eisenbahnen haben mehr als vier Jahrzehnte lang eine beherrschende Rolle im polnischen Transportsystem gespielt. Bis Ende der 1980er Jahre waren der Transport und die wirtschaftliche Produktion immer noch durch die Planwirtschaft bestimmt. Den Eisenbahnen wurde eine vorherrschende Rolle im Gütertransport zugewiesen. Diese Rolle war aber nicht den Kräften des freien Marktes ausgesetzt – und konnte daher, als Polens Wirtschaft sich in eine Marktwirtschaft umwandelte, nicht ohne eine bedeutende Reform überleben.

Die 1980er Jahre stellten einen besonderen Gipfel in der Nachkriegsgeschichte des polnischen Transports dar. Im Jahr 1985 wurden zum Beispiel 419 Millionen Tonnen Fracht (120,6 Milliarden Tonnen-km) in Polen transportiert, dazu kamen noch 1 Milliarde Fahrgäste (51,9 Milliarden Personen-km). Diese Zahlen stimmen in etwa auch für das Jahr 1989[1], dem Anfang der radikalen wirtschaftlichen Reformen. Um diese Zahlen in das richtige Verhältnis zu setzen: In dieser Periode transportierte die polnische Bahn mehr Fracht als die französische und die deutsche zusammengenommen.

---

[1] Die genauen Zahlen für 1989 sind 388,9 Millionen Tonnen Fracht (111,1 Milliarden Tonnen-km) und 950 Millionen Fahrgäste (50,3 Milliarden Passagier-km).

Im Jahr 1990 gab es einen abrupten Bruch. In einem Jahr wurden 111 Millionen Frachttonnen weniger befördert – etwa ein Viertel weniger als im Vorjahr. Im Personenverkehr wurden zur gleichen Zeit 162 Millionen weniger Fahrgäste als im Vorjahr befördert. Dieser Trend setzte sich bis zum Jahr 1995 fort. Im Jahre 1992 transportierte die Bahn 189 Millionen Tonnen weniger als 1989. Über drei Jahre verlor die Bahn das Äquivalent des zusammengenommenen Frachtverkehrs von Frankreich und Italien. Beim Personentransport verlor die Bahn im Jahr 1992 400 Millionen Passagiere im Vergleich zum Jahr 1989 – das entspricht dem Verlust des zusammengefassten niederländischen und belgischen Marktes.

Dieser starke Rückgang der Bahnverkehrs, der sich über die Periode von 1990 bis 1995 fortsetzte, hat das Unternehmen Polnische Staatsbahn (Polskie Koleje Pańswowe, PKP) in beispielloser Weise beeinträchtigt. Zu dieser Zeit hatte PKP das Bahnmonopol in Polen und hatte daher auch keine Erfahrung mit kundenorientierter Produktion, denn es bestand auch keine nennenswerte Konkurrenz durch andere Transportmittel.

Die Tabellen 1 und 2 geben einen Überblick über die Marktanteile der verschie-

Tabelle 1: Der polnische Güterverkehr nach Verkehrsarten

Transportart	1990	1995	2000	2001	2002	2003	Zusammen-setzung in %		Änderung in %
							1990	2003	90-03
in Millionen Tonnen									
Eisenbahn, –	-	-	-	-	222,9**	241,6	-	18,9	
mit PKP	281,7	225,3	187,2	166,8 *	159,7	161,8	17,5	12,6	57,4
LKW	1292,4	1086,8	1083,1	1072,1	1002,4	981,9	79,9	76,5	75,8
Pipelines	33,0	33,4	44,3	45,3	46,1	51,8	2,0	4,0	157,0
Binnenschifffahrt	9,8	9,3	10,4	10,3	7,7	8,0	0,6	0.6	81,6
Gesamt	1616,9	1354,8	1325,0	1294,5	1279,1	1283,3	100,0	100,0	79,4
in Millionen Tonnen									
Eisenbahn, –	-	-	-	-	47,8	49,6		32,5	
mit PKP	83,5	69,1	54,4	47,9	46,6	47,4	60,3	31,1	56,7
LKW	40,3	51,2	72,8	74,4	74,7	78,2	29,0	51,2	194,0
Pipelines	13,9	13,5	20,3	21,1	20,8	23,9	10,0	15,7	171,9
Binnenschifffahrt	1,0	0,9	1,2	1,3	1,1	0,9	0,7	0,6	90,0
Gesamt	138,7	134,7	148,7	144,7	144,4	152,6	100,0	100,0	110,0

Quelle: GUS statistische Jahrbücher (GUS – Zentrales statistisches Büro), eigene Berechnungen

* bis 2002 wurden nur PKP-Transporte erfasst
** seit 2002 erfasst die Statistik alle Bahntransporte

Tabelle 2: Polnischer Personenverkehr nach Verkehrsträgern – 1990 bis 2003

Verkehrsträger	1990	1995	2000	2001	2002	2003	Aufteilung in %		Änderung in %
							1990	2003	90-03
Passagiere (in Millionen)									
Eisenbahn	789,9	465,9	360,7	332,2	302,5	283,4	27,5	25,5	35,9
Busse*	2084,7	1131,6	954,5	898,7	815,0	822,9	72,4	74,1	39,5
Flugzeuge	1,7	1,8	2,9	3,4	3,7	4,0	0,06	0,36	235,3
Gesamt	2876,3	1599,3	1318,1	1234,3	1121,2	1110,3	100,0	100,0	38,6
Personen-Kilometer (in Milliarden)									
Eisenbahn	50,4	26,6	24,1	22,5	20,4	19,6	49,8	34,7	38,9
Busse*	46,6	34,0	31,7	31,0	29,3	30,0	45,9	53,1	64,4
Flugzeuge	4,4	4,6	6,0	6,4	6,7	6,9	4,3	12,2	156,8
Gesamt	101,4	65,2	61,8	59,9	56,4	56,5	100,0	100,0	55,7

Quelle: GUS statistische Jahrbücher (GUS – Zentrales statistisches Büro), eigene Berechnungen
* ohne öffentlichen Nahverkehr

denen Transportarten in Polen zwischen 1990 bis 2003. Der Anteil des Bahntransportes an der Fracht (gemessen in Tonnen-km) fiel bis etwa zum Jahr 2000 und hat sich dann stabilisiert. PKP Cargo transportierte etwa 160 Millionen Tonnen in jedem der letzten Jahre.

Seit 2001 gibt es auch statistische Informationen über andere Bahnbetreiber als die PKP. Die Betreiber, die nicht zur PKP gehören, beförderten im Jahre 2003 ca. 6 % des gesamten Frachtmarktes. Die neuen Gesellschaften befördern meist über kurze Strecken, das erklärt den kleineren Marktanteil bei der Angabe in Tonnen-km. PKP bleibt das größte Frachtunternehmen in Polen, obwohl sie Marktanteile an Privatbetreiber abgeben musste. Der Anteil der PKP am gesamten Frachtverkehr, gemessen in Tonnen, sank von 17,5 % im Jahr 1990 auf 12,6 % im Jahr 2003. Wenn der Anteil in Tonnen-km dargestellt wird, ist ein Rückgang von 60,3 % im Jahr 1990 auf 31,1 % im Jahr 2003 zu verzeichnen. Das bedeutet, dass zwischen den Jahren 1990 und 2003 tiefe strukturelle Veränderungen im Gütertransport stattfanden.

Die anfängliche Abnahme des Bedarfs an Bahntransportleistung reflektierte die allgemeine Verminderung der Wirtschaftsleistung und den damit abfallenden Bedarf an Transportleistung mit allen Transportmitteln. Allerdings war die Abnahme für Schüttgut wie Kohle und Metallerze besonders groß. Interessanterweise stieg die Wirtschaftsleistung gegen Ende der 1990er Jahre an, aber der Bedarf an Transportleistung fiel. Dieses kann im Wesentlichen durch die Neuorganisation der Schwerindustrie erklärt werden, die zur Schießung vieler Minen, Stahlwerke und anderer großer Betriebe führte. Diese reduzierte den Bedarf für niedrig veredelte Fracht, wogegen die wachsende Wirtschaft den Bedarf an hoch veredelten Waren, wie Maschinen und elektronischen Geräten, wachsen ließ. Das Resultat daraus war eine natürliche Verlagerung des Transports von der Bahn auf die Straße.

Trotzdem sollte das Absinken des Bahnfrachttransportes in den 1990er Jahren nicht zu negativ gesehen werden. Eigentlich kehrte die polnische Wirtschaft nach einigen Jahrzehnten der Planwirtschaft zur Normalität zurück. Daher war die Verringerung des Frachttransportes auf der Schiene unvermeidlich. Es bleibt aber ein recht starker Bedarf für den Schienengüterverkehr. Nach der notwendigen Restrukturierung kann angenommen werden, dass der Bedarf sich auf 180 bis 220 Millionen Tonnen einpendelt, davon wird PKP zwischen 100 und 140 Millionen Tonnen befördern. Die polnische Wirtschaft – nun in Europa eingebunden – wird wachsen. Mit Unterstützung durch eine angemessene Transportpolitik ist von einer glänzenden Zukunft für den Schienengüterverkehr auszugehen.

Der Bedarf an Personentransport durch die Bahn ist – wie beim Frachtverkehr – von den 1980er Jahren bis heute gefallen. Diese Entwicklung ist in Tabelle 2, die nur den öffentlichen Verkehr betrachtet, dargestellt. Beide, sowohl Busse als auch Bahnen, verloren etwa 60 % der Fahrgäste oder etwa 25 bis 40 % der Personen-km. Der Grund dafür ist der Wechsel zu Privatfahrzeugen, die Abnahme des Realeinkommens während der ersten Stufe der wirtschaftlichen Reformen und die immer noch hohe Arbeitslosigkeit. Der Rückgang des Personentransportes bei der Bahn ist wahrscheinlich noch nicht abgeschlossen, und der zukünftige Bedarf ist nur schwierig abzuschätzen. Dieser wird wesentlich von der regionalen Verkehrspolitik abhängen, für die Polen sich entscheidet.

10.2 Restrukturierung des Staatsbetriebes PKP

Die erste Stufe der Reformen: 1990-1996

Als die Reformen im Jahre 1990 einsetzten, hatten weder die Bahn noch die Verwaltungsbehörde einen festgelegten Plan für die Reform, es gab nur einige allgemeine Ausarbeitungen. Die inländische Situation in Polen war sehr komplex. Eine galoppierende Inflation trat auf, die industrielle Produktion ging dramatisch zurück, die Arbeitslosigkeit stieg stark an und der Bahntransport fiel mit schwindelerregender Geschwindigkeit. Bruchstückhafte Reformen wurden begonnen und bis ins Jahr 1996 fortgesetzt – diese wurden als die erste Stufe der Restrukturierung der PKP bezeichnet. Alle betrieblichen Tätigkeiten der PKP bedurften einer radikalen Umwandlung. Die wesentlichen Bereiche der Reformen der betrieblichen Tätigkeiten zwischen 1990 und 1996 betrafen:

- Verbesserung der Attraktivität des Passagier- und Frachttransportes für die Kunden;
- Neuorganisation der innerbetrieblichen Produktionsabläufe;
- Restrukturierung der PKP-Organisation;
- Anpassung des produktiven Leistungsvermögens (Kapital und Arbeitsplätze) an den Umfang und die Struktur des Transportbedarfes;
- Aufgabe der überflüssigen und unproduktiven Teile des PKP-Eigentums.

Der umfassende Reformprozess hatte zur Folge, dass 20 große PKP-Instandsetzungsbetriebe für rollendes Material und 11 Ingenieurgesellschaften mit zusammen 66.000 Mitarbeitern von PKP abgetrennt wurden. Zusätzlich wurde ein großer Teil des rollenden Materials stillgelegt und der Bestand wurde dem aktuellen Bedarf angepasst, ein Fachgebiet Marketing wurde gegründet und die verbleibenden Bereiche der PKP wurden mit einer vereinfachten Managementstruktur reorganisiert. Die Anzahl der Mitarbeiter der PKP wurde von etwa 340.000 am Ende des Jahres 1990 auf 230.000 im Jahr 2003 reduziert. Der Verlust von 100.000 Mitarbeitern in 6 Jahren war beispiellos in Europa.

Die zweite Stufe der Reformen: 1997-1999

Die zweite Phase der Restrukturierung der PKP fand zwischen 1997 und 1999 statt. Während dieser Periode wurde die Organisationsstruktur der PKP radikal überarbeitet. Die traditionelle, etablierte Struktur – die seit 1918 bestand – wurde aufgegeben. Die alte Organisationsstruktur orientierte sich an geographischen Gebieten. Sie wurde durch eine modernere vertikale Struktur ersetzt, die auf vier Geschäftsfeldern basiert: Personenverkehr, Güterverkehr, Infrastruktur und Traktion. Diese Geschäftsfelder wurden durch 11 vertikal organisierte Zusatzbereiche unterstützt.

Der interne Widerstand gegen die Veränderungen war stark, der größte Widerstand kam von den Gewerkschaften. Erst im Jahr 1999 wurde es der PKP möglich, diese wichtige Stufe der Restrukturierung durchzuführen. Zu dieser Zeit war die nächste Stufe der Reformen schon vorbereitet – die Schaffung der PKP Holding Gruppe.

Die dritte Stufe der Reform: 2000 bis heute

Am 8. September 2000 verabschiedete das Parlament das Gesetz zur Kommerzialisierung, Restrukturierung und Privatisierung der PKP. Dieses Gesetz bildete die formelle Basis zur Restrukturierung der PKP in einen Konzern mit dem Namen „PKP Group" (Grupa PKP). Es war auch als letzte Stufe der Reform bestimmt, die notwendig war, um den Anforderungen der Europäischen Gemeinschaft zu genügen. Die PKP wurde auf vier Ebenen restrukturiert: finanziell, Eigentum, Beschäftigung und innerbetriebliche Organisation. Für den letzten Gesichtspunkt legte das Gesetz folgende Struktur fest:

- Eine kommerzielle Basis für die PKP durch Umformung des Unternehmens in eine Gesellschaft mit nur einem Aktionär, dem Finanzministerium. PKP SA operiert auf dieser Basis seit dem 1. Januar 2001;
- Ein Infrastruktur-Management Unternehmen mit dem Namen „PKP Polnish Railway Lines SA" (PKP PLK SA) (PKP Polskie Linie Kolejowe SA). PKP PLK SA arbeitet seit dem 1. Oktober 2001 und gehört ganz der PKP SA;
- Betriebsgesellschaften, die den Güter- und Personenverkehr betreiben – die Unternehmen PKP Cargo SA, PKP Intercity Ltd., PKP Regional Transport Ltd. (Przewozy Regionalne) haben den Betrieb 2001 aufgenommen und gehören alle der Dachgesellschaft PKP SA.
- Service-Betriebe – zum Beispiel Telekommunikation, Energie, Reparatur der Infrastruktur und IT-Service. Diese Betriebe nahmen im Jahr 2001 ihren Betrieb auf.

Allgemein gesehen hat Polen unter Berücksichtigung der Anforderungen der EU-Richtlinie 91/440 und nach Beobachtung der Erfahrungen in Schweden, Großbritannien und Frankreich die Struktur einer Holding Gesellschaft, basierend auf dem Handelsrecht, gewählt. Zurzeit wird dieses Modell in Ländern wie Deutschland und Österreich angewandt. Die Möglichkeit einer teilweisen Privatisierung des Schienennetzes bleibt offen, wobei die Schienen-Infrastruktur in Staatsbesitz bliebe.

Die Reform der PKP aus dem Jahr 2001 war nur teilweise erfolgreich. Obwohl die Aufteilung der PKP in Einzelunternehmen recht erfolgreich ablief und dank der Übergangszahlungen für die entlassenen Mitarbeiter[2] Streik und Proteste der Mitarbeiter vermieden wurden, bleiben drei wichtige Probleme ungelöst:

- PKP SA hat immer noch große, alte Verbindlichkeiten. Die Regierung hat bis auf die Bereitstellung von begrenzten Kreditgarantien die Restrukturierung im Jahr 2001 nicht finanziell unterstützt. Durch die Budget-Probleme wird die polnische Regierung die Kredite der PKP SA Gruppe nicht vollständig ablösen können, die Regierung hofft vielmehr auf zukünftige Einnahmen durch die Privatisierung bestimmter Geschäftsteile, mit denen dann die PKP-Verbindlichkeiten beglichen werden könnten.
- Die Restrukturierung hat die Angelegenheiten, die das Anlagevermögen der PKP betreffen, bisher nur ungenügend bewältigt. Es ist wichtig, dass unnötige Teile des Anlagevermögens, dazu gehört eine große Zahl von Wohnungen und Grundbesitz, verkauft werden;

---

[2] Am Ende des Jahres 2004 beschäftigte die PKP Group nicht mehr als 140,000 Mitarbeiter.

- Der regionale Personenverkehr, der im Rahmen von öffentlichen Dienstleistungsaufträgen angeboten wird, liegt in der Verantwortung der regionalen Behörden. Es gibt 16 solche Behörden in Polen. Diese haben aber nicht die finanziellen Mittel, um den Betrieb zu finanzieren. Als der PKP Regionaltransport als Reaktion darauf die Verlust machenden Strecken schließen wollte, führte das in den Jahren 2002 bis 2004 zu einer Reihe von Streiks in Polen.

Diese dritte Stufe der Reform ist noch nicht abgeschlossen. Trotzdem bereitet sich die Regierung schon auf die nächste Stufe vor, in der PKP Cargo SA und andere Bahnunternehmen privatisiert werden sollen.

10.3 Änderungen im Umfeld der Vorschriften

Der Eintritt in die Europäische Union erforderte einige Änderungen des Rechtsrahmens in Polen. Diese werden hier kurz dargestellt.

Unabhängige Geschäftsführung

Das europäische Recht verlangt eine unabhänigige, von staatlichen Einflüssen befreite Unternehmensleitung. Am Ende der 1980er Jahre wurde die Geschäftsleitung der PKP formell aus dem damaligen Kommunikationsministerium ausgegliedert; das entsprach den Statuten der PKP vom 27. April 1989. Dieses Statut wurde später durch das neue Statut vom 6. Juli 1995 ersetzt. Auf dieser Basis erhielt die PKP formell eine größere Autonomie bei Entscheidungen über den Betrieb der PKP. Somit waren alle Bedingungen zur Schaffung einer tatsächlichen Unabhängigkeit der Leitung der Eisenbahnbetriebe erfüllt.

Zugang zum Eisenbahnmarkt

Unter dem geltenden Recht sind die gleichen Rechtsvorschriften für die PKP SA mit ihren Tochterfirmen und für andere Bahnbetriebe, ob staatlich oder privat, anzuwenden. Das Gesetz zum Bahntransport vom 28. März 2003 garantiert die Gleichstellung für alle Gesellschaften, die Bahntransporte betreiben, unabhängig von ihrer Größe und dem Geschäftsbereich.

Formal hatte PKP bis 1997 das Monopol im Schienenverkehr inne. Die nachfolgende Gesetzgebung – zuerst das Statut zum Schienenverkehr vom 27. Juni 1997, dann das neue Statut vom 28. März 2003 – zielte darauf ab, das Monopol zu brechen und einen nicht diskriminierenden Zugang zum Markt des Schienenverkehrs zu schaffen. Im Prinzip kann jedes Unternehmen, welches einige grundlegende Voraussetzungen erfüllt, eine Lizenz zum Betrieb erhalten. Die Voraussetzungen beinhalten: ein guter Leumund; finanzielle Zuverlässigkeit; Fachkompetenz, Besitz von rollendem Material und der Nachweis einer Versicherungsdeckung. Zusätzlich gelten Lizenzen, die von anderen Mitgliedstaaten der EU ausgestellt wurden, auch in Polen.

Der Zugang zum polnischen Markt ist im Prinzip sehr offen. Ohne Zweifel ist Polen ganz vorn bei den europäischen Ländern, wenn es um den freien Marktzugang geht. Zumindest in der Theorie gibt es unbegrenzte Möglichkeiten für Unternehmen, die den oben genannten Anforderungen genügen, den Markt für sich zu öffnen. Das Statut von 2003 setzt die formalen rechtlichen Garantien für einen nicht diskriminierenden Zugang zur polnischen Bahninfrastruktur für alle lizenzierten Betreiber von nationalen und internationalen Verkehre fest. Für ausländische Betreiber gibt es für einige Zeit noch eine Beschränkung – bis zum Ende 2006 werden nur maximal 20 % der Verkehrskapazität des Trans-European Rail Freight Network (TERFN) geöffnet. Zusammenfassend kann festgestellt werden, dass die polnischen Gesetze die Anforderungen des europäischen Rechts in Bezug auf die Öffnung des Marktes erfüllen und im Passagiersektor sogar weiter als erforderlich gehen.

Management der Infrastruktur

Der Bereich Infrastruktur, PLK SA, ist von den Eisenbahnverkehrsunternehmen finanziell getrennt. Ihre Aufgabe, die so auch im Gesetz definiert ist, ist es, einen nicht diskriminierenden Zugang zur Bahninfrastruktur auf der Basis der Anmeldungen für Bahnstrecken von lizenzierten Bahnunternehmen zu schaffen. Die Geschäftsbedingungen und die Kosten für die Trassenzuteilung sind in den Schienennetz-Nutzungsbedingungen öffentlich zugänglich. Die Bahnbetreiber schließen bindende Vereinbarungen mit dem Betreiber der Infrastruktur ab. Diese legen die allgemeinen Geschäftsbedingungen zum Zugang und das Entgeld fest. Die Schienennetz-Nutzungsbedingungen werden durch den Infrastrukturmanager erstellt und von der Genehmigungsbehörde – dem Präsidenten der Eisenbahnbehörde – bestätigt. Im Allgemeinen treffen die Verkehrsunternehmen Vereinbarungen immer nur für eine Fahrplanperiode; sollte es das Verkehrsunternehmen wünschen, sind auch 5-Jahres-Verträge möglich.

Prinzipiell sind auch längere Vertragslaufzeiten möglich – zwischen 5 und 10 Jahren –, wenn der Betreiber das mit bestehenden, langfristigen vertraglichen Bindungen begründen kann. Verträge mit einer Laufzeit von mehr als 10 Jahren können nur in Ausnahmefällen geschlossen werden, wenn große Investitionen, die im Vertrag genau festgehalten werden, getätigt werden. Ein solcher Vertrag muss dann durch den Regulierer gesondert bestätigt werden.

Eisenbahnbehörde

Das oben genannte Statut vom 28. März 2003 ist heute die Basis des gesamten

Regulierungssystems im polnischen Bahntransport. Dadurch wurde eine neue Eisenbahnbehörde aufgebaut (UTK). Deren Präsident wird durch den Premierminister auf der Basis eines Vorschlags des für Transportangelegenheiten zuständigen Ministers, zurzeit ist das der Minister für Infrastruktur, ernannt. Die UTK ist das zentrale Organ der Regierungsorganisation mit der sachlichen Zuständigkeit über die Regulierung und Lizenzvergabe auf dem Bahnsektor, der technischen Kontrolle des Betriebes und der Instandhaltung des Schienennetzes und der Fahrzeuge, und für die Sicherheit.

10.4 Der heutige Schienenverkehrsmarkt

Güterverkehrsmarkt

Die eigentliche Entwicklung des polnischen Bahnfrachtmarktes stammt aus der ersten Hälfte des Jahres 1997, als das Monopol der PKP durch Gesetz gebrochen wurde. Zum ersten Mal wurden Konzessionen für andere Betreiber erteilt. Von 1998 bis 2002 wurden etwa 20 solcher Konzessionen für den Bahntransport vergeben. Nicht alle Konzessionshalter nahmen den Betrieb auf. Nach Verabschiedung des zweiten Gesetzes im März 2003 wurde die Situation besser. Die Konzessionen für die Betreiber wurden durch Lizenzen ersetzt, wodurch sich der Zugang zum Markt vereinfachte. Auf dieser Basis wurden im Zeitraum von 2003 bis 2004 45 Lizenzen für den Bahnbetrieb von der UTK ausgestellt, davon waren 6 Transportunternehmen, die das Geschäft von PKP weiterführten (PKP Cargo SA, PKP LHS, PKP Intercity, PKP Regional Transport, SKM, WKD). Von den 39 verbleibenden Lizenzen sind 31 für den Güterverkehr und nur 4 für den Personenverkehr. Außerdem erhielten 3 kleine Betreiber von Schmalspurbahnen Lizenzen für den Güter- und Personentransport, und ein Unternehmen erhielt eine Lizenz für eine besondere Dienstleistung, die Vermietung von Traktion.

Der Bahnmarkt in Polen ist, so muss man fairerweise sagen, immer noch relativ jung. Die heutige Situation ist vielfältig. PKP Cargo spielt mit einem Anteil von 95,4 % aller Tonnen-km auf der Schiene im Jahr 2003 die dominante Rolle im Güterverkehr. Diese Zahlen sind allerdings irreführend – wenn nur die Tonnen als Grundlage genommen werden, hat PKP Cargo nur einen Marktanteil von 67 %.

Die erste Gruppe der neuen Betreiber kommt zum großen Teil aus der Bergbauindustrie – schwere Lasten werden über kurze Entfernungen befördert. Die Eisenbahnen der Betriebe haben Jahrzehnte lang funktioniert, seit der Restrukturierung sind sie aber zu unabhängigen Transportunternehmen geworden. Am Anfang des Jahres 2005 gab es mehr als 10 solcher Betreiber in Polen. Die zweite Gruppe von Lizenzinhabern kommt aus dem Brennstoff- und metallurgischen Bereich (z. B. die Unternehmen PKN Orlen SA, Lotos Kolej, DEC, Euronaft

Trzebinia, Kolhut). Diese Betreiber transportieren Güter über lange Strecken, aber immer die gleiche Fracht. Die dritte Gruppe der lizenzierten Betreiber besteht aus Transportunternehmen, die durch die Logistikunternehmen des polnischen Marktes gegründet wurden (z.B. Chem Trans Logistic, welche nach der Übernahme einer der Eisenbahnen der Minen die CTL Rail Partnership gegründet hat).

Diese Betreiber, insbesondere aus der zweiten und dritten Gruppe, stellen eine Gefahr für PKP Cargo SA dar. Der polnische Markt entwickelt sich in diesen Bereichen immer noch – es ist aber klar, dass diese von außen kommenden Betreiber einen starken Konkurrenzdruck auf die PKP ausüben, insbesondere im Markt der Massengüter, die Ganzzüge benötigen (flüssige Brennstoffe, Chemikalien, metallurgische Produkte und zum Teil auch Kohle). Der Druck wird wohl noch steigen und in einem sogar noch kleineren Anteil für PKP Cargo SA resultieren. Meiner Meinung nach ist es jedoch unwahrscheinlich, dass sich der Markt zu einem Wettbewerbsmarkt, wie im Lehrbuch entwickelt. Durch die Verträge mit langen Laufzeiten kann der Kunde nicht jederzeit und für alle Strecken zwischen den Betreibern wechseln.

Zusammenfassend kann erwartet werden, dass sich eine Oligopol-Situation auf dem polnischen Frachtmarkt herausbildet. Neue Betreiber werden PKP Cargo zu einem konkurrenzfähigeren Service zwingen, höchstwahrscheinlich durch die Übernahme der profitabelsten Teile des Markts. Es ist wahrscheinlich, dass der Markt am Ende unter 5 oder 6 Hauptbetreiber aufgeteilt wird, mit vielen zusätzlichen kleinen Betreibern mit nur örtlicher Bedeutung. Es ist auch möglich, dass neue, ausländische Betreiber in Polen auftauchen – der Markt ist groß und hat Potenzial. Es ist aber auch klar, dass ausländische Betreiber bisher die bestehende Möglichkeiten nicht genutzt haben, in den Markt einzudringen – beim Beitritt in die EU gab es keine Warteschlange von ausländischen Betreibern, die Trassen anmelden wollten. Die Angst Polens vor dem Beitritt, die zu den Verhandlungen über die 20-%-Grenze für ausländische Betreiber führte, stellte sich als unbegründet heraus. Es sieht eher so aus, als ob nichts im europäischen Bahnmarkt schnell passiert, die ausländischen Betreiber oder internationale Gruppen werden wohl 2005 nicht in Polen auftauchen. Das Erscheinen ausländischer Betreiber in Polen ist wahrscheinlicher für die Jahre 2006 bis 2007, das trifft dann zeitlich mit der Privatisierung der PKP Cargo zusammen.

Personenverkehrsmarkt

Während der Wettbewerb auf dem polnischen Frachtmarkt beginnt, kann dasselbe vom Personenverkehrsmarkt nicht gesagt werden. Nur vier Unternehmen wurden gegründet, dabei ist die PKP Regionaltransport das größte. Sie betreiben 3000 Züge, die alle 24 Stunden das gesamte Schienennetz befahren. Zwei andere Unternehmen haben lokale Bedeutung und betreiben die städtischen Netze Warschaus (WKD) und Trójmiasto (SKM).

Der Personenverkehr in Polen ist nicht profitabel. Deshalb wird auch kein Konkurrent ohne angemessene öffentliche Kompensation (Verträge mit Behörden) in diesen Markt eintreten. Obwohl die formalen rechtlichen Barrieren für öffentliche Dienstleistungsaufträge schon vor Jahren aufgehoben wurden, existieren noch keine Verträge zur finanziellen Unterstützung in Polen. Wie oben angemerkt, geben die neuen Reformen den regionalen Verwaltungen die Freiheit, öffentlichen Bahnverkehr zu bestellen und zu bezahlen. Darüber hinaus muss diese Bestellung durch eine öffentliche Ausschreibung geschehen. Die Politiker, die dieses System entwickelt haben, erwarteten, dass zumindest einige lizenzierte Betreiber Angebote abgeben würden.

Trotzdem gibt es im Jahr 2005 keine anderen lizenzierten Betreiber der Regionalbahnen als PKP Regional Transport. Das spiegelt das Fehlen von Geldmitteln bei den regionalen Behörden wider, die die bestehenden Dienstleistungen nicht beibehalten können.

10.5 Abschätzung der Notwendigkeit weiterer Reformen

Dieses Kapitel hat den Reformprozess der Bahn in Polen in der Zeit von 1990 bis zum Anfang 2005 skizziert. Kurz gesagt ist im Jahr 2005 nichts mehr wie 1990. Den großen Staatsbetrieb PKP mit einer Transportleistung von 400 Millionen Tonnen Fracht und einer Milliarde Fahrgästen und 390.000 Mitarbeitern gibt es nicht mehr. Dafür gibt es jetzt die Holding Grupa PKP mit einer Transportleistung von 160 Millionen Tonnen Fracht und 280 Millionen Fahrgästen, die 140.000 Mitarbeiter beschäftigt. PKP hat keine Monopolstellung mehr, unabhängige Betreiber können Zugang zur Infrastruktur erhalten. Der Wettbewerb beginnt sich auf dem Frachtmarkt zu entwickeln, hat aber den Passagierverkehr noch nicht erreicht.

Die Reform der polnischen Bahn durchlief verschiedene Stadien. Es gab gewisse Erfolge, aber auch Misserfolge. Trotz des Ablaufes in einzelnen Stufen kann gesagt werden, dass die Reformen recht zufrieden stellend verliefen. Die Vorschriften für den Bahnbetrieb wurden vollständig erneuert. Ein Blick über den gesamten polnischen Markt des Bahntransportes der letzten 15 Jahre zeigt aber auch viele Misserfolge. Der größte Fehler ist der Mangel an Investitionen in die Infrastruktur der Bahn. Es war schon am Anfang des Jahres 1990 bekannt und auch offensichtlich, dass die Infrastruktur der polnischen Bahn große Investitionen zur Modernisierung brauchte. Es ist auch bekannt, dass der Infrastruktur-Manager diese nicht selbst aufbringen kann – öffentliche Gelder werden benötigt. Während dieser Zeitspanne begann PKP ein Modernisierungsprogramm (besonders auf der E-20 Strecke), nachdem sie eine Garantie für eine Unterstützung durch öffentliche Gelder in Höhe von gerade einmal 10 bis 12 % der Kosten der Investition erhalten hat.

PKP deckte die restlichen Kosten aus ihren eigenen Mitteln, teilweise unterstützt durch Kredite internationaler Kreditgeber. Es ist besonders deprimierend, dass in einem vollen Jahrzehnt nur etwa 9 % des notwendigen Modernisierungsprogramms durchgeführt wurden. Seit 1990 hat sich die Regierung auf den Bau von Autobahnen konzentriert. Das Straßenbauprogramm ist eine Konstante in der politischen Arena; es gibt aber kein entsprechendes Programm für die Modernisierung der Bahn.

Ein Misserfolg war die fehlende Verbesserung der Qualität des rollenden Materials. Das alte rollende Material lässt die Wartungskosten ansteigen. Schon 1990 war es offensichtlich, dass das rollende Material rationalisiert und erneuert werden musste. Den Kunden muss ein qualitativ hoch stehender Service angeboten werden. Stattdessen stellt das rollende Material der polnischen Bahn ein Überbleibsel der Ingenieurskunst der ersten Hälfte des 20. Jahrhunderts dar – und es gibt keine Anzeichen dafür, dass sich das bald ändert. Dieses steht wiederum in starkem Kontrast zum Straßensektor, in dem die gesamte Fahrzeugflotte seit 1990 ersetzt wurde.

Diese letzten Betrachtungen mögen etwas bitter klingen, sollten aber kein zu schwarzes Bild für die Zukunft des polnischen Bahnverkehrs zeichnen. Im Gegenteil, gerade jetzt, im Jahr 2005, gibt es einige optimistische Vorzeichen. Durch seine Größe und die Lage in Europa ist das Transportpotenzial in Polen enorm. Der Beitritt zur EU im Mai 2004 hat eine zusätzliche und willkommene Geldquelle für die Infrastruktur eröffnet. Es kann erwartet werden, dass der Markt wächst, wenn eine moderne Infrastruktur angeboten wird, insbesondere mit dem zusätzlichen Kapitalfluss durch die Privatisierung der PKP Cargo SA.

ETR - Eisenbahntechnische Rundschau
der Impulsgeber für das Gesamtsystem Bahn

Seit über 50 Jahren ist die ETR das Markenzeichen für Premium-Fachinformationen rund um Schienenverkehr, Technik, Wissenschaft und Forschung.

Die Kompetenz des ETR-Leitungskreises und die hochkarätigen Herausgeber garantieren dabei einen einzigartigen fachlichen Qualitätsstandard.

ler Fachzeitschrift informieren sich -Manager und Führungskräfte aus etrieb, Technik und Forschung bei en und Industrie Monat für Monat r alle bedeutsamen Entwicklungen in der Bahnbranche.

In der renommierten Fachbuchreihe Edition ETR werden aktuelle oder bedeutsame Themenkomplexe detailliert und zusammenhängend publiziert. Hier stellen renommierte Fachexperten in Einzelbeiträgen ihr Wissen zur Verfügung.

Eurailpress
Tetzlaff-Hestra GmbH & Co. KG
Postfach 10 16 09 · D-20010 Hamburg

Fax: + 49 40/237 14 - 243
E-Mail: service@eurailpress.com
Internet: www.eurailpress.com

Quelle: Railway Gazette International

11. Estland

Raivo Vare
Ehemaliger estnischer Verkehrsminister

Fläche des Landes (km²) 45 227

	2003		2003
Bevölkerung^{a)} (Mio.)	1,4	Fracht t/km	9,7
Bruttoinlandsprodukt (BIP) (Mrd. Euro)	7,4	Personen-km (Mrd.)	0,2
Länge des Streckennetzes (1000 km)	1,0	Modaler Anteil – Güterverkehr^{b)} (%)	67,3
		Modaler Anteil – Personenverkehr^{c)} (%)	2,2

a) am 01. Januar
b) Basiert auf Eurostat 2004 Straße, Schiene und Binnenwasserstraßen
c) Basiert auf Eurostat 2002, Schiene, öffentlicher Verkehr auf der Straße, private PKW

11.1 Einleitung und kurzer geschichtlicher Abriss

Die Anfänge der estnischen Eisenbahn gehen auf die Mitte des 19. Jahrhunderts zurück. 1845 legte der Besitzer der Textilfabrik Narva, A. Stieglitz, dem Finanzminister der zaristischen russischen Regierung den Plan zum Bau einer Eisenbahnlinie von St. Petersburg, der damaligen Hauptstadt des russischen Reiches, bis zur Grenzstadt der estnischen Provinz Narva vor. Die Eisenbahnlinie wurde mit privaten Mitteln gebaut. Später wurde sie bis zu den damals wichtigsten Militärhäfen Tallinn und Paldiski erweitert. Die Eisenbahnlinie wurde am 5. November 1870 eröffnet. Schon 1887 wurde die Eisenbahnlinie bis zur südlichen Grenze weiter ausgebaut und bildete somit die Basis des heutigen estnischen Eisenbahnnetzes: Richtung St. Petersburg, d. h. die Nordost-Verbindung Narva – Tapa – Tallinn – Paldiski/Haapsalu, Richtung Moskau, d. h. die Südost-Verbindung Tapa – Tartu – Petseri, und Richtung Lettland, d.h. die Südverbindung Tartu – Valga, später auch die Strecken Tallinn – Türi – Viljandi und Tallinn – Pärnu – Mõisaküla (mit Direktanschluss an Riga). Die Privatbahn sollte jedoch nicht überleben: Sie wurde schon 1893 verstaatlicht und blieb bis zu den neuesten Reformen in den 1990ern im Staatsbesitz.

Anfangs hatten die verschiedenen Bahnen noch unterschiedliche Spurbreiten –

die dem russischen Standard entsprechende Spurbreite von 1520 mm bestand neben der Schmalspur von 750 mm. In den Jahren 1959-1975 wurden die Schmalspurbahnen in Estland[1] allmählich aufgegeben, wobei einige auf Breitspurstandard umgestellt wurden.

Die estnische Eisenbahn war Teil des großen, flächendeckenden russischen Eisenbahnnetzes. Sie stellte einen Teil des regionalen baltischen Eisenbahnnetzes dar mit Hauptverbindungen und direktem Anschluss an die estnischen Häfen. Wie auch die anderen Eisenbahnen in Russland oder später in der Sowjetunion wurden die Eisenbahnlinien in Estland vorrangig zu militärischen Zwecken ausgebaut und nicht im Interesse des Güter- oder Personenverkehrs. So bestimmten auch militärische Gründe die Konfiguration und die Parameter der Eisenbahninfrastruktur und der Lage der Eisenbahnlinien und Verzweigungen, wie sie heute noch bestehen. Die estnische Bahn ist an zwei Grenzbahnhöfen (Narva – Ivangorod und Orava – Petseri) an die Oktober Eisenbahn mit gleicher Spurbreite sowie auch an die lettische Bahn (Valga – Valka) angeschlossen.

11.2 Die erste Reformphase 1992-1995

Nachdem Estland am 1. Januar 1992 die Unabhängigkeit wiedererlangt hatte, wurde das staatliche Unternehmen Estonian Railway (EVR) auf Basis der ehemaligen estnischen Abteilung der baltischen Eisenbahn gegründet. Das Unternehmen war für die Eisenbahninfrastruktur sowie den Güter- und Personenverkehr zuständig. Hauptziel des Unternehmens war es, einen schnellen Übergang vom sowjetischen System der Eisenbahnverwaltung auf das zeitgenössische marktwirtschaftliche Modell mit Wettbewerb mit anderen Verkehrsmitteln und den benachbarten Eisenbahnen zu gewährleisten. In einem vergleichsweise kleinen Netz (die längste Diagonale beträgt 300 km) in einem Land mit einem verhältnismäßig gut ausgebauten Straßennetz und immer mehr Autobesitzern war es mit dem alten sowjetischen Modell nicht mehr möglich, wettbewerbsfähig zu bleiben.

Das Unternehmen wurde fast sofort umstrukturiert. Es erfolgte eine Neuausrichtung auf das Kerngeschäft. Zahlreiche soziale und medizinische Einrichtungen, Wohnungswesen, Berufsverbände, Kindergärten, Schulen und Ferien-Camps sowie viele andere Vermögenswerte der unterschiedlichsten Aktivitätsbereiche wurden an die Kommunen abgetreten oder an Privatunternehmen veräußert. Der Staat war daran interessiert, die Hauptaktivitäten der Eisenbahn zu gewährleisten: effiziente Güter- und Personenbeförderung.

Zur gleichen Zeit wurde die erste echt estnische Gesetzesgrundlage geschaffen,

---

[1] Heute findet sich Schmalspur nur noch im Eisenbahnmuseum Lavassaare und bei einigen wenigen privaten Unternehmen.

die die vorherigen sowjetischen Regelungen ablösen sollte. 1993 entschloss sich die estnische Regierung zu einem Beitritt zur Organisation für die Zusammenarbeit der Eisenbahnen (OSJD), die auf dem Hoheitsgebiet der ehemaligen Sowjetunion eingerichtet worden war und dem Transitverkehr und dem internationalen Eisenbahnverkehr in Estland einen starken Wachstumsschub gab. Deshalb könnte man diesen Zeitraum als den Zeitraum der Regulierung und Entwicklung von Beziehungen sowie als den Zeitraum der Anpassung an die Marktgegebenheiten bezeichnen.

In diesem Zeitraum gab es bedeutende Strukturveränderungen in der Beförderungsnachfrage mit einer Verschiebung bei der Gütertransportnachfrage und einem allgemeinen Rückgang der Personenverkehrsnachfrage. Im Jahr 1992 wurden z. B. noch 27,2 Millionen Tonnen Güter transportiert, hauptsächlich Ölschiefer, Erz, Massengüter, Metalle, Getreide, Lebensmittel und Tiefkühlkost. 1994 lag das Frachtsaufkommen fast ein Fünftel niedriger. Doch noch während dieses allgemeinen Rückgangs erlebte ein Produkt ein Wachstum – Öl. 1996 machten Ölprodukte 40 % des Gesamtbeförderungsvolumens aus. Die Fahrgastzahlen gingen von rund 36,5 Millionen Mitte bis Ende der 1980er Jahre auf 8,8 Millionen im Jahr 1994 zurück. Die Gründe waren klar: schneller Zuwachs der Motorisierung und Wettbewerb der Buslinien bei den kurzen Entfernungen in Estland.

11.3 Die zweite Reformphase 1996-2000

1995 wurde das Entwicklungsprogramm 1996-2000 für die estnische Eisenbahn ausgearbeitet und im März 1996 von der estnischen Regierung genehmigt. Ziel war es, gemäß den EU-Prinzipien Wettbewerb in einem ansonsten monopolistischen Markt einzuführen, um die Effizienz zu steigern. Daneben enthielt 1996 zum ersten Mal das Privatisierungsprogramm der Regierung eine Politik zu den Privatisierungsbedingungen von Eisenbahnunternehmen. Darüber hinaus wurde ein eigenes Gesetz für die Konzessionierung von Infrastruktur ins Auge gefasst, das jedoch nie verabschiedet wurde.

Der Eckpfeiler des Eisenbahnausbauprogramms war eine Effizienzsteigerung durch Umstrukturierung, Senkung der Gemeinkosten und Produktivitätssteigerung. Es wurden getrennte Bilanzierungssysteme für Infrastruktur und Bahnbetrieb eingeführt. Dadurch wurden drastische Änderungen des gesamten Bilanzwesens im Unternehmen erforderlich, das noch wie in einer monopolistischen, unkontrolliert quersubventionierten Welt lief. Das Programm sah auch eine Trennung von Güter- und Personenverkehr vor. Beide erhielten getrennte kommerzielle Strukturen, und es war vorgesehen, sie später in unabhängige Unternehmen umzuwandeln.

Das Joint Venture EVR Koehne AS, ein Bahnbauunternehmen, wurde gegründet, um die Effizienz der Wartungsarbeiten zu verbessern. Es entstand hauptsächlich aus den Aktiva der estnischen Bahn, 51 % der Anteile des Unternehmens wurden jedoch von einem bekannten europäischen Bahnbau- und Bahntechnologieunternehmen gehalten.

Im Januar 1997 wurde das unabhängige zu 100 % staatliche Personenverkehrsunternehmen Edelaraudtee AS aus den Aktiva des staatlichen estnischen Eisenbahnunternehmens gegründet. Dem neuen Unternehmen wurden Vermögenswerte übertragen (ein klar umrissener Teil der nationalen Infrastruktur in Form von zwei Hauptstrecken und Fahrzeugen), um den nationalen Personenverkehr mit Dieselzügen zu bedienen. Zusätzlich begann das Unternehmen mit dem Gütertransport, hauptsächlich national, jedoch zum Teil auch international.

Ende 1996 wurde ich zum Minister für Verkehr und Kommunikation in Estland berufen. Neben der Umsetzung der Grundbestimmungen des Regierungsprogramms wurde beschlossen, ein neues, abgeändertes und weiter reichendes Grundprogramm auszuarbeiten. Dieses wurde von der Regierung am 6. Juni 1997 unter dem Titel „Grundsätze des Umstrukturierungs- und Privatisierungsprogramms des staatlichen estnischen Eisenbahnunternehmens" (im folgenden Privatisierungsplan) verabschiedet.

Das Programm sah für 1997-1998 eine Reihe von Maßnahmen zur Umstrukturierung und Privatisierung des estnischen Eisenbahnsektors vor. Eine weitere Aufspaltung des ehemaligen staatlichen Eisenbahnunternehmens in mehrere unabhängige Gesellschaften für die verschiedenen Geschäftsbereiche sowie ein Konzessionsvertrag mit Anlegern waren vorgesehen. Das Gütertransportunternehmen sollte privatisiert werden und auf Grundlage eines langfristigen (25-30 Jahre) Konzessionsvertrags die Eisenbahninfrastuktur pachten, die Eisenbahninfrastruktur hingegen sollte in Staatseigentum bleiben. Das Programm wurde mit Unterstützung namhafter Experten von internationalen Institutionen ausgearbeitet, u.a. auf Grundlage von Erfahrungen in anderen Ländern, einschließlich der in Lateinamerika, Asien und Australien umgesetzten Konzessionsmodelle. Auch die ersten Erfahrungen bei der Privatisierung der britischen Bahn und des massiven Franchising flossen in die Überlegungen ein.

Die Bedingungen des Bahninfrastrukturkonzessionsvertrags wurden später von der Regierung genehmigt. Darin war vorgesehen, dass die Eisenbahn staatlich bleiben und das staatliche Unternehmen Estonian Railway, das nach Abschluss aller Teilungen und Aufspaltungen nach übrig blieb, die Geschäfte übernehmen sollte. Das Unternehmen und ein in einer internationalen Ausschreibung gefundener internationaler strategischer Anleger würden sich dann zum Joint Venture Kaubavedude AS (Güterverkehrsbetreiber) zusammenschließen, wobei Estonian

Railway 49% der Anteile und der Investor 51 % der Anteile halten sollte. Die relative Machtverteilung sollte ein Interessengleichgewicht schaffen zwischen dem Gütertransport als dem produktivsten Aktivitätsbereich einerseits und dem Infrastrukturbetrieb andererseits, den das Unternehmen (Kaubavedude AS) unter dem Konzessionsvertrag übernehmen sollte. Außerdem hätte das Unternehmen eine vorher festgelegte jährliche Konzessionsgebühr entrichten und die Verwaltung und Entwicklung der Eisenbahninfrastruktur, die damals in sehr schlechtem Zustand war, unter Einhaltung aller Bestimmungen und Bedingungen des Konzessionsvertrags übernehmen müssen. Neben der Kontrolle des Infrastrukturbetriebs wäre das staatliche Unternehmen auch für den Zugang der Bahnunternehmen zur Infrastruktur zuständig gewesen.

Obwohl die Idee der Konzessionen für die Infrastruktur attraktiv war, wurde sie doch im Vorfeld der Neuwahlen verworfen, d. h. dieser Teil des Modells für die Eisenbahn kam nie zur Ausführung, und statt Konzessionen erfolgte eine Veräußerung der Anteile.

Daneben sah der Privatisierungsplan die Umwandlung des Staatsunternehmens Estonian Railway in eine Kapitalgesellschaft bzw. Aktiengesellschaft vor. Die Umsetzung erfolgte durch Regierungsbeschluss vom 2. Oktober 1997.

Auch die Ausgliederung der elektrischen Personenzugbeförderung (in und um Tallinn) war im Plan vorgesehen. Er erfolgte am 23. Dezember 1998, als Elektriraudtee AS als 100-%-Tochtergesellschaft von Estonian Railway aus Vermögenswerten und Mitarbeitern der Abteilung E-Züge von Estonian Railway gegründet wurde. Am 1. Januar 1999 nahm das Unternehmen seinen Betrieb auf. Es nutzt eigenes Rollmaterial auf den Fahrwegen von Estonian Railway auf Grundlage von Infrastrukturzugangsverträgen und bezahlt dafür die entsprechende Nutzungsgebühr.

Daneben schlug der Plan die Ausgliederung des internationalen Personenverkehrs vor, um letztendlich die Privatisierung möglich zu machen. Schlussendlich wurde das Unternehmen AS EVR Express für den internationalen Personenverkehr als Joint Venture mit einem in einer Ausschreibung gefundenen Privatinvestor gegründet, wobei Estonian Railway 49 % und der Privatanleger die Mehrheit, nämlich 51 % der Anteile hält. Auch dieses Unternehmen begann ab 1. April 1999, die bestehende Eisenbahninfrastruktur auf Basis des entsprechenden Infrastrukturzugangsvertrags und unter Entrichtung einer Gebühr zu nutzen.

Unter dem Plan sollten auch die verbleibenden 49 % Anteile des Eisenbahnbauunternehmens EVR Koehne AS an einen strategischen Partner verkauft werden. Die Privatisierungsbehörde hatte sich natürlich erhofft, dass es neben dem Mehrheitspartner weitere Interessenten geben würde, dies stellte sich jedoch als unrealistisch heraus. Keiner möchte gerne Minderheitsanteile kaufen, außer dem Hauptinvestor, ganz besonders nicht in einem so speziellen Bereich wie Bahnbau. Genau das passierte dann auch, und der Mehrheitseigner erwarb das gesamte Paket.

Last but not least wollte der Plan eine unabhängige Eisenbahnverwaltung innerhalb des Systems des Verkehrsministeriums schaffen, die die Rolle der staatlichen Regulierung und Kontrolle übernehmen sollte. Es war auch geplant, ein Eisenbahngesetz zu verabschieden, das zusammen mit den Vorschriften auf niedrigerer Ebene die Einhaltung der EU-Verordnungen vervollständigen sollte. Für den Bereich Verkehr und Verkehrsinfrastruktur wurde vom Ministerium für Verkehr und Kommunikation ein besonders umfangreiches Dokument (Strategic Plan for Trade Supporting Infrastructure & Services 1998-2005) vorgelegt und von der Regierung genehmigt, das im Zuge des Beitritts zur Europäischen Union in Form eines Aktionsplans umgesetzt wurde.

In dieser Periode wurde ein spezielles Eisenbahngesetz erarbeitet und verabschiedet. So wurde die rechtliche Basis für eine unabhängige Eisenbahnverwaltung geschaffen, die die Rolle der staatlichen Regulierung übernehmen sollte. Das Gesetz regelt alle technischen und juristischen Belange sowie Genehmigungen und Kontrollen im Zusammenhang mit der Eisenbahn. Dem Gesetz zufolge müssen 20 % der Infrastruktur anderen Bahnunternehmen als der Estonian Railways zugewiesen werden. Diese Zuteilung erfolgt in Form einer öffentlichen Ausschreibung. Es war die erste derartige Verpflichtung in Estland und im Rest Osteuropas. Wie unten näher ausgeführt, wurde diese Verpflichtung kürzlich auf 100 % der Kapazität heraufgesetzt – ein Schritt, der in ganz Europa beispiellos ist.

Die Güterströme erlebten in diesem Zeitraum einen kontinuierlichen Zuwachs, hauptsächlich wegen der russischen Ölexporte, die 1995 um 35 % zunahmen. Dies ging mit einem scharfen Rückgang der Fahrgastzahlen einher. Am Ende der Periode hatte das Fahrgastaufkommen den tiefsten Stand seit über 40 Jahren erreicht. Die Regierung überlegte, dass nur eine private Beteiligung die Situation im Bereich Personenverkehr noch retten könne. Einerseits war es nötig, die Infrastruktur so schnell wie möglich zu verbessern und durch den steigenden Wettbewerb im Schienengüterverkehr weiter auszubauen, andererseits war es jedoch auch nötig, einen effizienten Personenverkehr ohne Quersubventionen aufrechtzuerhalten, der nach klar festgelegten Regeln ablaufen sollte.

Das Güterzugaufkommen aus Russland war so stark, dass die bestehenden Kapazitäten von Estonian Railway nicht mehr ausreichten. Deshalb wurde Ende 1997 eine Pendelzugstrecke zwischen der Ölraffinerie Kirischi und Estlands größtem Handelshafen Muuga von einem Gemeinschaftsunternehmen namens LinkOil gebaut, das durch eine Zusammenarbeit zwischen dem Ölunternehmen,

Estonian Railway und der russischen Oktober Eisenbahn durch eine Privatinitiative und mit Hilfe von Privatkapital entstand. Diese Methode erwies sich für die Rationalisierung der Schienenbeförderung von Ölprodukten als äußerst effizient und wurde später von mehreren anderen Schiententransportgesellschaften kopiert (in Estland: BTS sowie erst vor kurzem TransOil und Spacecom sowie von vielen andere Unternehmen in den Nachbarländern). Durch diese Entwicklung konnte das schnelle Wachstum der Schienengüterverkehrsvolumen sehr viel leichter gehandhabt werden.

Am Ende dieser Phase der Entwicklung der estnischen Bahn entstand der Eisenbahnmarkt, wie wir ihn heute kennen, mit folgenden Hauptakteuren:

• Eesti Raudtee (von nun an EVR) als Schieneninfrastrukturbetreiber und mit getrennter Bilanzierung davon eine Eisenbahngesellschaft,
• drei weitere Eisenbahngesellschaften, die meistens Pendelzüge für den Transport von Ölprodukten einsetzen und dabei auf ihre eigenen und die Lokomotiven von Estonian Railway zurückgreifen,
• Edelaraudtee AS, bietet hauptsächlich nationale Personenbeförderungsleistungen mit Dieselloks an und hat dafür eine eigene Infrastruktur und eigene Lokomotiven,
• Elektriraudtee AS, bietet Personenbeförderungsleistungen auf den elektrifizierten Bahnstrecken zwischen Hauptstadt und Umgebung an und
• AS EVR Express, bietet internationale Personenbeförderung sowie die Beförderung von Päckchen und Post an.

Zudem wird die staatliche Eisenbahn auch noch von rund einem Dutzend Nahverkehrsunternehmen mit gemieteten Fahrzeugen sowie von nicht in Estland ansässigen Fahrzeugbesitzern mit einer großen Zahl von gemieteten Fahrzeugen u.a. der russischen Bahn und zahlreichen privaten russischen Unternehmen genutzt. Die technische Kontrolle, Marktbeobachtung und Inspektion wird von der unabhängigen Eisenbahnverwaltung (dem heutigen Eisenbahninspektorat) auf Grundlage des Eisenbahngesetzes durchgeführt. Alle an der Infrastruktur durchzuführenden Bau- und Wartungsarbeiten werden an Privatunternehmen vergeben.

11.4 Die dritte Reformphase 2000 bis heute

Im Frühling 1999 kam eine neue konservative Regierungskoalition an die Macht. Diese führte die schon entwickelten Maßnahmen weiter, und doch schien es nötig, den Weg des Privatkapitals weiter auszubauen und weitere Privatinitiativen zum Ausbau der estnischen Bahn zu schaffen. Die Anteile von AS EVR Express wurden 2000 an einen lokalen Mehrheitseigner verkauft. Außerdem wurden die Anteile von Edelaraudtee AS in einer internationalen Auktion versteigert. Beide Verkäufe wurden von der estnischen Privatisierungsbehörde abgewickelt.

EVR Express führt die Aktivitäten hauptsächlich auf der rentablen Strecke nach Moskau fort; die Strecke nach St. Petersburg wurde kürzlich wegen zu niedriger Rentabilität stillgelegt. Ähnlich sieht es mit den Grenzstrecken Tallinn/Vilnius/polnische Grenze aus, die nicht mit den sehr effizienten und bequemen Überlandbuslinien mithalten konnten.

Die Anteile von Edelaraudtee wurden Ende 2000 von einem internationalen Konsortium übernommen, das sich u.a. aus dem bekannten britischen Eisenbahnunternehmen GB Railways in Kooperation mit lokalen Investoren zusammensetzt. Neben anderen Bestimmungen war Vorbedingung des Kaufs ein 10-Jahres-Vertrag. Darin sind die staatlichen Zahlungen an das Unternehmen aufgeführt, damit dieses: erstens den Personenverkehr in einige abgelegene, wenig besiedelte Gebiete aufrechterhält, zweitens für bestimmte soziale Gruppen niedrigere Fahrpreise anbietet und drittens die nötigen Investitionen in Infrastruktur tätigt. Zu diesem Zweck wurde eine bestimmte Skala mit festgelegten Preisen unter Berücksichtigung der Inflation für diesen Zeitraum verwandt.

In der Praxis stellte sich das letzte Element als kompliziert heraus. Edelaraudtee wollte die im Unternehmensbesitz befindliche Eisenbahninfrastruktur (zusammen mit der entsprechenden Wartung und den Ausbauverpflichtungen) wieder an den Staat oder an die Estonian Railway zurückgeben. Letztendlich schaffte es das Konsortium, den ständigen Rückgang der Fahrgastzahlen auf den nationalen Strecken zu stoppen, ja sogar, ihn verglichen mit der Vorprivatisierungszeit um ein Fünftel zu steigern – ein Erfolg der Einführung von Privatinitiativen.

Das herausragendste Merkmal dieser Phase der Eisenbahnreform war die Tatsache, dass sich die neue Regierungskoalition entschloss, EVR-Anteile zu verkaufen statt eine Privatisierung auf Konzessionsbasis vorzunehmen, wie sie zuvor befürwortet worden war. Die estnische Privatisierungsbehörde setzte den Plan um – ihre letzte große Amtshandlung, denn alles andere, was in Estland privatisiert werden konnte, war schon veräußert worden.

Am 8. Juli 1999 änderte die Regierung den Privatisierungsplan und legte fest, dass in den Vorverhandlungen zur Privatisierung in einer internationalen Ausschreibung ein strategischer Partner gefunden werden sollte. Zwischen 51 und 66 Prozent der Anteile an der Estonian Railway sollten an einen strategischen Partner verkauft werden, wobei der Staat einen Sperranteil von 49 bis 34 Prozent behalten würde. Die Regierung gab vor, dass die Privatisierung noch 2000 abgeschlossen werden müsse und dass der Kaufvertrag für die Anteile zusätzliche Bestimmungen für den Verbleib von Grundstücken in Staatsbesitz durch

Erbbaurecht sowie die Gewährleistung zusätzlicher hoher Investitionen für Infrastruktur, um die Kapazität und die Wettbewerbsfähigkeit der Eisenbahn zu steigern, enthalten müsse.

Weil die Privatisierung so kompliziert gestaltet war, forderte die Regierung, dass ein international aufgestellter und erfahrener Berater den Privatisierungsprozess begleiten solle. In Anbetracht des kolossalen gesellschaftlichen Echos, das dieser Vorgang hervorrief, was in den vorherigen Phasen der Eisenbahnreform nie der Fall war (auch nicht bei der Privatisierung des Personenverkehrs), wurde innerhalb der Privatisierungsbehörde eine Arbeitsgruppe eingesetzt, um mit finanzieller Unterstützung seitens der Europäischen Bank für Wiederaufbau und Entwicklung (EBWE) einen Finanzberater zu engagieren. Die EBWE entschied sich für Gibb Ltd., ein bekanntes britisches Unternehmen, als Berater für die Vorbereitungsphase. Um Zeit und Mittel zu sparen, schloss die Privatisierungsbehörde mit Gibb auch für die zweite Phase, also die tatsächliche Umsetzung der Privatisierung, einen Vertrag ab.

Angesichts des politischen Interesses an diesem Projekt war es wahrscheinlich unvermeidbar, dass der Prozess länger dauerte als geplant. Am 11. April 2000 kündigte die estnische Privatisierungsbehörde die internationale Ausschreibung für die Suche nach einem strategischen Investor zur Übernahme der Mehrheitsanteile an EVR an. Die Ausschreibungsphase sollte am 17. Juli 2000 abgeschlossen sein. Anfang August hatten sich vier Unternehmen für die zweite Phase herauskristallisiert. Unter diesen Unternehmen fand eine gewisse Umgruppierung statt, so dass am 20. November 2000 drei Unternehmen Angebote für je 66 % Anteile an EVR einreichten.

Am 13. Dezember wurde Rail Estonia AS der Zuschlag erteilt. Das Unternehmen setzte sein Angebot jedoch nicht um. Deshalb brach die Privatisierungsbehörde am 2. März 2001 die Verhandlungen ab und lud BRS OÜ (Baltic Rail Services), den zweitgünstigsten Anbieter, zu Verhandlungen ein. Der Privatisierungsvertrag und der Gesellschaftervertrag mit dem Staat als Miteigentümer wurden am 30. April 2001 mit BRS OÜ unterzeichnet. Besagter Vertrag trat am 31. August 2001 nach Zahlung von fast € 65 Millionen durch den Investor in Kraft. Ergebnis der Transaktion ist, dass EVR – das größte Eisenbahnunternehmen in Estland – jetzt zu 66 % von einem strategischen Privatinvestor kontrolliert wird, wobei der Staat weiterhin einen Sperranteil von 34 % hält (der Staat wird hier vertreten durch den Minister für Wirtschaft und Kommunikation). Außerdem hat der Staat einige Sonderrechte, die er bei der Annahme von Mehrheitsentscheidungen durch die neuen Besitzer geltend machen kann. Auch Grund und Boden befinden sich noch in staatlicher Hand, wobei EVR unter Erbbaurecht 50 Jahre zur Nutzung des Grund und Bodens für Schienenverkehrsleistungen berechtigt ist.

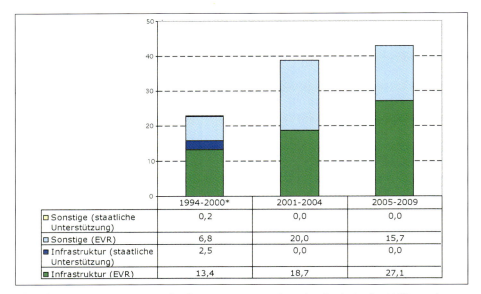

	1994-2000*	2001-2004	2005-2009
☐ Sonstige (staatliche Unterstützung)	0,2	0,0	0,0
☐ Sonstige (EVR)	6,8	20,0	15,7
■ Infrastruktur (staatliche Unterstützung)	2,5	0,0	0,0
■ Infrastruktur (EVR)	13,4	18,7	27,1

Abbildung 1: Investitionsvergleich 1994-2009 – Jahresdurchschnitt (€ Millionen)

*) 1994-2000 ohne PHARE Unterstützung (ca. € 5 Millionen)
1994-2000 war die Vorprivatisierungsperiode, 2001 (ab September) – 2004 ist die Periode des momentanen Geschäftsplans und für 2005-2009 ist eine neue Geschäftsplanperiode vorgesehen

Dieser Zeitraum kann auf 99 Jahre verlängert werden. Es wurde eine detaillierte Methode zur Berechnung der Infrastrukturnutzungsgebühren festgelegt, wobei das Eisenbahninspektorat die Einhaltung der Methode überwacht.

Der strategische Investor, Baltic Rail Services, setzt sich aus einem internationalen Konsortium unter Leitung von Edward Burkhardt, einem international anerkannten Eisenbahnmanager und Eisenbahninvestor, sowie aus lokalen Investoren zusammen. Zu den Anteilseignern von BRS gehören Ganiger Invest OÜ, Jarvis Estonia BV (Letztere verkaufte ihren Anteil erst kürzlich an einen Mitanteilseigner), RailWorld Estonia LLC, Railroad Development Corporation (RRDC) und Emerging Europe Infrastructure Fund (EEIF) Rail BV.

Was hat die Privatisierung von Eesti Raudtee gebracht? Der Staat investiert praktisch nicht mehr in Eisenbahninfrastrukturmaßnahmen, mit Ausnahme des von der Europäischen Union geforderten Baus des neuen Grenzbahnhofs Koidula gegenüber dem russischen Grenzbahnhof Pechory/Petseri. Abbildung 1 oben zeigt deutlich, dass der Privatinvestor die Infrastrukturinvestitionen stark erhöht hat, selbst ohne Unterstützung aus dem Staatshaushalt.

Der Staat vertritt die öffentlichen Belange gegenüber der EVR auf vielerlei Art:

Erstens hat er ein Mitbestimmungsrecht bei den Eigentümer- oder Aufsichtsratsitzungen, zweitens hat das Eisenbahninspektorat die gesetzliche Befugnis zur Regulierung, und schließlich steht der Regierung wie im Privatisierungsvertrag festgelegt die jährliche Kontrolle der Investitionsverpflichtungen des Investors zu.

Die technische und auch finanzielle Leistung der EVR hat sich seit der Privatisierung beträchtlich verbessert. Im Jahr vor der Privatisierung erwirtschaftete EVR einen Nettogewinn von nur € 1,7 Millionen. In den beiden Jahren nach der Privatisierung erwirtschaftete das Unternehmen € 10,8 Millionen bzw. € 21 Millionen. Statt finanzielle Unterstützung leisten zu müssen, erhält der Staat nun Dividendenzahlungen (auf seinen 34 %-Anteil). Von diesen Beträgen kann der Staat den Personenverkehr im Rahmen der extrem strengen Haushaltsausgleichsbemühungen in Estland bezahlen. Darüber hinaus erzielte der Staat aus dem Verkauf des Unternehmens € 65 Millionen – und könnte auch jederzeit die Anteile am Unternehmen veräußern, deren Wert mit den Gewinnen des Unternehmens beträchtlich gestiegen ist. Abbildung 2 zeigt den Gewinnzuwachs (EBITDA) im Zeitraum 1995-2004.

Nach der Privatisierung nahm der Umsatz im Güterverkehr um 13 % zu. Obwohl EVR keine direkte Personenbeförderung anbietet nutzen doch andere Betreiber die Fahrwege. Die Zahl der Personen-/Zugkilometer stieg um 24 %, besonders dank Edelaraudtee AS. Dies ist bedingt durch die gestiegene Anzahl von Zuglinien, um dem staatlichen Auftrag genüge zu tun. Als Folge davon stieg die Gesamtsumme der Infrastrukturnutzungsgebühren zum Zwecke der Personenbeförderung um 19,1 %, vor allem im Fall von Edelaraudtee AS. Gleichzeitig blieben die Infrastrukturnutzungsgebühren für Bruttotonnenkilometer relativ stabil (Anstieg um nur 2,3 %). Dies ist bedingt durch die vom Eisenbahninspek-

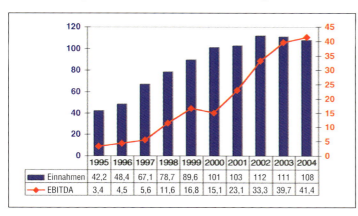

	1995	1996	1997	1998	1999	2000	2001	2002	2003	2004
Einnahmen	42,2	48,4	67,1	78,7	89,6	101	103	112	111	108
EBITDA	3,4	4,5	5,6	11,6	16,8	15,1	23,1	33,3	39,7	41,4

Abbildung 2: Effizienzsteigerung bei EVR nach der Privatisierung (€ Millionen)

torat festgelegten Methoden zur Berechnung der Infrastrukturnutzungsgebühren (mit zunehmendem Volumen sinkt die pro Einheit berechnete Gebühr).

Auch der Kundenservice, der ja nicht gerade die stärkste Seite des Staatsmonopols war, ist wesentlich besser geworden. Das Unternehmen hat ein Online-Kundenservicesystem eingerichtet sowie eine flexible Fahrpreispolitik, um auch bei stärkerer Konkurrenz die Kunden halten zu können. Zu diesem Zweck schloss das Unternehmen mit wichtigen Kunden 1-Jahres-Verträge, 3-Jahres-Verträge und 5-Jahres-Verträge mit festen Konditionen ab.

Privatinvestoren tätigten größere Investitionen in die Lokomotivenflotte und ersetzten die bisherigen russischen Lokomotiven mit schlechter technischer Leistung und hohen Unterhaltskosten durch 75 leistungsfähigere und wirtschaftlichere GE-Lokomotiven (C36-7A und C30-7Ai). Mit einer Maschine können Züge bis 5.500 Tonnen und mit zwei Maschinen Züge bis zu 9.000 Tonnen gezogen werden. Außerdem wurden 15 Rangierloks erworben, wodurch die Lokomotivleistung um 6,2 % gesteigert wurde. So kommt das Unternehmen mit einer kleineren Zahl von Lokomotiven aus. Das durchschnittliche Zuggewicht stieg z. B. am Grenzbahnhof Petseri von 4.294 Tonnen vor der Privatisierung auf 5.014 Tonnen im Jahr 2004. Am Grenzbahnhof Narva sieht das Ergebnis noch besser aus: Das Durchschnittsgewicht erreichte 5.200 Tonnen. Das sind wichtige Zahlen angesichts der Tatsache, dass der Hauptgeschäftspartner, die russische Bahn, hart darum kämpft, in den nächsten 3-4 Jahren alle 60-Waggon-Züge durch 100-Waggon-Züge zu ersetzen. Die Zahl der an der Grenze ankommenden/abfahrenden Züge stieg nach der Privatisierung um 10 %.

Auch Management und Betrieb sind bedeutend besser geworden. Infolge der engen Zusammenarbeit mit Kunden und Partnern stieg das Güteraufkommen von 38 Millionen Tonnen während der Zeit vor der Privatisierung auf bis zu 43 Millionen Tonnen im vergangenen Jahr. Gleichzeitig wurde die Mitarbeiterzahl von 4.498 auf 2.674 gesenkt (1992 betrug die Mitarbeiterzahl sogar noch 8.530). In der Zeit nach der Privatisierung stiegen die Löhne und Gehälter der Mitarbeiter um mehr als 40 Prozent. Auch die Zusammenarbeit mit anderen Eisenbahngesellschaften hat sich verbessert und die Regeln der Zusammenarbeit wurden klarer. Die Einführung neuer Technologien hat zu einer besseren Verwaltung des Rollmaterials beigetragen, wobei sich die Infrastruktur sehr schnell entwickelt. Die Verbesserung des Informationssupportsystems des Eisenbahngeschäfts sowie eine breit angelegte Modernisierung des Kommunikationssystems und die Automatisierung der Arbeitsabläufe verlaufen erfolgreich. Das Beschaffungswesen für Betriebsmaterial, Geräte und Investitionsgüter wurde stark verbessert. Die Sicherheits- und Umweltschutzmaßnahmen sind strikt und konsequent.

Heute machen Ölprodukte über 70 % des gesamten Güterverkehrs aus. Die große kommerzielle Herausforderung für EVR liegt in einer Diversifizierung hin zu anderen Produktgruppen. Die Konkurrenz unter den Häfen, also nicht nur den Eisenbahnen, spielt eine bedeutende Rolle im Ringen um internationalen Verkehr. In den letzten Jahren wurden preisempfindliche Waren meist über russische Häfen umgeleitet – stimuliert durch unfaire Wettbewerbsmethoden in Form hoher russischer staatlicher Beihilfen, aber insbesondere auch durch die große Disparität der Eisenbahngebühren. Exporte über russische Häfen sind für manche Güter wesentlich preisgünstiger als über die baltischen Staaten.

Außerdem gab es in letzter Zeit eine Reihe politischer Probleme. In Estland wächst die Stimmung gegen Privatisierungen. Vor diesem Hintergrund sprachen sich estnische Politiker gegen einen Antrag auf EU-Gelder zur Finanzierung der Schieneninfrastrukturausbauprojekte aus. Mehr Besorgnis erregt jedoch die neueste Entscheidung, die gesamten Kapazitäten von EVR für das nächste Fahrplanjahr – mit Wirkung vom Mai 2005 – öffentlich auszuschreiben. Davon werden nur die russischen Betreiber profitieren, die keinerlei Verpflichtungen hinsichtlich Infrastrukturinvestitionen und Sicherheit haben. Wir müssen damit rechnen, dass als Folge davon mehr als 50 % des Güterverkehrmarktes jährlich administrativ umverteilt werden, ohne langfristige Verpflichtungen im Interesse einer Gruppe! So kann kein nachhaltiges nichtstaatliches Infrastrukturprogramm aufgebaut werden.

Zusammenfassend kann man sagen:

1. Die Privatisierung steigert den Wert sowohl von Güter- als auch von Personenverkehr. So können sowohl die privaten Eigentümer als auch der Staat vom höheren Unternehmenswert profitieren, z. B. durch einen Börsengang (IPO).
2. Auf jeden Fall machte das in Estland verwendete System die Wandlung des Eisenbahnsektors von einer Last im Haushalt in einen Nettobeitragszahler möglich.
3. Gleichzeitig muss zugegeben werden, dass normalerweise für den Personenverkehr in einem so kleinen Land wie Estland mit seinem sehr guten Straßennetz staatliche Subventionen nötig sind, besonders für Investitionen in Infrastruktur. Der internationale Personenbeförderungsmarkt unterliegt den Regeln der Rentabilität, und nur Strecken, die ohne staatliche Subventionen auskommen, werden überleben.
4. Verträge zur Infrastrukturnutzung müssen klar und detailliert sein, damit beide Vertragsparteien Vertrauen darin haben. Die Regulierungsstelle muss fair, manchmal sogar strikt sein in der Kontrolle des Infrastrukturbetreibers, der bis zu einem gewissen Grad immer noch eine Monopolposition innehat.

Gewöhnlich ist dies leichter zu erreichen, wenn nicht der Staat, sondern ein Privatunternehmen Gegenstand der Kontrolle ist. Manchmal fällt es einem öffentlichen Organ wie der Regulierungsstelle schwer, ein anderes öffentliches Organ, d.h. jemanden aus der „Familie", zu kontrollieren.

5. Sonderkonditionen in den Privatisierungsverträgen waren sehr hilfreich, um ein nachhaltiges Investitionsprogramm einschließlich Sicherheitsaspekten zu garantieren. Außerhalb dieses Rahmens ist der direkte Einfluss von Bahnbetreibern auf die Infrastrukturmaßnahmen minimal.

6. Die Politik des Staates gegenüber den verschiedenen Transportmitteln ist ein wichtiger Faktor:

   • Wenn keine Gerechtigkeit waltet, führt dies zu einem Ungleichgewicht zwischen Infrastrukturbetreiber und Bahnunternehmen – sowohl bei der Preisgestaltung als auch beim Zugang zum Netz. Das muss abgewägt werden gegen die Notwendigkeit für den Infrastrukturbetreiber, in das Netz zu investieren.

   • Gleichzeitig zeigt der Fall der Estonian Railway deutlich, dass eine wirkungsvolle und erfolgreiche Privatisierung von einem klaren rechtlichen Rahmen begleitet werden muss, um spätere Änderungen zu vermeiden. Der Investor muss in der Lage sein, den vereinbarten Geschäftsplan ohne spätere Änderung der Regelungen vorzulegen, sonst besteht die Gefahr, dass keine Investitionen getätigt werden.

   • Sollte es dem Staat nicht gelingen, Sicherheit und Investitionen zu kontrollieren, kann dies zu Unfällen führen oder die gesamte langfristige Zukunftsfähigkeit des Eisenbahngeschäfts auf dem Spiel stehen.

   • Zumindest in kleinen Ländern muss der Staat den nationalen Personenverkehr unterstützen. Wenn dies nicht geschieht, verliert der Schienenpersonenverkehr zwangsläufig Kunden an andere Transportmittel.

   • Die Politik muss im gesamten Transportsektor abgestimmt werden. So sollten z. B. Bahn und Häfen zusammen weiterentwickelt werden.

Insgesamt gesehen bietet der Schienentransitverkehr, ganz besonders der Massengüterverkehr in enger Zusammenarbeit und Abstimmung mit den Häfen und Hafenbetreibern die Basis für einen erfolgreichen Schienenverkehr in Estland. Es steht außer Zweifel, dass Privatinitiativen in einem traditionell konservativen Geschäft wie dem Eisenbahnbetrieb sehr nützlich sind.

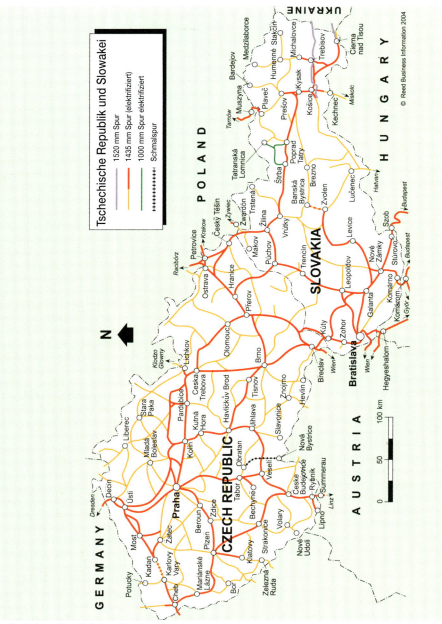

Tschechische Republik und Slowakei

- 1520 mm Spur
- 1435 mm Spur (elektrifiziert)
- 1000 mm Spur elektrifiziert
- Schmalspur

© Reed Business Information 2004

12. Tschechische Republik

Jaroslav Soušek
Tschechisches Verkehrsministerium

Fläche des Landes (km²) 78 866

	2003		2003
Bevölkerung[a] (Mio.)	10,2	Fracht t/km	15,9
Bruttoinlandsprodukt (BIP) (Mrd. Euro)	75,7	Personen-km (Mrd.)	6,5
Länge des Streckennetzes (1000 km)	9,5	Modaler Anteil – Güterverkehr[b] (%)	24,7
		Modaler Anteil – Personenverkehr[c] (%)	7,3

[a] Am 01. Januar
[b] Basiert auf Eurostat 2004 Straße, Schiene und Binnenwasserstraßen
[c] Basiert auf Eurostat 2002, Schiene, öffentlicher Verkehr auf der Straße, private PKW

12.1 Einführung

Die tschechische Bahn durchlief am Ende der 80er Jahre eine Reihe von fundamentalen Änderungen. Mitte des Jahres 1988 wurde die wirtschaftliche Leitung der Bahnbetriebe von der Regierung, dem Bundesministerium für Transport und Kommunikation, getrennt. Eine neue, unabhängige Leitung wurde für den ehemaligen Staatsbetrieb Tschechische Staatsbahn eingeführt.

Am 1. Januar 1993, nachdem sich die ehemalige Tschechoslowakei in zwei unabhängige Staaten aufgeteilt hatte, wurde durch ein spezielles Gesetz die neue, separate Staatsorganisation Tschechische Bahn als Nachfolger der Tschechischen Staatsbahn auf dem Gebiet der Tschechischen Republik gegründet. Die Verbindlichkeiten der ehemaligen Staatsbahn wurden vom Staat übernommen.

Die Reformen seit 1993 zielten darauf hin, die Beteiligung des Staates an den Geschäftsentscheidungen im Schienenbereich zu verringern. Diese Anstrengungen stießen auf Ablehnung bei den starken Eisenbahn-Gewerkschaftsführern, die im Jahre 1997 einen 5-tägigen Streik organisierten, durch den der Bahntransport in der gesamten Tschechischen Republik zum Stillstand kam. Als Konsequenz daraus wurden die Mitarbeiter stärker kommunikativ eingebunden, um Verständnis für die Notwendigkeit und Unvermeidbarkeit einer Erneuerung des Bahnbetriebs zu erlangen. Ein Gesetzesentwurf, mit dem die entsprechenden Maßnahmen für eine Umwandlung umgesetzt werden sollten, wurde Ende der 90er Jahre erarbeitet und in das Gesetzgebungsverfahren eingebracht. Das Gesetz wurde Anfang 2002 vom Parlament verabschiedet.

Im Großen und Ganzen entspricht die Entwicklung des Eisenbahnwesens in der Tschechischen Republik dem abnehmenden Leistungstrend in der Europäischen Union. Während in den 80er Jahren die Staatsbahn noch 200 Millionen Tonnen Güter und mehr als 300 Millionen Fahrgäste pro Jahr beförderte – bezogen auf das Gebiet der Tschechischen Republik –, fiel die Transportleistung 2003 auf kaum 80 Millionen Tonnen Güter und 180 Millionen Fahrgäste. Trotz des dramatischen Rückgangs der Transportleistung bleibt der Marktanteil des Schienengüterverkehrs über 20 %, während der Anteil in den EU-15-Ländern weniger als 10 % beträgt.

Das grundlegende Hindernis in der Organisation der Bahn in der Tschechischen Republik vor 2003 war die unklare Aufteilung der Verantwortung zwischen dem Staat und dem nationalen Bahnbetreiber, sowohl im Betrieb als auch in der Infrastruktur. Alle nationalen Eisenbahnen in Europa waren anfangs Staatsbetriebe, die irgendwann vom Staat auch dazu benutzt wurden, wirtschaftliche oder sozialpolitische Maßnahmen in Kraft zu setzen und denen oft auch Aufgaben auferlegt wurden, für die kein Geld da war. Im Unterschied zu anderen Arten des Transportes mussten die Staatsbahnen den Betrieb und die Entwicklung der Infrastruktur finanzieren und außerdem noch den öffentlichen Personenverkehr zu Preisen, die unter den Kosten lagen, bereitstellen. Die Folge war ein hoffnungsloser Verlust an Rentabilität und Motivation, den Anforderungen des Marktes zu genügen. Seit Ende der 50er Jahre hat die EU-Verkehrspolitik darauf abgezielt, die Bedingungen für den Verkehrsmarkt zu harmonisieren, allerdings mit dürftigem Erfolg. Erst die Direktive 91/440/EWG über die Entwicklung von Eisenbahnunternehmen hat die Notwendigkeit, die Verwaltung und das Management von Eisenbahnunternehmen klar vom Staat zu trennen, definiert und seine unternehmerische Ausrichtung vorgegeben.

Die grundlegende Aufgabe bei der Umgestaltung der Tschechischen Bahn war, den Staatsbetrieb Tschechische Bahn in ein Unternehmen zu verwandeln, welches sein Geschäft auf den Transportmärkten der Tschechischen Republik und Europas betreibt. Aufgabe des Staates ist es, Bedingungen aufzubauen, unter denen sich das Transportsystem so entwickeln kann, dass es die Bedürfnisse der Gesellschaft unter einer möglichst hohen Anwendung der Marktmechanismen befriedigen kann. Deshalb ist es notwendig, einen harmonisierten Markt zu schaffen, in dem sich die verschiedenen Transportarten unter gleichen Wettbewerbsbedingungen behaupten können. Dabei ist es wichtig, die

Gesamtkosten des Transportes einzubeziehen, nämlich die direkten Transportkosten, die Kosten der Eisenbahninfrastruktur (Kosten, die durch die Benutzung entstehen), Kosten für die Sicherheit des Betriebes, die Überwachung, Beschädigungen durch Unfälle und die Schäden an der Umwelt.

12.2 Rechtliche Auswirkungen der Überführung

Die Reform des Staatsbetriebes Tschechische Bahn wurde in Übereinstimmung mit den damit verbundenen Rechtsbestimmungen der EU und in Übereinstimmung mit der Organisationsform anderer, insbesondere benachbarter europäischer Eisenbahngesellschaften durchgeführt. Die Tschechische Bahn ist ein integraler Bestandteil des europäischen Bahnsystems und muss es auch bleiben. Bei der Überführung der Tschechischen Bahn lehnte man sich stark an das „französische Modell" an, und beide Nachfolgegesellschaften der früheren Tschechischen Bahn haben eine mit der französischen SNCF und der RFF vergleichbare Position. Das Überführungsgesetz von 2002 (Nr. 77/2002) formte die Staatsorganisation Tschechische Bahn in eine Kapitalgesellschaft um, deren Anteile zu 100 % der Staat hält. Es wird erwartet, dass die Anwendung des verabschiedeten Gesetzes über die Umformung der Tschechischen Bahn die Finanzierung des Bahntransportes transparenter macht, faire Marktbedingungen schafft und die 10 Jahre Arbeit bei der Liberalisierung des Eisenbahnmarktes in der Tschechischen Republik krönend abschließt. Das Unternehmen Tschechische Bahn unternimmt nun in Zusammenarbeit mit dem Infrastrukturunternehmen die Aufgabe der nationalen Eisenbahn, welche das landesweite Funktionieren des Bahnbetriebes sicherstellt. Neben dieser Gesellschaft können andere Bahnbetriebe sich nach und nach in passenden Marktsegmenten etablieren.

Die nun übernommene Rechtsform schafft zwei Gebilde: Die Kapitalgesellschaft Tschechische Bahn (ČD), deren Anteilseigner zu 100 % der Staat ist, und die Staatsorganisation Eisenbahn Infrastruktur Verwaltung (SŽDC).

Tschechische Bahn, Kapitalgesellschaft

Die rechtlichen Pflichten der ČD sind:
- Betreiben der Eisenbahninfrastruktur auf Kosten des Staates;
- Erhalten der Betriebsfähigkeit der Eisenbahn-Infrastruktur auf Kosten des Staates, dazu gehören auch Neu- und Ausbaumaßnahmen;
- Betreiben des Bahntransportes und anderer Geschäfte.

Das angenommene Gesetz zur Überführung der Tschechischen Bahn hat die grundlegenden Voraussetzungen für unabhängige Geschäftsaktivitäten der ČD auf dem wettbewerblichen Transportmarkt geschaffen und hat die volle Verantwortung für die Geschäftsergebnisse auf die ČD übertragen. Zusätzlich schafft es ein transparentes und stabiles Umfeld für den Einstieg privaten Kapitals in die neu gegründete Kapitalgesellschaft. Dieser Kapitalfluss ist insbesondere für das Grundgeschäft notwendig, wie der Sicherung der dringend benötigten Erneuerung des rollenden Materials, aber auch beim ergänzenden Geschäft wie z. B. in den Tochtergesellschaften, die den Versand, den Service für Fahrgäste, Telekommunikation und anderes betreiben.

Grundlage für die ČD ist eine markt- und kundenorientierte Unternehmensführung mit dem Ziel, Dienstleistungen zu vermarkten und Gewinne zu erwirtschaften. Ein neues Wirtschaftsmodell wurde durch das Gesetz eingeführt mit einer getrennten Bilanzierung in den individuellen Geschäftsfeldern (Personenverkehr, Güterverkehr, Wartung und Betrieb der staatlichen Infrastruktur, Tochterunternehmen) und einer kontinuierlichen Überprüfung durch unabhängige Sachverständige. Das neue wirtschaftliche Modell wird eine bessere Kontrolle der Kosten und der Einnahmen, bezogen auf individuelle Produkte, sicherstellen und damit die Basis für eine optimale Preisgestaltung schaffen. Es wird auf einem angepassten, leistungsfähigen Informationssystem der Eisenbahn basieren. Berechnungen haben ergeben, dass ČD bei den neuen Bedingungen für die Infrastrukturnutzungsgebühren und die Finanzierung des Personenverkehrs profitabel arbeiten kann und genug Mittel bereitstellen kann, um das rollende Material zu erneuern und um neue Technologien einzuführen, die Personal einsparen.

Organe der ČD sind der Lenkungsausschuss, der Aufsichtsrat und der Verwaltungsrat. Der Staat übt seine Rechte als 100-%-Anteileigner der ČD durch den Lenkungsausschuss aus. Der Lenkungsausschuss setzt sich aus Vertretern des Ministeriums für Verkehr und Kommunikation (drei Mitglieder), des Finanzministeriums, des Verteidigungsministeriums, des Ministeriums für Industrie und Handel und des Ministeriums für regionale Entwicklung zusammen. Der Aufsichtsrat der ČD besteht aus neun Mitgliedern. Zwei Drittel davon werden durch den Lenkungsausschuss ernannt, ein Drittel wird von den Mitarbeitern gewählt. Der Verwaltungsrat der ČD hat fünf Mitglieder und übernimmt Entscheidungen über alle Fragen, solange diese nicht für den Aufsichtsrat reserviert sind. Der Aufsichtsrat wählt die Mitglieder des Verwaltungsrates.

Weitere Schritte des Staates zur Privatisierung der Tschechischen Bahn werden von der wirtschaftlichen Stabilität beider Folgeunternehmen der Tschechischen Bahn abhängen. Es wird sichergestellt, dass die tschechische Rechtsordnung in voller Übereinstimmung mit der neuen Gesetzgebung der EU steht.

Die Eisenbahninfrastrukturbehörde

Die (SŽDC) ist rechtlich verpflichtet:

- den Betrieb der Infrastruktur und die Betriebsfähigkeit der Infrastruktur durch vertragliche Bindungen mit der Kapitalgesellschaft Tschechische Bahn sicherzustellen;
- das nicht auf die Kapitalgesellschaft übergegangene Staatseigentum zu verwalten;
- bestehende Verpflichtungen und Außenstände des Staatsbetriebes Tschechische Bahn zu regulieren;
- so genannte „Schienennutzungsgebühren herauszugeben" und Infrastrukturkapazität lizensierten Antragstellern zuzuweisen.

Aufgrund des Umformungsgesetzes (77/2002) hat (SŽDC) von ČD Anlagegüter der Eisenbahninfrastruktur mit einem Netto-Buchwert von CZK 86 Milliarden (€ 2,87 Milliarden) übernommen. Die operativen Verbindlichkeiten von ČD betrugen 9,6 Milliarden (€ 0.32 Milliarden) und die Verbindlichkeiten gegenüber Banken CZK 40,6 Milliarden (€ 1.35 Milliarden). Alle übernommenen Verbindlichkeiten waren staatsgarantiert. Außenstände, übertragen aus den wirtschaftlichen Verbindungen der ČD, betrugen CZK 1,8 Milliarden (€ 0.06 Milliarden) und die Außenstände des Staates betrugen CZK 6,8 Milliarden (€ 0.23 Milliarden).

Die von dem vorherigen Staatsbetrieb ČD übernommenen Verbindlichkeiten gestalteten den Start der wirtschaftlichen Aktivitäten für SŽDC recht schwierig, und sie musste sich sehr bald um Probleme mit eingefrorenen Konten kümmern. Dies lag größtenteils an den Außenständen für die Kranken- und Sozialversicherung, die für den ehemaligen Staatsbetrieb Tschechische Bahn nicht bezahlt werden konnten. Die Tilgung der Verbindlichkeiten geschah vom Anfang des Jahres 2003 an kontinuierlich durch das Transportministerium und beruhte letztendlich auf 2 Regierungsbeschlüssen – wobei der Beschluss vom 7. Juli durch den Aufsichtsrat der Tschechischen Konsolidierungs-Agentur (Česká konsolidační agentura, ČKA) nicht akzeptiert wurde. Die endgültige Lösung der wirtschaftlichen Situation der SŽDC wurde von der tschechischen Regierung am 10. September durch die Resolution Nr. 908 eingeleitet, mit der ein Teil der Außenstände auf die Tschechische Konsolidierungs-Agentur überschrieben wurde. SŽDC erhielt eine Vorauszahlung von CZK 2,2 Milliarden (€ 0.07 Milliarden), zusätzlich wurden SŽDC-Bürgschaften mit einer Staatsgarantie über CZK 7 Milliarden (€ 0.23 Milliarden) gewährt. Die Erlöse durch den Verkauf der Bürgschaften ermöglichten es, alle unstrittigen Verbindlichkeiten der ehemaligen ČD bis Mitte 2004 zu regulieren.

SŽDC ist ein Staatsbetrieb und untersteht den gesetzlichen Bestimmungen, die im Gesetz über die Staatsbetriebe (77/1997) enthalten sind. Ihre Organe sind der Generaldirektor und der Verwaltungsrat, beide werden durch die Regierung eingesetzt. Die wichtigsten Aufgaben der SŽDC sind die Aufsicht über die Weiterentwicklung und das Verbessern sowie die Instandhaltung und das Management der Eisenbahn-Infrastruktur. Die Ausführung der anfallenden Arbeiten werden von der SŽDC an die ČD delegiert, wobei die SŽDC die Verantwortung trägt. Es wurde ein Dreijahresvertrag mit der ČD abgeschlossen, in dem die Bedingungen für das Management, den Betrieb, die Instandhaltung und die Weiterentwicklung des Schienennetzes durch ČD festgelegt sind. Sollten ernsthafte Unstimmigkeiten zwischen SŽDC und ČD auftreten, hat das Ministerium für Transport und Kommunikation die Macht, die Unstimmigkeiten zwischen beiden zu schlichten; die Entscheidung des Ministeriums ist bindend. Die Aufteilung der Kosten für die Bahninfrastruktur und ihren Betrieb wird durch den Erlass 44/2003 getroffen. Die Benutzergebühren für den Zugang der ČD zum Netzwerk werden für jedes Finanzjahr durch das Finanzministerium auf der Basis einer Bewertung festgelegt, die festgelegten Preise gelten auch für andere Bahnbetreiber.

Zugang zur Infrastruktur

Seit 1994 kann jedes Bahnunternehmen, das nachweisen kann, dass es über die erforderlichen fachlichen und finanziellen Voraussetzungen verfügt, eine Lizenz zum Bahnbetrieb erhalten. Die Tschechische Bahn ist verpflichtet, einen Vertrag über den Bahntransport mit einem solchen Verkehrsbetreiber abzuschließen. Als Konsequenz daraus gibt es heute, zusätzlich zum nationalen Bahnbetreiber ČD, mehrere neue Bahnbetriebe, insbesondere im Bereich des Güterverkehrs. Im Anhang 1 ist eine vollständige Liste der Bahnbetriebe, die am 14. Oktober 2004 eine Lizenz in der Tschechischen Republik besaßen, angegeben.

Beschaffung der Lizenzen durch Bahnunternehmen

Die Voraussetzungen für die Erteilung einer Lizenz sind im Gesetz 266/1994 festgelegt. Für Eisenbahnen gilt das Gesetz 23/2000 mit den Vorschriften in den Paragraphen 24 bis 34. Die Tschechische Republik erkennt Lizenzen, die in anderen Mitgliedstaaten der EU ausgestellt wurden, an. Die Bedingung für die Erteilung einer Lizenz ist die professionelle und finanzielle Eignung des Antragstellers, außerdem darf der Antragsteller nicht vorbestraft sein. Um den Betrieb zu eröffnen, ist die Deckung durch eine Versicherung erforderlich. Die Bahnaufsichtsbehörde in Prag ist für die Erteilung der Lizenzen zuständig.

Als die Tschechische Republik der EU beitrat, hat sie Regeln für die Zuweisung von Befugnissen zum Transport und zur Nutzung von Bahninfrastruktur einge-führt. Diese Befugnisse werden auf Anfrage an autorisierte Unternehmen vergeben. Für die Strecken im Staatsbesitz werden die Befugnisse zur Nutzung der Infrastruktur durch die Eisenbahninfrastrukturbehörde zugewiesen. Die Ei-senbahninfrastrukturbehörde ist eine staatliche Organisation, die auch Schienen-netznutzungsbedingungen herausgibt. Diese werden im Internet auf der Seite des SŽDC, www.szdc.cz, für all diejenigen veröffentlicht (auch in Englisch), die Befugnisse zur Benutzung der Bahninfrastruktur beantragen möchten.

Paragraph 21 des Einführungsgesetzes zu den Bahnsystemen – Dekret 73/1995, berichtigt durch das Dekret 174/2000 – regelt das Verfahren, wenn die vorhan-denen Kapazitäten ausgeschöpft sind.

Beschaffung von Sicherheits-Zertifikaten

Das Ausstellen von Sicherheits-Zertifikaten an Transportunternehmen wird im Artikel 34a des Gesetzes über Bahnsysteme geregelt. Das so genannte Verkehrs-unternehmen-Zertifikat für den Betrieb von Bahntransport – national oder re-gional – wird durch die Bahnverwaltung ausgestellt. Dieses Zertifikat unter-mauert, dass das Verkehrsunternehmen:

- die Bedingungen der professionellen Qualifikation der Mitarbeiter zur Sicherung des Betriebes des Bahntransportes erfüllt;
- die Bedingungen zum Betrieb des rollenden Materials und der im Gesetz näher beschriebenen technischen Ausrüstung erfüllt;
- eine interne Organisationsstruktur und ein Management-System hat, das er-forderlich ist, den Bahntransport sicherzustellen.

Das Zertifikat wird für einen festgelegten Zeitraum ausgestellt.

Zugangsgebühren für das Schienennetz

Die Nutzungsgebühr für die Nutzung der Bahninfrastruktur wird nach dem Gesetz 625/1990 über die Preise berechnet. Die Bewertung, durch die die Min-destpreise festgelegt werden, wird jährlich vom Ministerium für Transport und Kommunikation in einer öffentlichen Bekanntmachung herausgegeben.

Vertrag zum Betrieb von Bahntransport

Basierend auf der erteilten Lizenz, den zugeteilten Benutzungsrechten an der In-frastruktur und dem Verkehrsunternehmen-Zertifikat schließt das Verkehrsun-ternehmen mit dem Infrastrukturbetreiber einen Vertrag über den Bahnbetrieb auf der festgelegten Strecke ab. Der Infrastrukturbetreiber ist verpflichtet, einen solchen Vertrag abzuschließen, bei Uneinigkeiten entscheidet die Bahnaufsichtsbehörde auf Antrag einer der beiden Vertragsparteien. Die Entscheidung der Bahnaufsichtsbehörde ersetzt die Vertragsvereinbarungen. Der Vertrag über den Bahnbetrieb enthält normalerweise gesetzliche Verpflichtungen:

- Den genauen Umfang des Bahntransports, Art, Menge, Zeitplan und Gewicht der Züge (Fahrplan) und die Bedingungen für Änderungen des Vertragsinhaltes;
- Die Art des eingesetzten rollenden Materials in Übereinstimmung mit den Tabellen über Streckenvorgaben und den technischen Daten der Lokomotiven;
- Der Umfang der notwendigen Kenntnis der Strecke und der örtlichen Bedingungen (Bahnhofsvorschriften), Bestimmungen über interne Vorschriften für den Bahnbetrieb und die Organisation des Bahnbetriebes durch qualifiziertes Personal des Betreibers und der Nachweis der Einhaltung dieser Vorschriften;
- Ausführungsbestimmungen für die Erteilung von Zutrittsrechten an qualifiziertes Personal und deren Ausrüstung und des Zutritts von Hilfskräften des Betreibers auf das Gelände, um dort Arbeiten zu verrichten;
- Die Methode und die Verantwortlichkeit für die Ausübung von technischen Prüfungen an den Fahrzeugen, Zügen und der Durchführung von Prüfungen der Bremsen;
- Vorkehrungen für den Eintritt von Notfällen beim Betrieb der Bahn und beim Bahntransport;
- Vorschriften für die Behandlung von Fahrzeugen nach einem Unfall (Beschädigung oder Entgleisen), der eine technische Inspektion (Revision) erforderlich macht, und Sicherstellung, dass das Fahrzeug so schnell wie möglich zu einem Reparaturbetrieb gebracht wird, um eine technische Inspektion (Revision) durchzuführen;
- Regeln für gegenseitige Überprüfungen der betrieblichen Tätigkeiten, die durch Mitarbeiter beider Vertragsparteien ausgeführt werden;
- Die Höhe des Entgelts für die Nutzung der Bahninfrastruktur und für die anderen Dienstleistungen, die dem Frachtunternehmen im Zusammenhang mit dem Bahntransport bewilligt werden;
- Die Verpflichtung des Frachtunternehmens, Schadensersatz für Schäden zu leisten, die aus dem Betrieb der Bahn und dem Bahntransport resultieren;
- Vertragsstrafen für den Fall, dass Vertragsverpflichtungen nicht eingehalten werden, insbesondere für die Unterbrechung des Bahnverkehrs mit Auswirkungen auf den Bahntransport;
- Die Gültigkeitsdauer und Voraussetzungen für eine Vertragsaufhebung.

Wenn der Transport sich nicht auf gesamte Züge oder auf bestimmte Güter beschränkt, sollte der Vertrag zum Betrieb von Bahntransport auch zum Inhalt haben:

- Leistungen der Bahnhöfe, auf denen die Züge zusammengestellt werden;
- Spezifizierung der Gleise der Rangierbahnhöfe, die dem Frachtunternehmer zur Verfügung stehen
- Routenplanung für Waggons;
- Die Methode der Auslastung von leeren Waggons.

Das Verfahren bei Rechtsbeschwerden von Antragstellern gegen die SŽDC oder den Bahnbetreiber beim Schließen eines Vertrages zum Bahntransport ist im Gesetz 266/1994 über Bahnsysteme geregelt. Die Einspruchstelle ist die Bahnaufsichtsbehörde.

15 Tage nach der Veröffentlichung der Schienennetznutzungsbedingungen kann der Antragsteller, der die Zuweisung von Bahninfrastruktur beantragt, die Bahnaufsichtsbehörde bitten, die Schienennetznutzungsbedingungen nach angegebenen Kriterien zu überarbeiten. Wurde einem Antrag auf Zuteilung von Benutzerrechten nach einer Anhörung nicht zugestimmt, kann der Antragsteller innerhalb von 15 Tagen nach der Zustellung der Ablehnung die Bahnaufsichtsbehörde bitten, die Prozedur der Zuweisung, die gefundenen Ergebnisse und die festgelegten Preise der Benutzerrechte zu überprüfen.

Sollte die Bahnaufsichtsbehörde Mängel bei der Ausarbeitung der Stellungnahme oder bei der Bewertung der Kriterien oder bei der Zuweisung von Benutzerrechten oder der Preisfestlegung finden, werden die Schienennetznutzungsbedingungen und das Ergebnis der Zuweisung von Benutzerrechten geändert oder selbst über die Zuweisung von Benutzerrechten und die Höhe des Entgeltes entschieden.

12.3 Wettbewerb auf dem Eisenbahnmarkt

In der Tschechischen Republik wurden Bahnunternehmen größtenteils von Unternehmen mit langer Erfahrung mit dieser Art von Transport gegründet, z.B. von Betriebsbahnen. Diese sind meist Fabrikbahnen großer Unternehmen der chemischen Industrie, von Bergwerken und metallurgischen Fabriken (OKD, Doprava, joint stock company, Mostecká uhelná společnost a.s., Sokolovská uhelná, a.s., UNIPETROL DOPRAVA, a.s., VÍTKOVICE Doprava, a.s.). Außerdem wurden neue unabhängige Bahntransportunternehmen – oft aus der Tschechischen Bahn heraus – gegründet, oft mit fremdem Kapital (Puš, s.r.o., RAILTRANS s.r.o., Slezskomoravská dráha a.s., VIAMONT, a.s.). Der letzte Typ von Unternehmen sind die nationalen Zweige internationaler Unternehmen (Connex). Der größte Teil dieser Unternehmen konzentriert sich auf Schienengüterverkehr, meist auf integrierten Transport bestimmter Sorten von Massengut (Kohle, chemische Rohmaterialien und Brennstoffe).

Der öffentliche Personenverkehr wird nur durch wenige Unternehmen betrieben, zumeist auch nur regional (OKD Doprava, Viamont, Connex). Connex Česká Železniční ist zurzeit das einzige Unternehmen, welches einen Langstreckenservice im Personenverkehr auf der Strecke Binz – Berlin – Liberec und zurück anbietet. Es wird vermutet, dass dieses Unternehmen den Personenfernverkehr auch auf andere Strecken ausdehnen will. Die Geschäftsbedingungen im regelmäßigen Personenverkehr erlauben nur geringe Gewinne. Wegen der hohen Kosten und begrenzten Einnahmen werden keine oder nur sehr geringe Gewinne erwirtschaftet, so dass ohne eine Unterstützung im Rahmen der öffentlichen Aufträge es unmöglich wäre, diesen Service anzubieten. Daher beträgt die Gesamtbeförderungsleistung im Personenverkehr außerhalb der Tschechischen Bahn nur weniger als 1 % ihrer Beförderungsleistung.

Wenn man andererseits die beförderten Güter bewertet, beträgt das Verhältnis zwischen den von Dritten beförderten Gütern zu den von der ČD beförderten nahezu 10 %. Das Güterverkehrsgeschäft der Bahn auf den nationalen und regionalen Bahnen ist gänzlich freigegeben. Der Zugang zur Bahninfrastruktur steht bis zur vollen Auslastung des Netzes jedem autorisierten Verkehrsunternehmen offen.

12.4 Eingriffe des Staates während der Überleitung

Mehrere Maßnahmen des Staates haben die Bahnreform begleitet. Als Erstes übernahm die Tschechische Republik die volle Verantwortung für die Finanzierung, die Nachbesserung und die Vergrößerung der Bahninfrastruktur durch den zweckbestimmten Staatsfond für die Transportinfrastruktur. Ein besonderes Gesetz (104/2000) gibt hierfür die Grundlage. Zum Zweiten hat die Tschechische Republik den Schuldendienst der staatlichen Eisenbahninfrastrukturbehörde durch die Ausgabe von Staatsanleihen beglichen. Außerdem wurde ein Unterstützungsprogramm des Staates eingeführt, welches die sozialen Härten durch die Entlassung von etwa 16.000 Mitarbeitern der Kapitalgesellschaft Tschechische Bahn am Ende des Jahres 2008 auffangen soll.

Nach dem Beitritt zur Europäischen Union hatte die Tschechische Republik Schwierigkeiten, den deutlich gestiegenen Transit-Straßengüterverkehr zu bewältigen. Es ist nun notwendig, zügig ein Umfeld zu schaffen, in dem die verschiedenen Verkehrsträger einen Wettbewerb entfalten können. Der Markt ist dadurch wesentlich verzerrt, dass die verschiedenen Verkehrsträger keine vergleichbaren Kosten haben. Insbesondere die Kosten für die Erhaltung der Infrastruktur, Sicherheitsvorkehrungen und den Schutz der Umwelt werden nicht für alle gleich berücksichtigt. Im Unterschied zum Gütertransport auf der Straße müssen die Bahnen diese Kosten immer selbst tragen. Wir können diese Aufgabe nicht allein lösen; sie muss auf europäischer Ebene gelöst werden. Die

Europäische Union bemüht sich seit Jahrzehnten, eine Lösung zu finden, bisher ohne messbaren Erfolg. Erst Mitte der 1990er Jahre konnte eine Besteuerung der schweren LKW durchgesetzt werden, das ist allerdings nur eine erste Annäherung an die Lösung, die darin besteht, die wirklich entstehenden Kosten für die Benutzung der Transportinfrastruktur abhängig von Beladung und Wegstrecke zu erheben.

12.5 Bewertung der Umformung der Eisenbahn

Das wirtschaftliche Management der ČD wurde im Jahr 2003 verbessert. Das daraus resultierende Geschäftsergebnis war ein Verlust von nur noch CZK 998 Millionen (€ 33 Millionen). Verglichen mit dem Geschäftsplan für 2003 war das eine Verbesserung um CZK 496 Millionen (€ 16,5 Millionen), und verglichen mit dem Geschäftsergebnis des Jahres 2002 eine Verbesserung von CZK 3,821 Millionen (€ 127 Millionen). Eine große Verbesserung der Einkünfte und Gewinne in Höhe von CZK 225 Millionen (€ 7,5 Millionen) wird durch Kosteneinsparungen erwartet – insbesondere bei Treibstoffen und Energiekosten.

Im Jahr 2003 wurden besonders im Güterverkehr gute Ergebnisse erzielt, dort wurde das Planziel von CZK 18,2 Milliarden (€ 0,6 Milliarden) erreicht, sogar leicht übertroffen. Es wurden 85 Millionen Tonnen Güter transportiert, das stellt einen Zuwachs von vier Prozent gegenüber 2002 dar. Nach den vorläufigen Ergebnissen wurden im Jahr 2003 172 Millionen Personen im Bahnverkehr befördert. Die Tschechische Bahn hat weder Schulden bei den Zulieferern noch beim Staat, auch nicht im Bereich Lohnsteuer oder anderer Zahlungen für das letzte Jahr.

Für eine weitere Entwicklung der ČD wird die Umwandlung des Unternehmens in eine strategische Holding vorbereitet. Dieser wurde von der gesamten Geschäftsleitung der Tschechischen Bahn, dem Verwaltungsrat, dem Aufsichtsrat und dem Lenkungsausschuss (Hauptversammlung) bereits zugestimmt. Die Veränderungen wurden auch mit den Gewerkschaften verhandelt. Diese drohen allerdings damit, wieder zu streiken. Die Umwandlung wird aus zwei Stufen bestehen. In der ersten Stufe werden Service und Hilfsunternehmen in Tochterunternehmen ausgegliedert. Dadurch soll es diesen Unternehmen ermöglicht werden, schneller zu wachsen und die technischen Anlagen zu erneuern. Es ist weiterhin ein Ziel, neue Aufträge zu erhalten, und die Position der Tschechischen Bahn zu stärken. Die Gründung von Tochtergesellschaften wird für die Track Mechanical Stations (Instandsetzung der Gleise) – das Unternehmen sollte am 1. Januar 2005 gegründet werden –, das Eisenbahn Forschungsinstitut und für ČD Telekommunikation, an denen die Tschechische

Bahn ihren Anteil vergrößern will, vorgesehen. Die zweite und letzte Stufe der Umformung der Tschechischen Bahn ist für 2006 geplant und zielt auf die Gründung einer strategischen Holding und auf die Gründung von Unternehmen mit den folgenden Hauptaufgaben: regionaler Personenverkehr, Personenfernverkehr.

Mit Blick auf die Wichtigkeit der zweiten Stufe der Umwandlung haben der Verwaltungsrat und der Aufsichtsrat der ČD beschlossen, die entsprechenden Unterlagen an die Regierung zu geben, und sie gebeten als Vertreter des 100-%-Anteileigners an der Tschechischen Bahn die Gründung von Tochtergesellschaften nach dem Hauptgeschäft zu beschließen. Wir erwarten, dass sich die wirtschaftliche Situation der Tschechischen Bahn als Konsequenz aus den neuen Investitionen und den unabhängigen Geschäftsaktivitäten der Tschechischen Bahn jedes Jahr verbessern wird und dass die Betriebseinrichtungen in 10 bis 15 Jahren den Stand der modernen europäischen Bahnen erreichen werden.

Anhang 1:

Die Liste der Bahnunternehmen, die am 14. Oktober 2004 eine Lizenz in Übereinstimmung mit den EU-Direktiven für das gesamte Gebiet Europas hatten.

Connex Česká železniční, s.r.o.
Čeeské dráhy, a.s.
Mostecká uhelná spole_nost a.s., legal successor
OKD, Doprava, joint stock company
Ostravská dopravní spole_nost, a.s.
Puš, s.r.o.
RAILTRANS s.r.o.
SLEZSKOMORAVSKÁ DRÁHA a.s.
Sokolovská uhelná, a.s.
UNIPETROL DOPRAVA, a.s.
VIAMONT, a.s.
VÍTKOVICE Doprava, a.s.